August Stadler

Die Grundsätze der reinen Erkenntnistheorie in der Kantischen Philosophie

August Stadler

Die Grundsätze der reinen Erkenntnistheorie in der Kantischen Philosophie

ISBN/EAN: 9783742813138

Hergestellt in Europa, USA, Kanada, Australien, Japan

Cover: Foto ©Klaus-Uwe Gerhardt /pixelio.de

Manufactured and distributed by brebook publishing software (www.brebook.com)

August Stadler

Die Grundsätze der reinen Erkenntnistheorie in der Kantischen Philosophie

DIE GRUNDSÄTZE
DER
REINEN ERKENNTNISSTHEORIE
IN DER
KANTISCHEN PHILOSOPHIE.

KRITISCHE DARSTELLUNG

VON

AUGUST STADLER
Ph. D.

LEIPZIG
VERLAG VON S. HIRZEL.
1876.

VORWORT.

In vorliegender Arbeit habe ich versucht, die Function der „Grundsätze des reinen Verstandes" in der Kantischen Erkenntnisstheorie von neuem zu prüfen und in systematischem Zusammenhang zu entwickeln. In dem Umfange dieser Aufgabe schienen mir drei Punkte der Aufklärung besonders bedürftig zu sein: die specifische Leistung jedes einzelnen Princips, die Rechtmässigkeit seiner Annahme und das einheitliche Zusammenwirken aller Grundsätze im Ganzen des erkenntnisstheoretischen Processes.

Das so bestimmte Problem glaubte ich nicht dadurch lösen zu sollen, dass ich die Interpretation der Kantischen Darstellung Schritt für Schritt folgen liess. Es schien instructiver, die integrirenden Gedanken der Vernunftkritik zunächst von allem historisch-polemischen Beiwerke zu sondern und sie hierauf, in möglichster Uebersichtlichkeit, zum System wieder zusammenzubauen. So konnte der geschlossene Mechanismus der Erfahrungsbedingungen klarer und deutlicher hervortreten. — Einem solchen Versuche ist der Boden geebnet durch die einschneidenden Untersuchungen H. Cohen's über „Kant's Theorie der Erfahrung." Von ihren bedeutsamen Resultaten sei hier nur an zwei erinnert, die für meine Darstellung besondere Wichtigkeit besitzen: die Unterscheidung des „metaphysischen" A priori von dem „transscendentalen", als von der blossen Beziehung auf die Möglichkeit der Erfahrung, und die Aufzeigung der Kategorie als Art der im Urtheilsact wirkenden „transscendentalen Apperception". Beide Auffassungen haben sich mir in mehrjährigen eignen Studien nicht nur als Kantisch, sondern auch als systematisch fruchtbar bewährt.

Es ist kaum nötig zu erklären, dass sich diese Arbeit keineswegs als ein ausgeführtes System der Erkenntnisstheorie anbieten will. Ein solches Unternehmen würde eine viel breitere Anlage, vor Allem aber eine (psychologische) Ueberschreitung des Kantischen Gedankenkreises erfordern. Dies liegt nicht im Plane dieser Untersuchung. Wenn sie auch an Punkte gelangte, wo eine Entfernung vom Kantischen Wortlaute, eine genauere

Ausführung blosser Andeutungen, selbst eine Hinzufügung eigner Gedanken zur scharfen Kennzeichnung des Sinnes nötig wurde, so glaubt sie doch von den Intentionen der Vernunftkritik nicht abgewichen zu sein. Der Leser wird die Discussion solcher Stellen in den Anmerkungen finden. Mein Ziel war in erster Linie die immanente Consequenz der kritischen Theorie.

Dass die Arbeit trotzdem nicht bloss dem geschichtlichen Verständnisse Kant's, sondern auch dem logischen Reformbedürfnisse der Gegenwart zu dienen hofft, zeigt sie durch die Wahl der Methode; sie ist bestrebt, die wissenschaftliche Tragweite Kantischer Sätze nach allen Richtungen wenigstens anzudeuten. Und ein solcher Anspruch bedarf in Deutschland zur Zeit keiner Motivirung. Zwar herrscht Streit in der Philosophie, wie immer; aber die Kämpfenden wenden sich mehr und mehr von den Epigonen ab, um sich für oder gegen Kant in zwei Lager zu scharen. Die Geschichte wird das Inventar des bleibenden Besitzes aufstellen, den unser logisches und unser sittliches Bewusstsein dem kritischen Idealismus verdankt. Jedenfalls steht uns kein Urtheil frei, bevor wir uns redlich bemüht haben, seinen gesundesten, besten Sinn zu fassen. Was Kant von Platon sagte, gilt von ihm selbst: „dass es gar nichts Ungewöhnliches sei, sowohl im gemeinen Gespräche, als in Schriften, durch die **Vergleichung der Gedanken**, welche ein Verfasser über seinen Gegenstand äussert, ihn sogar besser zu verstehen, als er sich selbst verstand, indem er seinen Begriff nicht genugsam bestimmte, und dadurch bisweilen seiner eigenen Absicht entgegen redete oder auch dachte." (Kr. d. r. V. ed. Hart. p. 257.) Die „**mildere und der Natur der Dinge angemessene** Auslegung" (ebd. p. 258), die er jenem zugestand, dürfen wir ihm selbst nicht vorenthalten. Welche Gedanken der Vernunftkritik und in welcher Verbindung sie bei einem Fortschritt der Erkenntnisstheorie zu verwerten seien, kann nicht ausgemacht werden, solange man über den Zweck uneinig ist, den sie in ihrem ursprünglichen Organismus zu erfüllen hatten. Zur Förderung dieser Einsicht, die ich als die fruchtbarste Vorbereitung auf den erkenntnisstheoretischen Ausbau der Logik betrachte, möchte nachfolgende Entwicklung einen Beitrag liefern.

Berlin, im October 1875. **August Stadler.**

INHALTS-VERZEICHNISS.

Einleitung.

Seite

Die Aufgabe der Philosophie 1

1. Erneute Prüfung. 2. Dogmatische Versuche. 3. Kritischer Versuch. 4. Die praktische Philosophie. 5. Die theoretische Philosophie. 6. Exacte Stellung der Aufgabe. 7. Vorerinnerung.

I. Die Psychologie 6

8. Definition. 9. Eigentümlichkeit ihrer Methode. 10. Ziel. 11. Erklärende und beschreibende Psychologie. 12. Verhältniss zur Philosophie. Mangelhafte Auffassung. 13. Das Princip der Arbeitstheilung.

II. Allgemeine Theorie des Erkennens.

1. Ausgangspunkt 10

14. Ergebnisse der Psychologie. Das Urtheil. 15. Die notwendigen Urtheile. 16. Das Problem ihrer Möglichkeit. 17. Verhältniss zur Psychologie. 18. Ursprung der Erkenntnisstheorie.

2. Arten der Notwendigkeit 12

19. Psychologische Vorarbeit. 20. Formale und materiale Notwendigkeit. 21. Der wissenschaftliche Beweis. 22. Analytisch und synthetisch.

III. Die formale Logik.

1. Charakter 14

23. Hypothetische Natur. 24. Allgemeine Aufgabe. 25. Vorarbeit der Grammatik. 26. Methode.

2. Die Voraussetzungen der formalen Logik 17

27. Grundproblem. 28. Das Axiom der durchgängigen Verknüpfung. 29. Der Satz der Identität. 30. Das negative Urtheil. 31. Der Satz des Widerspruchs. 32. Der Satz des ausgeschlossenen Dritten. 33. Der Satz vom Grunde.

Inhaltsverzeichniss.

                                                                                                    Seite
3. Die Logik als normative Wissenschaft 23
   34. Zweite Richtung des logischen Interesse. 35. Ungenaue Ansichten. 36. Theile der Logik.

IV. Die Erkenntnisstheorie im engern Sinne . . 25
   37. Die Fragen, welche die formale Logik offen lässt. 38. Ausgangspunkt der Erkenntnisstheorie. 39. Probleme.

V. Die Vorstellung.
1. Analyse der Vorstellung 27
   40. Ursprüngliche Stellung der Aufgabe. 41. Erste Beantwortung. 42. Psychologische Vorarbeit. 43. Raum und Zeit. 44. Unterschied der erkenntnisstheoretischen von der psychologischen Methode. 45. Die Verhältnissvorstellungen.

2. Der Raum 31
   46. Verbaldefinition. 47. Psychologische Beschreibung. 48. Erkenntnisstheoretische Apriorität des Raumes. 49. Unterschied vom physiologischen A priori. 50. Notwendigkeit. 51. Der Raum eine Anschauung. 52. Unendlichkeit. 53. Continuität. Präcisirung des Begriffs der Unendlichkeit. Die Grundbegriffe der Geometrie. 54. Negativität des Resultates. 55. Der Raum die Form des äussern Vorstellens.

3. Die Zeit 35
   56. Verbaldefinition. 57. Psychologische Beschreibung. 58. Erkenntnisstheoretische Apriorität. 59. Notwendigkeit. 60. Die Zeit eine Anschauung. 61. Continuität. 62. Die Zeit die Form des Vorstellens überhaupt.

4. Erster Grundsatz der Erkenntnisstheorie   37
   63. Formel.

5. Das Ding an sich 37
   64. Resultat. 65. Das Ding an sich ein imaginärer Begriff. 66. Seine Entwicklung.

6. Zweiter Grundsatz 39
   67. Positive Seite des Resultates. 68. Formel.

VI. Das Object.
1. Die Synthesis 40
   69. Die Vorstellungselemente und ihre Zusammenfassung. 70. Verhältniss zu den Formen der Anschauung. 71. Function und Affection. 72. Die Einheitsfunction.

2. Die Erzeugung des Objects 42
   73. Wendung des Problems. 74. Formulirung. 75. Die Identität des Bewusstseins als fundamentale Voraussetzung. 76. Die Einheitsfunction als Bedingung der Identität.

Inhaltsverzeichniss. VII

3. **Dritter Grundsatz** 45
    77. Resultat. 78. Formel. 79. Beziehung zum Idealismus. 80. Beziehung zur Psychologie.

1. **Das Noumenon** 46
    81. Die Einheitsfunction und das Ding an sich 82. Das Noumenon als erkenntnisstheoretischer Trennungsbegriff. 83. Das Noumenon in positiver Bedeutung.

VII. Die Arten der Einheitsfunction.

1. **Die Aufgabe** 47
    84. Charakter des dritten Grundsatzes. 85. Allgemeine Forderung desselben. 86. Die einzelnen Bedingungen. 87. Vollständigkeit der Anzahl. 88. Forderung der Reinheit der besonderen Gesetze. 89. Befragung der formalen Logik.

2. **Kant's Entdeckung** 49
    90. Die Lösung. 91. Sinn derselben. 92. Die Kategorientafel als topisches Schema. 93. Kritik der Ableitung. 94. Notwendigkeit scharfer Qualification der Angriffe. 95. Einzig möglicher Standpunkt der Polemik. 96. Resultat.

3. **Systematische Ableitung der Arten** 55
    97. Grundgedanke. 98. Die Zeiteinheit. 99. Die Raumeinheit. 100. Die Einheit der Empfindung. 101. Ergebniss. 102. Prüfung der Vorstellungsanalyse. 103. Allgemeiner Charakter dieser Gesetze.

4. **Folgerungen** 59
    104. Wirkungsart der drei Gesetze. 105. Grenzen ihrer Gültigkeit. 106. Anschauung. Begriff. Wort. 107. Exacter Ausdruck für die Aufgabe der formalen Logik. 108. Aequivalenz von Naturgesetz und Grundbegriff. 109. Sinnlichkeit aller Begriffe mit Ausnahme eines einzigen.

VIII. Das Princip der materiellen Verknüpfung.

1. **Vierter Grundsatz** 61
    110. Methodologische Vorbemerkung. 111. Die Empfindung. 112. Continuität des Bewusstseins. 113. Die intensive Grösse. 114. Mannigfaltigkeit der Empfindungen. Qualität. 115. Formel.

2. **Erläuterungen und Folgerungen** 67
    116. Die psychologische Bewusstlosigkeit. 117. Continuität der Zeit. 118. Der Begriff der Realität. 119. Grenzbegriff der absoluten Negation. Objectiv gültiger Begriff der relativen Negation. 120. Bedeutung des Princips für die formale Logik. 121. Qualität. Grad. 122. Das Ding an sich. 123. Bedeutung des Princips für die Naturphilosophie.

IX. Das Princip der räumlichen Verknüpfung.

1. Fünfter Grundsatz 73

121. Die räumliche Synthese. 125. Der Begriff der extensiven Grösse. 126. Formel. 127. Ausdehnung des Princips auf die Zeit. 128. Verhältniss der extensiven Grösse zur formalen Anschauung.

2. Folgerungen 75

129. Charakter der Geometrie. 130. Bedeutung des Princips für ihre Apodicticität. Die Axiome. 131. Einschränkung der Geometrie. 132. Der Begriff der Zahl und seine objective Bedeutung. Einheit, Vielheit, Allheit. 133. Objective Bedeutung der Zahlenlehre. Unendliche Zahl. Einschränkung. 134. Reale Gültigkeit der formal logischen Quantität. Verhältniss der Logik zur Mathematik. Die logische Sphärenvergleichung.

X. Das Princip der zeitlichen Verknüpfung.

Sechster Grundsatz 81

135. Die Aufgabe. 136. Formel. 137. Charakter des Princips. 138. Arten der Zeiteinheit.

XI. Das Princip der Beharrung (Substanz).

1. Siebenter Grundsatz 83

139. Wirkung der zeitlichen Ordnung. 140. Die Zeit im Verhältniss zu ihren Modi. Beharrlichkeit der Zeit. 141. Diese Bestimmung als Postulat der Erkenntnisstheorie. 142. Die Substanz. 143. Formel. 144. Präcisirte Formel.

2. Erläuterungen und Folgerungen 86

145. Die Zeit als extensive Grösse. 146. Der Begriff der Veränderung. 147. Möglichkeit einer Geschichte der Erfahrungsgegenstände. Die synthetischen Urtheile a posteriori. 148. Die Unvergänglichkeit der Substanz. 149. Exacter Begriff der Veränderung. 150. Neue Bestimmung der qualitativen Negation. 151. Bedeutung des Princips für die formale Logik. Objective Gültigkeit der Bestandtheile der Urtheilsform. 152. Die symbolische Verwertung des Substanzbegriffs im Denken. 153. Objective Gültigkeit der logischen Grundhypothesen. 154. Bedeutung des Princips für die Naturphilosophie. Unvergänglichkeit der Materie. 155. Wichtigkeit des Princips für das Verständniss des kritischen Idealismus. 156. Die Substanz und das Noumenon.

XII. Das Princip der Succession (Causalität).

1. Achter Grundsatz 96

157. Begriff der Zeitfolge. 158. Subjectivität der Succession. 159. Problem ihrer Objectivirung. 160. Lösung. 161. Formel. 162. Analogie mit der Zeitanschauung. 163. Der Grundsatz der Succession als Causalgesetz. 164. Apriorischer Charakter.

                                                                Seite
2. Folgerungen und Erläuterungen 101
   165. Die drei Glieder des Causalverhältnisses. 166. Das Wesen der Ursache. 167. Die Bewegungsursache und das Trägheitsgesetz. 168. Der kritische Materialismus. 169. Erkenntnisstheoretische Ewigkeit der Veränderung. Die Freiheit. 170. Der Begriff der Kraft. 171. Die Continuität der Veränderung. Das Moment. 172. Die objective Bedeutung der hypothetischen Urtheilsform. 173. Das Ding an sich. 174. Sogenannte Aeusserungsformen des Satzes vom Grunde. 175. Das Causalgesetz und die unbewussten Schlüsse.

XIII. Das Princip der Coexistenz (Wechselwirkung).

1. Neunter Grundsatz 116
   176. Betrachtung der Aufgabe. 177. Erkenntnisstheoretische Wirklichkeit der Simultaneität. 178. Function des neuen Grundsatzes. 179. Begriff der Gleichzeitigkeit. 180. Falsche Disjunction. 181. Lösung. 182. Definition der Wechselwirkung. 183. Formel.

2. Erläuterungen und Folgerungen 119
   184. Die Fassung der zweiten Ausgabe. 185. Das Princip als Bedingung der räumlichen Ordnung. 186. Die Ableitung des Princips aus dem disjunctiven Urtheil. Der Begriff des Ganzen und seiner Theile. 187. Die Einwürfe Schopenhauer's. 188. Bedeutung des Princips für die Naturphilosophie. 189. Grenzen seiner Gültigkeit. 190. Die Welteinheit.

XIV. Die Natureinheit und die besonderen Naturgesetze . . 126
   191. Resultat. 192. Begriff der Natur und ihrer Gesetze. 193. Rückblick auf die allgemeinen Naturgesetze. 194. Das empirische Erkennen. 195. Erkenntnisstheoretischer Charakter seiner Möglichkeit. 196. Die Hypothese von der Begreiflichkeit der Natur. 197. Die angewandte Erkenntnisstheorie.

XV. Die modalen Definitionen 130
   198. Definition der Notwendigkeit. 199. Begriff der Wahrheit. 200. Definition der Wirklichkeit. 201. Definition der Möglichkeit. 202. Schluss.

Anmerkungen 133

Druckfehler-Verzeichniss.

Seite 7 Z. 17 v. u. lies von statt vor.
 „ 10 Z. 15 v. o. lies vom statt von.
 „ 17 Z. 20 v. u. lies Satz statt Statz.
 „ 22 Z. 15 v. n. lies Corollar statt Correlat.
 „ 30 Z. 3 v. o. lies Erfahrungs . . . statt Erfrahrungs . . .
 „ 45 Z. 8 v. o. lies gewonnene statt genannte.
 „ 46 Z. 14 v. o. lies aufgelösten statt unaufgelösten.
 „ 46 Z. 1 v. u. lies unbestimmten statt bestimmten.
 „ 51 Z. 11 v. u. ist nach „nicht" einzuschieben: auf die Eintheilung selbst, sondern.
 „ 56 Z. 10 v. u. lies räumliche Synth. statt Synthesis.
 „ 59 Z. 12 v. o. lies Empfindungsproduct Raum statt Empfindungsproduct.
 „ 63 Z. 16 v. o. lies dritten statt zweiten.
 „ 111 Z. 9 v. u. lies Ueber die vierfache Wurzel des Satzes vom zureichenden Grunde, statt Ueber die einfache Wurzel des Satzes von zureichendem Grunde.

EINLEITUNG.

Die Aufgabe der Philosophie.

1. Die Aufgabe der Philosophie bildet das stets wiederkehrende Grundthema der neuern philosophischen Literatur. Diese Thatsache ist leicht zu erklären. Wem Philosophie am Herzen liegt, der kann sich der nüchternen Einsicht nicht verschliessen, dass seine Wissenschaft immer noch kein anerkanntes Gemeingut besitzt. In den andern Disciplinen herrscht Streit über einzelne Theorien, in der Philosophie beginnt die Entzweiung beim wissenschaftlichen Grundbegriff. Das erwachende Bewusstsein von der Unhaltbarkeit eines solchen Zustandes verdankt die Philosophie der Nichtbeachtung der Zeitgenossen. So lange die Turniere der Systeme noch Zuschauer fanden, so lange auch die Naturwissenschaft noch ernsthaft in den Kampf miteingriff, erfreute sich die Philosophie auch bei der unfruchtbarsten Polemik eines hinreichenden Vitalgefühls. Als aber die exacte Forschung in ihrem grossartigen Aufschwung sich ganz von ihr abwandte, und der esoterische Waffenlärm von den Gebildeten ignorirt wurde, da musste sie notwendig nach und nach um das Erlöschen ihres Lebens besorgt werden, sie musste fühlen, dass es sich um wissenschaftliches Sein oder Nichtsein handle. So sehen wir denn, dass die neueste Philosophie theils vollständig auf das Niveau des Vegetirens herabgesunken ist, theils aber sich zu einer ernstlichen Selbstprüfung aufzuraffen scheint. Ob die letztere in absehbarer Zeit zur fruchtbaren Selbsterkenntniss führen wird, lässt sich nicht entscheiden. Die alte philosophische Methode ist zu sehr eingewurzelt, als dass nicht jeder Vertreter auch diese reformatorischen Bestrebungen

zunächst auf eigene Hand und unbekümmert um seine Mitarbeiter unternehmen sollte. Aber das Streben als solches bürgt für die allmälige Verbesserung der Methode. Wenn nur erst die wissenschaftliche Neugestaltung ernstlich gewollt wird, so wird sich auch die Forderung einer bewussten Continuität des Arbeitens mehr und mehr Geltung verschaffen.

2. In den Versuchen, das Arbeitsfeld der Philosophie zu bestimmen, tritt fast überall die Neigung hervor, einen recht ansehnlichen Bereich abzugrenzen. Dass bei dieser Tendenz die Leistungen vorwiegend dogmatisch gefärbt sind, ist leicht erklärlich, wenn man bedenkt, in wie enge Schranken die Speculation durch den Kriticismus gebannt werden sollte. Aber auch diese Arbeit ist nicht verloren. Theils befördert sie nur die Zerbröckelung der morschen Systeme, theils führt sie selbst, ohne es zu wollen, auf Quellen fruchtbarer Neugestaltung.

Als dogmatisch kennzeichnen sich vor Allem die Versuche, welche einen falschen Frieden mit den Naturwissenschaften proclamiren und die Versöhnung mit der exacten Forschung als Aufgabe der philosophischen Methode hinstellen. Dieser Begriff der Versöhnung ist unter allen Umständen verwerflich. Die Philosophie ist entweder zu einer selbstständigen wissenschaftlichen Existenz berechtigt oder nicht. Im ersten Falle hat sie ihr Recht zu verfechten und braucht weder Gunst noch Duldung von einer andern Wissenschaft zu verlangen. Werden ihre legalen Ansprüche bestritten, so entsteht eben ein Kampf, dessen Entscheidung der Geschichte der Wissenschaften anheimfällt. Im zweiten Falle aber ist der Wunsch nach Versöhnung vollends lächerlich. Die Grossmut der Empirie kann ihr zwar das Sterben erleichtern, sie jedoch nie, auch nur vorübergehend zur Wissenschaft erheben. Dies findet vornehmlich Anwendung auf die dogmatische Naturphilosophie. Kant hat endgültig dargethan, dass die philosophische Methode für die sachliche Erweiterung unserer Naturerkenntniss nichts zu leisten vermag. Wenn die Missverständnisse der Epigonen diesen theoretischen Fortschritt illusorisch machten, so hat der gewaltige Einfluss des naturwissenschaftlichen Aufschwungs für seine Verwirklichung gesorgt.

Die dogmatische Naturphilosophie ist glücklicherweise von der Physik so entscheidend niedergeworfen, dass sie kaum jemals im Ernst daran denken kann, sich wieder aufzurichten. Fühlt aber Jemand das Gemütsbedürfniss, sich in die Lücken der exacten Forschung einzunisten und im Schatten der noch nicht gelösten Probleme eine Philosophie des Ungewussten aufzurichten, so ist das ein harmloses Spiel, das nicht einmal der Aufsicht bedarf.

3. Die kritischen Versuche, die Stellung der Philosophie in der modernen Wissenschaft zu bestimmen, werden in erster Linie rückhaltlos auf den Boden verzichten, zu dessen Bebauung nur die physikalische Forschung befugt ist und nach anerkannten Principien nur befugt sein kann. Andrerseits werden sie prüfen, ob es in der Gesammtarbeit der menschlichen Forschung Functionen gibt, welche nur durch die philosophische Methode vollzogen werden können. Führt die Untersuchung zu einem positiven Resultat, so ist dann der naturwissenschaftliche Dilettantismus ebenso energisch aus dieser Arbeitsgruppe wegzuweisen, wie der philosophische aus der physikalischen Gruppe weggewiesen werden musste.

Zu einer erspriesslichen Behandlung der Frage wird man nicht gelangen, wenn man von vornherein den Gesammtbegriff der Philosophie gewinnen will; dieser Weg hat noch nie über vage Allgemeinheiten hinausgeführt. Meiner Ansicht nach ist es das sicherste und fruchtbarste Verfahren, wenn man von der herkömmlichen Eintheilung der Philosophie ausgeht und die Berechtigung jeder einzelnen Disciplin untersucht.

4. In diesem Sinne müssen vor Allem die praktische und die theoretische Philosophie auseinander gehalten werden. Wir finden in dem reichen Inhalt unseres Bewusstseins Vorstellungen von Etwas, das sein soll. Diese Vorstellungen sehen wir in der erfahrungsmässigen Wirklichkeit nicht nur äusserst selten realisirt, sondern sie enthalten sogar in den meisten Fällen einen Gegensatz mit den Thatsachen der Natur. Wir sagen von realen Erscheinungen der physischen und der psychischen Welt, dass sie nicht so, dass sie anders sein sollten. Den Charakter, die Berechtigung und Geltung dieser Beurtheilungsart zu prüfen, ist Aufgabe der praktischen Philosophie. Die specifische Verschiedenheit der zu dieser Forschung nötigen Methode ist so evident, dass auf diesem Gebiete die wissenschaftliche Selbstständigkeit der Philosophie niemals bestritten wurde. Sie wäre

eine Wissenschaft, auch wenn sie kein weiteres Arbeitsfeld beherrschen würde. Die Gesetzmässigkeit des Soll, welche die praktische Philosophie entwickelt, ist die denkbar vollkommenste Daseinsform vernünftiger Wesen. Mit dem Verzicht auf das Erringen ihrer Wahrheiten würde der Mensch seine höchste Würde opfern. Die praktische Philosophie zerfällt in einen reinen und einen angewandten Theil. Der erste stellt die allgemeinsten, von dem empirischen Wechsel unabhängigen Principien auf. Seine Arbeit ist somit endlich, ihrem Inhalt nach erschöpfbar. Es muss eine Zukunft gedacht werden, in welcher die reine praktische Philosophie als Forschung aufgehört hat; ihre Resultate sind vollständig gewonnen, sie braucht nur bewahrt und vor Trübungen geschützt zu werden. Dann bilden ihre Wahrheiten ein unvergängliches Gemeingut, das jede Generation des Menschengeschlechts in ihrer Erziehung empfangen wird. — Der angewandte Theil betrachtet Alles, was wir wissen und können, im Verhältniss zu jener innern Gesetzmässigkeit; er ordnet unsern ganzen Lebensinhalt nach dem ethischen Zweck des Menschendaseins. Seine Arbeit ist unendlich; sie folgt Schritt für Schritt den empirischen Wissenschaften, die sie alle umfasst. Sie bestimmt den Wert jeder Errungenschaft und weist ihr die entsprechende Rolle im Haushalt unserer Gedanken zu. Hier wird Philosophie Weltweisheit im umfassendsten, aber gleichzeitig bestimmtesten Sinne des Wortes.

5. Weit schwieriger ist der Begriff der theoretischen Philosophie zu bestimmen. Sie hat mit den Naturwissenschaften die gemeinsame Aufgabe, ein Gebiet des Seienden zu erforschen. Will sie dessenungeachtet diesen gegenüber eine besondere Stellung einnehmen, so muss sie die Eigentümlichkeit ihrer Methode, die den specifischen Qualitäten des ihr gegebenen Materials entspricht, in zwingender Weise darthun. Man hat sich die Einsicht in ihren Charakter sehr oft dadurch erschwert, dass man die soeben entworfenen Grundzüge der angewandten praktischen Philosophie der Philosophie überhaupt und folglich auch der theoretischen beilegte. Auch die letztere sollte alle anderen Wissenschaften begreifen, ihre Ergebnisse verarbeiten und zu einem lichtvollen System zusammenbauen. Damit wurde aber nicht eine Wissenschaft, sondern vielmehr eine Kunst bald der bloss encyklopädischen Vereinigung, bald einer mehr ästheti-

schen Gestaltung begründet, eine Kunst, die zwar neben umfassender Bildung und allgemeinem Interesse einen das Ganze beherrschenden Blick, nicht aber eine eigene Forschungsmethode erfordert. Wenn der Naturwissenschaft die Gewinnung aller Einzelerkenntnisse zukommt, so könnte eine solche Philosophie unsere Einsicht wohl leichter und angenehmer machen, niemals aber erweitern. Hat diese Auffassung der theoretischen Philosophie wenigstens einen Sinn als Bestimmung einer künstlerisch gestaltenden Thätigkeit, so würde jene Ansicht dagegen völlig wertlos sein, welche der Naturwissenschaft überhaupt blos die Aufhäufung isolirter Thatsachen überlässt, sich selbst aber das Schlussverfahren anmasst, durch welches aus dem gesammelten Rohstoff allgemeinere Einsichten herausgehoben werden. Die Beschaffung des Materials ist überall nur die Vorarbeit der Forschung, Wissenschaft wird sie erst dann, wenn sie es systematisch verbindet. Die wahre Naturwissenschaft vollzieht ihre Generalisationen selbst, und ist auch allein dazu berechtigt und befähigt.

6. Um den Begriff der theoretischen Philosophie in unzweideutiger Weise zu bestimmen, muss man die einzelnen Wissenschaften in Betracht ziehen, die gewöhnlich zu ihr gerechnet werden. Wenn ich weiss, was Psychologie, Logik und Metaphysik ist, so weiss ich auch, was theoretische Philosophie ist. Die nachfolgende Untersuchung hat sich die Aufgabe gestellt, über die Bedeutung der letztgenannten Disciplin eine zusammenhängende Ansicht zu entwickeln. Die Vollständigkeit der Lösung erfordert aber auch ihre scharfe Abgrenzung gegen die ersten beiden. Es sind also zunächst auch die Psychologie und die Logik in Kürze zu charakterisiren.

7. Damit nun über den Sinn der Aufgabe von vornherein kein Zweifel möglich sei, muss vorangeschickt werden, was man denn unter dem historisch vieldeutigen Ausdruck Metaphysik zu untersuchen gedenke. Ich spreche als Voraussetzung alles Folgenden die Ansicht aus, dass man seit Kant unter Metaphysik überhaupt nichts Anderes verstehen dürfe, als das Problem der Möglichkeit wissenschaftlicher Erfahrung Die Untersuchung richtet sich also auf den Begriff einer Wissenschaftstheorie. Insofern sie aber nicht die Möglichkeit einer speciellen, sondern die Möglichkeit der Wissenschaft überhaupt prüfen soll, beschränke ich sie auf die reine Wissenschaftstheorie. Ihr

steht die Lehre von den Bedingungen der besonderen Wissenschaften als **angewandte Wissenschaftstheorie** gegenüber; die letztere entspricht dem, was in der alten Sprache als Philosophie der Natur, der Mathematik u. s. w. oder als metaphysische Anfangsgründe der einzelnen Wissenschaften bezeichnet wurde. In gleicher Bedeutung mit Wissenschaftstheorie und wissenschaftstheoretisch werden im Folgenden die Ausdrücke Erkenntnisstheorie und erkenntnisstheoretisch gebraucht. Nur ist ein für allemal zu bemerken, dass niemals die psychologische Theorie der Sinnes-Wahrnehmung darunter mit verstanden wird.

I. Die Psychologie.

8. Ueber die Stellung der Psychologie ist es gegenwärtig nicht mehr schwer sich Klarheit zu verschaffen. Sie hat für den ihr gebührenden wissenschaftlichen Platz definitive Anerkennung erobert. Die Psychologie ist die Kunde von den Lebenserscheinungen, welche man unter dem Namen der psychischen zusammenfasst. Mit vollem Recht nimmt sie heutzutage für ihre Untersuchung ausschliesslich die Methoden in Anspruch, welche von der Naturwissenschaft überhaupt als gültige anerkannt werden. Ihre Organe sind Zahl, Maass, Experiment, vergleichende empirische Beobachtung, Statistik und wissenschaftliches Schlussverfahren.

9. Allein die Psychologie befindet sich, den übrigen Naturwissenschaften gegenüber, in einer ganz eigentümlichen Lage. Das Geschehen, das sie zu schildern und zu erklären hat, ist zunächst nicht das physikalische Geschehen im Raume, d. h. die materielle Bewegung, sondern das sogenannte innere Geschehen, der zeitliche Verlauf des Bewusstseins lebender Wesen. Diese Beschaffenheit ihres Stoffes bringt es mit sich, dass sie einer Beobachtungsart bedarf, welche in der übrigen Wissenschaft nicht zu finden ist. Die Psychologie erfordert auch eine „innere", d. h. eine Beobachtung eigner und fremder Bewusstseinsvorgänge. Wenn nun auch eine solche mit grossen Schwierigkeiten und wissenschaftlichen Gefahren verbunden und vorläufig fast keiner exacten Messungen fähig ist, so ist sie darum doch nicht an und

für sich unwissenschaftlich. Durch Sammlung und Vergleichung ihrer einzelnen Aufzeichnungen, durch Anwendung der statistischen Methode ist sie im Stande, brauchbare Resultate zu liefern Innere Beobachtung soll einfach heissen: Erforschung von Regelmässigkeiten im eigenen oder fremden Vorstellungsverlaufe ohne Rücksicht auf die entsprechenden materiellen Gehirnprocesse. Man darf diesen vollkommen nüchternen Begriff aus berechtigter Abneigung gegen den „innern Sinn", der gar nichts damit zu schaffen hat, nicht verwerfen.[1]

10. Es ist nun einleuchtend, dass es Aufgabe der wissenschaftlichen Psychologie sein muss, das innere Geschehen mit dem körperlichen im Raume unter einem einheitlichen Gesichtspunkte zu beobachten. Sie wird die Einwirkung des einen auf das andere, ihre Berührungspunkte, die Begleitungs- und Uebergangserscheinungen beider studiren, und ihr ideales Ziel würde sein, den gesetzmässigen Zusammenhang, den gemeinsamen Grund der doppelseitigen Erscheinungen zu enthüllen.

11. Die Naturforscher pflegen eine doppelte Arbeit zu unterscheiden: die des Beschreibens und die des Erklärens. Die Beschreibung recognoscirt, sichtet und classificirt den Stoff, die Erklärung forscht nach den Gesetzen seiner Entstehung und Veränderung. Der Zusammenhang beider Thätigkeiten gestaltet sich so, dass die Beschreibung erst systematisch wird, wenn sie von der Erklärung Plan und Direction erlangt.

Auf dem Gebiete der Psychologie erhält diese Unterscheidung ihr besonderes Gewicht. Die Erklärung ist hier das, was soeben als schliessliche Aufgabe der Psychologie bezeichnet worden ist. Von einer Lösung dieses Problems dürfen wir vorläufig auch im bescheidensten Sinne nicht reden. Die Fälle, für welche ein naturgesetzlicher Causalnexus nachgewiesen ist, sind noch höchst selten, und zu der eigentlichen theoretischen Befriedigung, die sich erst mit der Gewinnung längerer Causalreihen einstellt, werden wir sobald nicht gelangen. Aber auch ganz abgesehen davon, ist es hier für uns von höchstem theoretischen und praktischen Interesse, wenigstens ein wohlgeordnetes anschauliches Bild von der unendlichen Mannigfaltigkeit der psychischen Vorgänge zu besitzen. Die erklärende Psychologie selbst, Logik und Ethik, sowie die ganze angewandte Philosophie lassen die sorgfältige Charakteristik und Classification der

Seelenthätigkeiten gleicher Weise als notwendige Voraussetzung ihres leichteren und sicheren Verfahrens erscheinen. Diesem Bedürfniss entspricht die Arbeit einer Naturbeschreibung der Seele, welche man als den einen grossen Haupttheil der Psychologie betrachten kann. [2])

12. Für unsern Zweck handelt es sich nun vor Allem um die Frage, ob und warum man überhaupt berechtigt sei die Psychologie der Philosophie zuzutheilen. Die kurze Bezeichnung ihrer Aufgabe und Methode, wie sie oben gegeben ist, zeigt wohl hinlänglich, dass man mindestens im Zweifel sein kann, ob man sie nicht einfach als einen Theil der Naturwissenschaften zu betrachten habe.

Es wird oft versucht, die Psychologie dadurch der Philosophie zu erhalten, dass man auf ihre Verschmelzung mit den Geisteswissenschaften hinweist. Man sagt, dass Geschichte, Rechts- und Staatslehre, Kunst- und Religionsphilosophie auf psychologische Erklärungsgründe zurückführen. Als grundlegende Lehre der Geisteswissenschaften könne man sie jedenfalls nicht in die Naturwissenschaft stellen. Dieses Bemühen geht aus von einem durchaus falschen Gesichtspunkt. Alle Wissenschaften ergänzen einander und helfen sich gegenseitig aus mit ihren Ergebnissen. Diesen Umstand zu einem Eintheilungsprincip zu machen, heisst die Grenzen aller Gebiete verwischen. Daraus liesse sich auch der Grund entnehmen, Logik und Mathematik unter die Naturwissenschaften zu reihen. Ja man kann dadurch geradezu das Gegentheil trefflich motiviren, nämlich die Psychologie in den Verein der Naturwissenschaften aufzunehmen. Sie ist nämlich auch für die letztere Fundamentaldisciplin; Medicin, Physik, Astronomie sind voll von Erscheinungen, die sich nur psychologisch begreifen lassen.

Die letztere Thatsache, dass man die Psychologie als Basis aller Wissenschaft überhaupt betrachten kann, zeigt einen andern Weg, auf dem man versucht hat, sie der Philosophie zuzuführen. Sie liegt allen Wissenschaften zu Grunde, was alle Wissenschaften umfasst, heisst Philosophie; also ist Psychologie Philosophie. Diese Ableitung gründet sich auf eine Auffassung der Philosophie, die oben (§ 5 und 6) als vag und unfruchtbar abgewiesen werden musste.

13. Das einzige Princip, das ich als massgebend für die

I. Die Psychologie.

Gruppirung der verschiedenen Wissenschaften anerkenne, ist das einer rationellen Theilung der Arbeit. Die Frage ist also: hat die Psychologie eine Thätigkeit auszuüben, welche sich von der der Naturwissenschaft specifisch unterscheidet? Eine solche Thätigkeit liegt vor in ihrem beschreibenden Theil. Der Stoff der innern Beobachtung sind die Modificationen des Zustandes lebender Wesen, den wir mit dem Ausdruck Bewusstsein bezeichnen. Diese Modificationen heissen Vorstellungen. Die Vorstellungen müssen auch abgesehen von ihrer physiologischen Geschichte als psychische Gebilde, als Reflexe beliebiger Processe in unserm Bewusstsein, beobachtet werden. Sie sind zu analysiren, auf ihre Bestandtheile zu untersuchen; sie sind ihrer Gleichartigkeit und Verschiedenheit nach zu schildern. Die Vorstellungen erscheinen in Verbindungen; diese Complexe müssen wiederum zergliedert werden; ihre Bewegungen und Wechselwirkungen bilden einen neuen Gegenstand der Betrachtung; das Suchen von Regelmässigkeiten in der Verbindung und Trennung der Vorstellungen wird zur bedeutsamsten Aufgabe.

Diese Thätigkeit scheint mir von der übrigen Naturbetrachtung specifisch verschieden zu sein und ihre eigene Begabung zu erfordern. Die Selbstbeobachtung, das Wägen und Schätzen der Vorstellungen ist ein anderes Können als das des Physiologen. Talent und Neigung zu dieser Arbeit wird sich im Allgemeinen bei den Forschern finden, die sich anderweitig mit unserm Bewusstseinsinhalt zu beschäftigen haben.

Das ist der Grund, aus dem ich die Berechtigung ableite, die Psychologie eine philosophische Wissenschaft zu nennen. Die Psychologie ist ein Ganzes, das aus zwei für unser jetziges Verständniss noch heterogenen Theilen besteht. Man kann ihr die Stellung nach dem einen oder dem andern anweisen. Receptiv müssen Physiologe und Philosoph im Stande sein, das Ganze zu verarbeiten; für die productive Thätigkeit tritt die Theilung der Arbeit ein. Das eine Gebiet erfordert physiologische und psychiatrische Fachbildung; das andere ein logisch geübtes geistiges Auge, das fähig ist, in dem Gewirr der psychischen Bewegung die Regel zu entdecken. Ich nenne das Ganze nach dem ersten Theil, weil die Leistung des Naturforschers, obwohl an sich die wissenschaftlich höhere, in letzter Linie nur dazu dient, die eigentümliche Vorarbeit des Philosophen zu erklären.

II. Die allgemeine Theorie des Erkennens.

1. Ausgangspunkt.

14. Die Psychologie enthält die Gesammtgeschichte unseres Seelenlebens; es gibt keine inneren Vorgänge, welche sie nicht zu beschreiben und zu erklären hätte.

Da von den Problemen der theoretischen Philosophie, welcher Art sie auch sein mögen, jedenfalls so viel feststeht, dass sie an Bewusstseinsvorgänge anknüpfen, so müssen alle psychologischen Ergebnisse von höchster Bedeutung für sie sein. In erster Linie hat sie ihre Aufmerksamkeit auf den Abschnitt von der Verbindung der Vorstellungen zu richten. Das Bewusstsein erfüllt sich in seinem zeitlichen Verlauf mit unendlich verschiedenen Aneinanderreihungen von Vorstellungen. In diesen Reihen erscheinen Glieder, welche sich von den andern abheben und, mit einander verschmelzend, als eine Einheit vom Bewusstsein umfasst werden. Die Fähigkeit, verschiedene Vorstellungen zu einer Einheit im Bewusstsein zu verknüpfen, heisst denken, und die Vorstellung einer solchen Einheit das Urtheil. Das Urtheil ist die Quelle jeder höheren psychischen Thätigkeit.

15. Unter den Urtheilen gibt es nun solche, deren Einheit sich im weiteren Verlaufe des psychischen Geschehens wieder auflöst; andere, deren Verknüpfung im Bewusstsein festgehalten oder bei neuem Zusammentreffen der entsprechenden Vorstellungen wiederum erzeugt wird; eine dritte Klasse endlich, deren Synthesis das Bewusstsein begleitet oder begleiten kann, dass sie unauflöslich sei und bei jeder Succession der gleichen Elemente gebildet werden müsse. Die Verbindungen der letzten Art heissen notwendige Urtheile.

16. Die notwendigen Urtheile bilden den Inhalt unserer Erkenntniss. Die Frage: Sind und wie sind sie möglich? heisst nichts Geringeres als: Gibt es eine Wissenschaft? Mit dem Studium dieses Problems verbindet sich das höchste Interesse, das die menschliche Würde und die menschliche Glückseligkeit berühren kann.

Man nehme keinen Anstoss an dem Widerspruch, der sich eingeschlichen zu haben scheint. Einmal benützten wir das Bewusstsein der Notwendigkeit als Kriterium für die Auswahl

1. Ausgangspunkt.

unseres Stoffes aus der Psychologie. Dennoch fragen wir nachher nicht bloss, wie, sondern auch ob solche Urtheile überhaupt möglich seien. Die Sache verhält sich so, dass wir allerdings das Factum der Psychologie entnehmen, nicht aber, ohne uns die Prüfung des Thatbestandes vorzubehalten. Es wäre denkbar, dass man von einer neuen Seite her der Psychologie beweisen könnte, dass ihre Behauptung einer solchen Notwendigkeit eine Täuschung sei, die vor einer anderweitigen Betrachtung zerfliesse. Wir nehmen also die Thatsache als eine vorläufige auf. Gelingt es uns dann nicht, ihre Möglichkeit befriedigend zu erklären, so werden wir auch an ihre Wirklichkeit nicht mehr glauben können.

17. Aber nun müssen wir uns fragen: Greift denn dieses Problem überhaupt aus der Psychologie hinaus und in ein neues Gebiet über? Ist denn die Erklärung irgend eines Bewusstseinszustandes nicht eine rein psychologische Aufgabe? Wir beobachten naturwissenschaftlich die Entwicklung des Bewusstseins von seinen ersten Anfängen bis zur vollendeten Reife, wir untersuchen die psychischen Processe, folgen der Trennung und Verbindung der Vorstellungen, und suchen auf diese Weise ein Gesetz zu entdecken, das die Stärke unserer Ueberzeugung bedingt.

Allerdings ist auch dieses Bemühen schützenswerth. Wir lernen dabei, dass von den zahllosen Associationen unserer Vorstellungen einige immer wiederkehren und dass sie unserem Bewusstsein um so mehr als zusammengehörig erscheinen, je häufiger sie sich wiederholen, je mehr sie sich von anderen lockeren Verbindungen abheben und mit neuen festeren vereinigen. Daraus lässt sich schliessen, dass unser Glaube an die Zusammengehörigkeit gewisser Vorstellungen sich steigere mit der Gewohnheit, diese Synthesen im Bewusstseinsinhalt immer wieder entstehen zu sehen. Allein damit ist entfernt nicht die Notwendigkeit erklärt, wie sie oben beschrieben wurde, das Bewusstsein einer Einheit bestimmter Vorstellungen, die durch keinen empirischen Fall aufgehoben, von keinem individuellen Bewusstsein geleugnet werden kann. Diese Notwendigkeit ist psychologisch schlechthin unbegreiflich. Die Psychologie bleibt uns jede Bürgschaft schuldig, dass wir nicht früher oder später einmal durch irgend eine Unregelmässigkeit der Erfahrung aus unserer Gewohnheit aufgerüttelt werden. Sobald man also diese

Erklärung als die einzig mögliche ansieht, muss man folgerichtig der Psychologie verkünden, dass sie ihren Urtheilen eine solche Notwendigkeit nur „angedichtet" habe.³) Die wissenschaftliche Skepsis ist der einzige Standpunkt, zu welchem man auf diesem Wege gelangen kann.

Wer also an der Lösung der Aufgabe, die Möglichkeit der Erkenntniss zu erklären, nicht verzweifeln will, muss zugeben, dass hier aus dem Schooss der Psychologie eine neue Wissenschaft hervorspringt, welche ihre eigentümliche Methode zu erfordern scheint. Damit eröffnet sich das zweite grosse Arbeitsfeld der theoretischen Philosophie. Man kann ihm den Namen geben: Allgemeine Logik oder Allgemeine Theorie des Erkennens.

2. Arten der Notwendigkeit.

19. Die erste Aufgabe dieser logischen Wissenschaft ist es nun, den fundamentalen Begriff der Notwendigkeit einer genauen Prüfung zu unterwerfen. Dies geschieht durch die vergleichende Analyse der Urtheile, die mit dem Anspruch auf Notwendigkeit auftreten. Der Inbegriff derselben, die Wissenschaft, muss ihrem ganzen Bestande nach durchforscht werden. Wir vergleichen die mathematische Gewissheit mit der physikalischen, wir untersuchen die Ansprüche theologischer Sätze, wir zergliedern die Behauptungen der Geschichte, der Jurisprudenz, und wir betrachten die Notwendigkeit, welche die Maximen unseres Handelns begleitet. Andererseits wenden wir uns nicht nur an die gegenwärtige Wissenschaft, sondern auch an ihre Geschichte. Wir schauen auf die Entwicklung der heute anerkannten Gesetze zurück und beobachten ihren Kampf mit den früher gültigen. Indem wir die Ursache ihres Sieges und die Gründe der irrtümlichen Ueberzeugung der Vergangenheit kennen lernen, werden wir mit dem Wesen und den verschiedenartigen Ansprüchen der Notwendigkeit näher vertraut.

20. Hier muss Ein Ergebniss dieser Prüfung hervorgehoben werden, das für die Begriffsbestimmung unserer Wissenschaft von der grössten Tragweite ist. Das Bewusstsein der Notwendigkeit, das alle möglichen Urtheile begleitet, lässt sich in zwei Arten theilen. Wenn ich das Urtheil ausspreche: die Luft ist schwer, so beruht meine Ueberzeugung von der notwendigen

Verknüpfung dieser beiden Vorstellungen entweder darauf, dass ich an zwei andere in meinem Bewusstsein befindliche Urtheile denke: die Körper sind schwer, und: die Luft ist ein Körper. Oder ich denke unmittelbar an das durch die Vorstellung bezeichnete Ding, und an die Beobachtungen, die mir seine Schwere klar machten. Im ersten Falle denke ich mir die vorliegende Verknüpfung als bereits enthalten in der durch jene andern beiden Urtheile beschriebenen Einheit; im zweiten Falle berufe ich mich für die Gültigkeit meiner Synthese auf die Einheit eines Gegenstandes. Das Urtheil selbst ist jedesmal durchaus das gleiche; nur sein Zusammenhang mit anderm Bewusstseinsinhalt ist in beiden Fällen verschieden.

Da das Bewusstsein im ersten Falle durch die Stellung, die das Urtheil in der übrigen Erkenntniss einnimmt, durch seine Verknüpfung mit andern Urtheilen bestimmt ist, so mag diese Notwendigkeit passend formale genannt werden. Insofern es sich im zweiten Falle von der sachlichen Bedeutung der zu verknüpfenden Vorstellungen direct abhängig erklärt, ist diese Notwendigkeit als materiale[1]) von der ersteren zu unterscheiden.

Jede Art des logischen Rechtsanspruches erfordert ihre gesonderte Untersuchung. Dadurch begründet sich die Theilung unserer allgemeinen Logik in eine formale und eine materiale Logik. Der gefundene Unterschied ist in der That „classisch"[2]) für die Theorie des menschlichen Erkennens, indem er der Forschung zwei ganz bestimmte, von einander sich abzweigende Bahnen anweist.

21. Die Darlegung der Möglichkeit eines notwendigen Urtheils nennt man Beweis. Die allgemeine Logik lässt sich kurz als Theorie der Beweise kennzeichnen. Damit ist also bereits eine allgemeine Einsicht in die Natur alles Beweisens gewonnen. Den Arten der Notwendigkeit entsprechend, gibt es zwei Arten von Beweisen. Der erste Schritt des Verfahrens muss also stets die Feststellung der Art der Notwendigkeit sein, mit welcher es der Beweis zu thun hat.

22. Die Kantischen Termini Analytisch und Synthetisch habe ich vermieden, theils um den an sie sich knüpfenden Vorurtheilen zu entgehen, theils um direct zu dem gebräuchlichen Titel der formalen Logik zu gelangen. Der Sache nach decken sie sich genau mit der oben gemachten Eintheilung. Ich be-

merke noch, dass man jene Ausdrücke dadurch am besten vor Missverständnissen schützt, dass man, anstatt von dem Unterschiede analytischer und synthetischer Urtheile zu reden, von dem Unterschiede analytischen und synthetischen Urtheilens spricht. Ueber die zulässige Auffassung des fertigen Urtheils kann Streit sein; die gleiche Einheit kann sich analytisch und synthetisch legitimiren. Ueber den Bewusstseinsvorgang aber, durch welchen das Urtheil wissenschaftlich gewonnen wurde und bei vollständiger Ableitung immer wieder gewonnen werden muss, steht eine dauernde Entzweiung nicht zu befürchten.

III. Die formale Logik.

1. Charakter der formalen Logik.

23. Da die formale Notwendigkeit entsteht durch Beziehung eines Urtheils auf andere Vorstellungsverbindungen, setzt ihr Erscheinen jederzeit eine vorhandene Erkenntniss voraus. Die formale Notwendigkeit ist hypothetisch.⁶) Wenn die Einheit A gilt, so gilt auch die Einheit B; dieser Bezug beider ist notwendig. Dabei bleibt unausgemacht, ob mit A selbst das Bewusstsein der Notwendigkeit verbunden sei oder nicht. Im geometrischen Beweise, in der physikalischen Induction und im phantastischen Zaubermärchen wird gleicherweise formale Notwendigkeit erzeugt.

24. Die formale Logik ist also die Wissenschaft der gegenseitigen Beziehung der Urtheile. Sie hat zu untersuchen, in welchen Fällen die Relation zweier Urtheile das Bewusstsein der Notwendigkeit hervorbringe und in welchen nicht. Ihre Hauptaufgabe wird sein, diese Abhängigkeit der Vorstellungsbewegungen auf allgemeine Sätze zu bringen.

Schon aus der allgemeinen Bestimmung der formalen Logik geht hervor, dass, wenn auch ihre Untersuchung an ein vorhandenes Wissen geknüpft ist, sie doch kein besonderes Wissen, keine bestimmte Wissenschaft voraussetzen darf. Sie soll ja eben eine vom Inhalt unabhängige blosse Bewegungsbeziehung zwischen den Vorstellungen auffinden. Sie soll das zusammen-

1. Charakter der formalen Logik.

hängende Denken als solches, als Function unseres Bewusstseins, aber mit stetem Hinblick auf die dadurch erzeugte Nothwendigkeit untersuchen.

25. Diese Aufgabe ist in ihrer ganzen Allgemeinheit lösbar, ja die Logik braucht die mühsame Vorarbeit der Abstraction von dem in Wirklichkeit allein existirenden besondern Denken nicht einmal selbst vorzunehmen. Alle Vorstellungsbewegungen verbinden sich mit dem linguistischen Ausdruck; die Sprache ist gleichsam das Wachs, in welches sich der Bewusstseinsvorgang einzeichnet. Die Grammatik geht aus von dem in der Sprache enthaltenen Schatz von Symbolen des Vorgestellten und sucht nach Gesetzen der gegenseitigen Verknüpfung und Bestimmung dieser Zeichen; schon sie betrachtet die Vorstellungsverknüpfung als solche und hat sie im „Satz" in abstracto dargestellt und analysirt. Die Grammatik bietet nun der Logik das empirische Rohmaterial zu weiterer Bearbeitung. Wenn es auch nur die sprachliche Aeusserungsform ist, die sie aufzeichnet, so liegt doch in jeder elementaren Art derselben eine Hindeutung auf eine fundamentale Bewusstseinsfunction, und die Logik findet in den grammatikalischen Kategorien die vollständige Uebersicht über den von ihr anderweitig zu classificirenden Stoff.

Die Logik kann zu einer Ansicht über das gegenseitige Verhältniss der Verknüpfungseinheiten nur gelangen, wenn sie das Wesen der Einheit selbst und die Arten der Vereinigung ergründet. Sie geht daher am zweckmässigsten aus vom grammatikalischen Satze. Indem sie dessen Bestandtheile als Zeichen vom Vorgestellten auffasst, lernt sie den eigenthümlichen Charakter der Componenten kennen, welche die Einheit verschiedener Vorstellungen zu Stande bringen. Indem sie ferner die verschiedenen Regeln beachtet, nach welchen die Elemente des grammatikalischen Satzes verknüpft erscheinen, wird sie auf die verschiedenen Formen hingewiesen, in welchen die Bewusstseinseinheit der Vorstellungen sich äussert.

26. Damit hat nun aber auch die formale Logik die Spur der Grammatik zu verlassen, wenn sie ihr Ziel erreichen will. Es handelt sich nunmehr darum, durch Reflexion die formalen Eigenschaften aufzufinden, welche man dem Vorgestellten beilegen muss, wenn es in die durch die grammatikalischen Sinnbilder angedeuteten Verhältnisse eingehen soll.

III. Die formale Logik.

Welcher Art auch die Verknüpfung sein möge, die durch das Urtheil dargestellte Einheit kann nicht anders gedacht werden, denn als eine neue Vorstellung, welche wahrnehmbare Theile enthält, ein psychisches Gebilde, in welchem jene ursprünglichen Vorstellungen des betreffenden Urtheils als zusammenhängende Elemente erscheinen. Eine solche Vorstellung, welche dem Bewusstsein als mehrere andere Vorstellungen umfassend und in sich enthaltend erscheint, heisst Begriff. Nun können wir annehmen, dass die Vorstellungen, durch deren Verknüpfung wir einen solchen Begriff entstanden denken, selbst schon zusammengesetzt gewesen seien; also müssen auch sie aus Urtheilen hervorgegangen sein. Die Elemente dieser Urtheile können wiederum Begriffe sein u. s. w. u. s. w., bis wir zuletzt zu Urtheilen gelangen, deren Bestandtheile sich als unzerlegbare Vorstellungen erweisen. In dieser Kette von Synthesen stellt sich die Gesammtarbeit des formalen Denkens dar, und man kann auf diesem Standpunkt die Logik bestimmen als die Lehre vom Zusammenhang der Begriffe.

Nehmen wir nun an, die Bestandtheile eines Urtheils seien selbst aus einer sehr grossen Anzahl von Vorstellungen zusammengesetzt. Durch die Synthese jener beiden Glieder werden also alle die Bestandtheile zweiter, dritter u. s. w. Ordnung mitverknüpft. Mit der Einheit des Urtheils werden somit gleichzeitig eine Menge anderer Einheiten erzeugt, welche ihrer Festigkeit und Geltung nach alle Eigenschaften der sie umfassenden theilen müssen. Ich kann nun diese ereignissreiche Handlung des Bewusstseins in ihre einzelnen Leistungen zergliedern; ich kann aus dem Einen Urtheile die ganze Reihe der in ihr vollzogenen besonderen Urtheile entwickeln.

Die Arten und Möglichkeiten dieser Entwicklung zu beschreiben ist Aufgabe der Logik, welche sie theils durch empirisches Ablesen, theils unabhängig von der Erfahrung durch Combination der gefundenen Elemente mit befriedigender Vollständigkeit lösen kann. Aber der Hauptpunkt des Problems ist nun, die Bedingung klar zu formuliren, unter der bei einer solchen Entwicklung das Bewusstsein der Notwendigkeit entstehen kann. Diese Bedingung wird dann das Kriterium bilden, nach welchem wir unter allen möglichen Combinationen die gültigen zu bestimmen haben.

2. Die Voraussetzungen der formalen Logik.

27. Wenn ein Urtheil mit zusammengesetzten Bestandtheilen und von einer bestimmten Gültigkeit gegeben ist, so sollen die Bedingungen aufgesucht werden, unter welchen den aus ihnen entwickelten Urtheilen formale Notwendigkeit zukommt, d. h. unter welchen sie an der Gültigkeit des ursprünglichen Urtheils participiren.

28. Der Zweifel an der Gültigkeit eines abgeleiteten Urtheils wird dadurch gehoben, dass man zeigt, dass es in einem andern Urtheil, dessen Gültigkeit in der Voraussetzung zugestanden wird, mitgebildet wurde. Das Bewusstsein der Notwendigkeit beruht daher in erster Linie auf der klaren Einsicht, dass durch die Synthesis zusammengesetzter Vorstellungen wirklich auch deren Theile verbunden werden. Wir haben also das Axiom vorauszuschicken:

Was mit dem Ganzen im Bewusstsein verknüpft wird, wird auch mit seinen Theilen verknüpft. Was vom Ganzen im Bewusstsein getrennt wird, wird auch von den Theilen getrennt.

Dieser Satz ist unmittelbar evident, sobald man die Natur des Begriffes erkannt hat. Er ist selbstverständlich; aber man ist darum nicht weniger gezwungen, ihn zu formuliren und an richtiger Stelle in die Entwicklung der Logik einzureihen. Die Wissenschaft hat sich durch seine Vernachlässigung einen nicht unwichtigen Fehler in der Schärfe der Begründung zu Schulden kommen lassen.

Dies Axiom ist enthalten, wenn auch in zu speciellem Ausdruck, in dem alten dictum de omni et nullo: „quidquid de omnibus valet, valet etiam de quibusdam et singulis; quidquid de nullo valet, nec de quibusdam vel singulis valet."[*]) Die neuere Logik hat dieses Princip im Allgemeinen kaum der Beachtung wert gefunden.

29. Das Enthaltensein des abgeleiteten Urtheils in dem ursprünglichen kann nur dadurch evident werden, dass unser Bewusstsein die Fähigkeit hat, der Gleichheit von Begriffen inne zu werden. Ich muss im Stande sein, den entwickelten Begriff als Bestandtheil des gegebenen wiederzuerkennen. Die Möglichkeit der Recognition von Begriffen ist eine Thatsache, welche die formale Logik der Psychologie entlehnt und als fundamentale

III Die formale Logik.

Voraussetzung ihrer systematischen Ableitung zu Grunde zu legen hat.

Die Formel, welche dieses Postulat enthält, ist das Princip der Identität:

$$A = A.$$

Dieser Ausdruck ist somit durchaus keine Tautologie, sondern er muss aufgefasst werden als Darstellung des psychologischen Ergebnisses, das die Entstehung der formalen Notwendigkeit allein ermöglicht. Vollständig heisst das Gesetz: $A = A$ als Bewusstseinszustand ist möglich.

Aber das Princip verschärft sich durch die Beschränkung, die es von anderer Seite erfährt, zu einer weiteren Leistung. Die Erkenntnisstheorie, die sich nicht mit dem bloss formalen Bau, sondern mit dem inhaltlichen Wert der Vorstellungen beschäftigt, liefert das Resultat, dass trotz der psychologischen Fähigkeit, Vorstellungen als gleiche zu erkennen, in Hinsicht auf ihre Bedeutung eine absolute Identität nicht zugestanden werden kann. Alle Vorstellungen treten in zeitlicher Ordnung im Bewusstsein auf. Soweit nun auch die Uebereinstimmung zweier Vorstellungen gehen mag, sie werden stets durch ihre Stellung in der Zeit einen unverwischbaren Unterschied behalten. Für die formale Logik, wo wir die Gesammtheit aller Urtheile und Begriffe gleichsam als ein Ganzes betrachten, dessen Gliederung wir enthüllen sollen, ist die zeitliche Differenz irrelevant. Wir können sie vernachlässigen und alle Deductionen vornehmen, als ob es im Denken keine Zeitbestimmung gäbe. Damit ist ein neues Postulat für die Möglichkeit der formalen Notwendigkeit gemacht, das ebenfalls im Princip der Identität enthalten ist. Die Formel sagt in diesem Falle: A soll gleich A gelten, obwohl es sich in Wirklichkeit zeitlich von ihm unterscheidet.

In dieser Voraussetzung liegt zugleich eine Einschränkung der logischen Wahrheit, welche sich mit der der mathematischen anhaftenden vergleichen lässt. Die Gesetze gelten, soweit die in der Voraussetzung angenommene Abstraction mit der Wirklichkeit nicht in Widerspruch gerät.

Das ist der doppelte Inhalt und meiner Ansicht nach der einzig bedeutungsvolle, den man dem Princip der Identität zu geben hat. Man verkannte seinen wirklichen Sinn, indem man ihm bald zu viel, bald zu wenig zumutete.[*)]

2. Die Voraussetzungen der formalen Logik.

30. Damit ist nun aber die Möglichkeit der Erzeugung formaler Notwendigkeit keineswegs erschöpft. Es kann sich nämlich die Aufgabe der Entwicklung auch im umgekehrten Sinne darbieten. Es kann ein Urtheil mit dem Anspruch auf Notwendigkeit gegeben sein und verlangt werden, dazu die Voraussetzung d. h. das Urtheil zu suchen, in welchem sich die vorliegende Synthese als bereits geschehen darstellt. Findet sich ein solches Urtheil, so lässt sich die prätendirte Notwendigkeit des gegebenen nach dem Satz der Identität als wirklich darthun. Stellen wir uns dagegen vor, dass sich in der Gesammtheit aller vorhandenen Verknüpfungen keine finde, als deren Bestandtheil sich die gegebene darstellen lässt. In diesem Fall muss die Möglichkeit die betreffenden Vorstellungen zu einer Einheit zusammenzufassen formal verneint werden und es entsteht ein negatives Urtheil. In demselben werden die Bestandtheile als keine Gesammtvorstellung bildend, gesondert vorgestellt. Dazu ist es unnötig, eine neue psychologische Fähigkeit vorauszusetzen. Die negativen Urtheile entspringen aus der blossen Unmöglichkeit, das Princip der Identität zur Geltung zu bringen.

Nehmen wir nun an, es sei eine Anzahl solcher verneinter Synthesen vorhanden, so können wir mit formaler Notwendigkeit nach dem Satz der Identität eine Reihe neuer Urtheile daraus entwickeln. Dabei ist wiederum die erste Voraussetzung, das erweiterte dictum de omni et nullo in Betracht zu ziehen (§ 28). Was von dem Ganzen getrennt wird, wird auch von den Theilen getrennt. Wenn wir also die complexen Vorstellungen eines negativen Urtheils in ihre Bestandtheile auflösen, so stellen sich in der Einen Negation eine Reihe von particularen Negationen als enthalten dar und wir gewinnen daraus die entsprechende Menge gültiger negativer Urtheile.

31. Denken wir uns nun, wir seien durch die Entwicklung zweier Reihen schliesslich zu zwei Urtheilen gelangt, in welchen die Synthesis der gleichen Vorstellungen im einen behauptet, im andern verneint wird. Beide Urtheile haben formale Notwendigkeit, da sie nach dem Satze der Identität aus Gegebenem abgeleitet sind. Trotzdem können die beiden Urtheile nicht neben einander bestehen. Denn wenn ich das eine annehme, hebe ich zwar nicht dessen Voraussetzung, aber doch das andere auf, an das ich doch eben so sehr geneigt bin zu glauben;

dieses aber hebt seinerseits das erste auf. Wir stehen also hier vor einem Falle, wo die formale Notwendigkeit nicht mehr im Stande ist, unsere Ueberzeugung zu bestimmen. Das formale Denken kann uns keine Resultate mehr liefern, sobald die Verknüpfung und ihre Negation mit gleichem Anspruch auftreten. Wollen wir also die Möglichkeit der logischen Ableitung aufrecht erhalten, so müssen wir einen Grundsatz aufstellen, welcher das Eintreten solcher Fälle überhaupt für unmöglich erklärt. Im Interesse der Sicherung der formalen Entwicklung stellen wir daher das Gesetz auf:

Es ist unmöglich, dass A, welches A ist, nicht A sei.

Dieser Grundsatz reiht sich als dritte logische Voraussetzung an die übrigen an und muss mit ihnen zusammen bestehen. Wenn uns daher das Princip der Identität in der formalen Ableitung auf solche Fälle führt, welche das neue Gesetz verbietet, so bleibt uns nichts Anderes übrig, als eine der Voraussetzungen, aus welchen die beiden Urtheile ursprünglich deducirt wurden, für unmöglich zu erklären. Die gegebenen ersten Synthesen müssen nun selbst auf ihre logische Abstammung untersucht werden, und alle weitere Arbeit bleibt suspendirt, bis sich herausgestellt hat, wo in der Ableitung der einen Prämisse gegen das Princip der Identität verstossen wurde. Sollte ein solcher Fehler überhaupt nicht gefunden werden, sollte die formale Gültigkeit der Prämissen auf allen Stufen der Ableitung bestehen bleiben, so ist man gezwungen, ganz einfach die Bedeutung der ursprünglichen Begriffe selbst umzuarbeiten, falls man auf die Möglichkeit der Logik nicht verzichten will.

Der Grundsatz des Widerspruchs enthält keine psychologische Thatsache. Er ist eine Hypothese über das gegenseitige Verhältniss der Begriffe, das eine formale Logik allein möglich machen kann.

Dagegen muss wohl beachtet werden, dass auch dieses Princip erst der Erkenntnisstheorie gegenüber seinen Hauptnachdruck bekommt. Die Erkenntnisstheorie könnte sich ermächtigt glauben, der formalen Logik über die obige Schwierigkeit hinwegzuhelfen. Eure formal richtig abgeleiteten Sätze, könnte sie sagen, sind in der That richtig, sie widersprechen sich gar nicht. Die Verneinung der Synthesis gilt eben so gut als ihre Bejahung, nur jede zu einer andern Zeit. Diese Ausflucht soll durch

2. Die Voraussetzungen der formalen Logik.

den Grundsatz des Widerspruchs abgeschnitten werden, das eben ist das Heilmittel, das die formale Logik unter keinen Umständen anwenden darf. In der formalen Logik gibt es überhaupt keine Rücksicht auf die Zeit. So wenig gleiche Vorstellungen durch Berücksichtigung der Zeitdifferenz verschieden werden sollen (§ 29), ebensowenig sollen verschiedene Vorstellungsverknüpfungen durch Vernachlässigung der Zeit übereinstimmend werden. Einflüsse, welche die Zeit auf die Gültigkeit der formalen Processe ausüben kann, sind als nicht vorhanden anzusehen.

Mit dem feinen Sinne, der überall die Grenzen der Wissenschaften herzustellen und rein zu halten suchte, hat Kant das „zugleich" aus dem Satze des Widerspruchs eliminirt.[9]) Diese Zeitbestimmung muss auch auf immer daraus entfernt bleiben. Der Satz: es ist unmöglich, dass etwas zugleich sei und nicht sei, ist erkenntnisstheoretisch und widerspricht geradezu der Absicht der formalen Logik. Er spricht etwas aus, das sie nicht interessirt und nicht interessiren darf.[10])

32. Wenn wir das Verhältniss der Vorstellungen im Allgemeinen betrachten, so sehen wir, dass dasselbe nur zwei Arten hat. Die Vorstellungen können entweder zu einer Einheit verbunden oder von einander getrennt sein. Die erste Beziehung wird durch die bejahenden, die zweite durch die verneinenden Urtheile ausgedrückt. Eine dritte Art des Verhältnisses ist nicht vorhanden und auch nicht denkbar. Denn in den sogenannten unendlichen Urtheilen ist kein neues Resultat der Synthese, sondern nur ein zweites Verfahren des Bewusstseins, zu dem gleichen Ergebniss der negativen Urtheile zu gelangen, enthalten.

Indem wir diese Thatsache, die sich aus der Betrachtung des Gesammtzusammenhanges der Vorstellungen ergibt, in einem Grundsatze festhalten, gewinnen wir eine neue Bedingung für die Möglichkeit formaler Notwendigkeit. Der Satz lautet:

A ist entweder B oder A ist nicht B.

Das Princip des ausgeschlossenen Dritten gestattet der formalen Entwicklung eine Erweiterung. Wenn ich mit formaler Notwendigkeit zu dem Urtheil gelange: Es ist unwahr, dass A B ist, so erhalte ich nach dem obigen Grundsatz unmittelbar das notwendige Urtheil: A ist nicht B. Ebenso folgt aus dem Ergebniss: Es ist unwahr, dass A nicht B ist, das Urtheil: A ist B. Nicht minder ergibt sich mit der Wahrheit der einen

Verknüpfung auf Grund unseres Princips die Unwahrheit der entgegengesetzten.

Das Princip des ausgeschlossenen Dritten, das zuweilen als leer bezeichnet wurde, hat also eine ganz fruchtbare Function. Es begründet eine Anzahl von Vorstellungsverknüpfungen, welche durch das blosse Princip der Identität weit langsamer erhalten würden. Man thut gut, auf die eigenthümliche Art seiner Geltung zu achten. Es ist kein Axiom, wie die erste Voraussetzung, keine einschränkende Hypothese, wie der Satz des Widerspruchs, kein Postulat, wie das Princip der Identität. Es ist nicht unmittelbar evident; seine Gültigkeit erfordert eine Begründung, wie schon aus den Angriffen, denen sie ausgesetzt war, hervorgeht. Aber der Beweis kann nicht durch Berufung auf die Möglichkeit der Logik geleistet werden; denn das formale Denken ist denkbar ohne diesen Satz; es würde durch seine Ungültigkeit nur an Leichtigkeit und Eleganz verlieren. Die Deduction, die gegeben werden kann und gegeben werden muss, besteht eben in dem Hinweis auf den Inbegriff unserer Vorstellungsbewegungen, in welchen neben Verknüpfung und Trennung ein dritter Modus theils thatsächlich sich nicht findet, theils auch als Möglichkeit nicht construirt werden kann.

Man hat erfolglos versucht, das Princip des ausgeschlossenen Dritten aus dem Satze des Widerspruchs abzuleiten. Es ist ein Grundsatz, der nicht als Correlat der übrigen aufgefasst werden kann. [11])

33. Es bleibt uns der Grundsatz zu betrachten übrig, der in der Logik gewöhnlich als der wichtigste angesehen wird. Ich reihe ihn der Uebersichtlichkeit wegen an die übrigen an, obwohl er mit denselben nicht auf gleicher Stufe steht und eigentlich an einer andern Stelle hätte angeführt werden sollen.

Der Satz vom Grunde ist ein Princip, welches sich unmittelbar aus der Definition der formalen Logik ergibt und welches daher an den Beginn der ganzen Logik zu stellen ist. Ich habe es nicht gethan, um gerade in der Nebeneinanderstellung dieser Grundsätze, wie sie bisher üblich war, ihren Unterschied und dadurch den Charakter der formalen Logik klar zu machen. Sobald wir die Aufgabe und das Wesen des formalen Denkens festgestellt haben, kann uns der Satz vom Grunde nichts

Neues mehr lehren; er ist der blosse Ausdruck der Competenz unserer Wissenschaft.

„Sage Nichts ohne Grund" heisst einfach: Erinnere dich an die Art des formalen Denkens. Achte stets darauf, dass es hypothetisch ist, dass ein Urtheil nur dadurch gelten kann, dass ein anderes Urtheil vorherging, in dem es enthalten war. Alles Urtheilen ist bloss eine Folge auf anderes Urtheilen. Dieser Zusammenhang von Vorhergehendem und Folgendem, von Grund und Folge in den Begriffsverbindungen ist das Feld der Logik; dieser Zusammenhang ist der Quell der bewussten Notwendigkeit, und selbst die allgemeinsten Grundsätze sind nichts Anderes, als die Bedingungen, unter welchen sie daraus entspringen kann. Nur für diese Relation gelten alle logischen Gesetze, und wer dieselbe aus dem Gedächtniss verliert, wird letztere missverstehen und vergeblich auf die Sicherheit hoffen, die sie verheissen.

Das ist der Inhalt des grossen Princips vom Grunde und dieser Inhalt ist für die Bedürfnisse der Wissenschaft vollkommen zureichend. Wer mehr hineinlegt, wird die Klarheit der Logik nicht fördern. [12])

3. Die Logik als normative Wissenschaft.

34. Die formale Logik ist, wie wir gesehen haben, aus der Psychologie hervorgegangen, indem wir diejenigen Vorstellungsverbindungen betrachteten, welche von dem Bewusstsein der Notwendigkeit begleitet waren. Indem wir dieses Bewusstsein zunächst als wirklich annahmen, suchten wir seine Möglichkeit zu erklären. Der Begriff der formalen Notwendigkeit leitete die ganze Untersuchung, er war die Richtschnur, nach welcher wir aus der Gesammtheit der natürlichen Vorstellungscombinationen die Auswahl trafen, der Massstab, an dem wir das Bedürfniss allgemeiner Postulate und Grundsätze messen konnten. In diesen Voraussetzungen erhielten wir die fundamentalen Gesetze, nach denen das formale Denken sich vollziehen muss, insofern es uns wenigstens begreiflich sein soll. Damit ist nun noch etwas Weiteres erreicht. Indem wir den Zusammenhang der Vorstellungssynthesen erforschten, welche vorhanden sind, haben wir gleichzeitig auch Regeln gewonnen, nach denen wir bei der

bewussten Neubildung von Verknüpfungen uns richten können. Die Logik erhält dadurch unmittelbar eine technische, praktische Richtung; sie wird zur Methodenlehre unseres Denkens. Das System der Logik bildet das Gesetzbuch des Verstandes, das für alle seine Handlungen die Normen enthält.

35. Diese zweite Bedeutung der Logik hat so grosse Wichtigkeit, dass man sie oft und gewöhnlich als einzige bezeichnet und in ihr das Wesen der Logik erschöpft glaubt. Darin bestehe eben ihr Unterschied von der Psychologie, dass sie das Denken schildere, nicht wie es ist, sondern wie es sein soll. Dieses Soll gebe ihr einen Charakter, der sie aus allen theoretischen Wissenschaften heraushebe; sie sei nicht eine Physik, sondern vielmehr eine Ethik des Denkens, eine demonstrative, nicht eine descriptive Wissenschaft.

Diese Auffassung ist äusserst ungenau und setzt die logische Methode grossen Missverständnissen aus. Gewiss ist die Logik keine beschreibende Wissenschaft im Sinne der descriptiven Psychologie (§ 11). Beschreiben würde ihr sehr wenig helfen, da man nicht aufhören würde die Wirklichkeit ihres Gegenstandes anzuzweifeln. Sie ist erklärend in eminentem Sinne. Sie erklärt eine Möglichkeit, aber die Möglichkeit von etwas empirisch Vorhandenem, die Möglichkeit von sich für notwendig ausgebenden Urtheilen. Diese Möglichkeit sucht sie mit grösster Evidenz, welche der mathematischen gleichkommt, obwohl sie der Art nach specifisch von ihr verschieden ist, darzuthun. Dabei bedient sie sich ähnlicher Mittel wie die Naturwissenschaft, wenn sie Grundsätze aufsucht, die eine befriedigende Deduction ermöglichen sollen. Hat man aber die Bedingungen erkannt, unter denen ein Object zu Stande kommen kann, so bietet man sie demjenigen als Regeln, der das Object nachschaffen will. Die Mathematik untersucht den Zusammenhang der Grössen; wer ein bestimmtes Grössenverhältniss construiren will, findet in ihr die Normen für sein Verfahren. Die Mechanik erforscht das Verhältniss der Kräfte, bei ihr findet der Ingenieur Aufschluss über das „Soll", das ihm der Begriff einer Maschine auflegt. Die Physiologie enthält die Gesetze des Stoffwechsels, sie überliefert sie der Gesundheitslehre als Regulativ für die Erreichung ihres Zwecks. So wird jedes naturwissenschaftliche Gesetz zu einem praktischen Kanon. Ganz gleich verhält es sich mit der Logik; sie ist in erster Linie eine Physik des Denkens, eine Physik allerdings, die sich durch einen bestimmten Begriff ihrer Aufgabe das Arbeitsfeld begrenzt (wodurch sie sich von der Psychologie unterscheidet). Wie es eine Anatomie des gesunden Körpers, eine Mechanik des Gleichgewichts, eine Chemie des Organischen gibt, so gibt es eine Psychologie des notwendigen Denkens, welche dann eben zu einer besondern Methode führt; wie jene Wissenschaften, eine jede sich zu einem praktischen Organon gestaltet, so entwickelt sich auch die Logik zu einer Gesundheitslehre des menschlichen Denkens.

36. So zerfällt die Logik in zwei Theile. In dem einen, den man passend den analytischen Theil nennen kann, zergliedert sie die complexen Vorstellungen und sucht die Bedingungen auf, unter welchen die formale Ableitung im Allgemeinen möglich ist. Im zweiten, dem normativen Theil legt sie jene Bedingungen als Norm zu Grunde und stellt darnach mit möglichster Vollständigkeit alle einzelnen Entwicklungen auf, welche man von den verschiedenen Gesichtspunkten aus mit den zusammengesetzten Vorstellungen vornehmen kann. Der letzte Abschnitt geht in die angewandte Logik über, sobald man an die Stelle der allgemeinen Begriffe bestimmte Begriffe aus besonderen Wissenschaftsgebieten setzt und die logische Bearbeitung an diesen Specialfällen versucht.[13])

IV. Die Erkenntnisstheorie im engern Sinne.

37. Dass die formale Logik, wie wir sie ausgeführt haben, mit ihren Mitteln nicht im Stande ist die Möglichkeit der Erkenntniss vollständig zu erklären, liegt auf der Hand. Ihre ganze Arbeit beruht ja auf einer Abstraction, sie sieht ab von dem wirklichen Inhalt der Vorstellungen und reflectirt bloss auf deren Verbindung. Schon aus ihrem Begriffe folgt daher, dass wir über den materiellen Wert der Vorstellungen Nichts erfahren, und das ist doch gerade das Endziel der Erkenntniss. Sodann gibt sie ihr Wissen selbst als ein hypothetisches. Alle Notwendigkeit, die sie erzeugt, setzt andere Notwendigkeit

voraus; ihre Resultate enthalten bloss Bearbeitung, Verwendung von Erkenntniss. So vollkommen daher auch die Logik ihre Einsichten begründet, immer bleibt noch das Wissen zu erklären, aus dem sie abgeleitet sind.

Aber selbst wenn ein ursprünglicher Besitz von Urtheilen gesichert und gerechtfertigt wäre, aus denen sich ein Schatz von formalen Wahrheiten entwickeln liesse, so würde die Frage offen bleiben: haben die abgeleiteten Verknüpfungen nun auch einen Bezug auf ein Dasein ausser uns, oder sind sie eine blosse Erkenntniss unseres eigenen Selbst?

Die formale Logik stellt den gesetzmässigen Zusammenhang unserer Begriffe dar. Insofern unsere Erkenntniss in die Form der Begriffe eingeht, ist sie dieser Gesetzmässigkeit unterworfen, welche aus der Natur der Begriffe folgt. Wenn eine Erkenntniss sich in einer Verknüpfungsart darbieten würde, welche die Logik für unmöglich erklärt, so wäre sie schon deshalb bedeutungslos; denn wir würden unfähig sein, sie mit dem übrigen Bestand unseres Bewusstseins in Verbindung zu setzen. Eine weitere Sicherheit aber über den Wert unserer Synthesen vermag uns die Logik nicht zu bieten.

Man hat das für eine Unvollkommenheit der Logik erklärt und darum ihre wissenschaftliche Leistungsfähigkeit überhaupt in Frage gestellt. Man versuchte sie dadurch zu einer Wissenschaft zu ergänzen, dass man die zum Zweck der Untersuchung gemachte Abstraction immer wieder aufhob und die Formen des Denkens gleichzeitig nach ihrer Beziehung auf das Sein erforschte.[14])

Dem gegenüber muss man immer wieder an den oft citirten Ausspruch Kant's erinnern: „Es ist nicht Vermehrung, sondern Verunstaltung der Wissenschaften, wenn man ihre Grenzen in einander laufen lässt."[15]) Die Logik leistet, was sie ihrer richtig bestimmten Aufgabe nach leisten soll, vollkommen, so vollkommen wie jede exacte Wissenschaft. Sie bedarf keiner Hülfe innerhalb ihrer eigenen Grenzen. Lassen ihre Resultate Lücken in unserem Wissen unausgefüllt, so müssen wir unsere Fragen an anderer Stelle, bei einer andern Abtheilung der Gesammtforschung vorbringen.

38. Eine neue Wissenschaft reiht sich an die formale Logik und unternimmt es die Probleme zu lösen, die jener unzugäng-

lich bleiben. Wenn es ihr gelingt, ergänzt sie in der That die Errungenschaften der Logik, aber nicht, indem sie ihrem Gange folgt und bei jedem Schritt nachhilft. Sie begründet sich vielmehr als nebengeordnete Mitarbeiterin an der Gesammtaufgabe ihre eigene Methode und wählt selbstständig ihre Ausgangspunkte. Sie beginnt da, wo die Logik aufhört.

39. Wie wir eben gesehen, hat die Logik zu drei Hauptfragen Raum gelassen. Was kommt dem Inhalt unserer Vorstellungen im Hinblick auf die Erkenntniss für eine Bedeutung zu? Wie ist es möglich, dass Urtheile, die nicht von anderen abgeleitet sind, notwendige Geltung haben? Was kann die logische Entwicklung für unser materielles Wissen bedeuten?

Diese Probleme sind die Anknüpfungspunkte für die neue Wissenschaft. Ich nenne sie die Lehre von der materialen Notwendigkeit oder Erkenntnisstheorie im engern Sinne.

Damit ist der theoretischen Philosophie ein drittes Feld eröffnet, dessen Arbeitsprogramm so präcis und dessen Begrenzung so scharf ist, dass es dem jeder Naturwissenschaft ebenbürtig zur Seite steht.

Aufgabe des Folgenden wird es sein, durch Darlegung ihrer Fundamentalsätze den Begriff dieser Wissenschaft zu unanfechtbarer Klarheit zu erheben.

V. Die Vorstellung.

1. Analyse der Vorstellung.

40. Auf das Problem, welches die Erkenntnisstheorie sich stellt, hat die naive Weltansicht eine rasche Antwort: Warum unsere Urtheile notwendig sind? — „Weil sie sich nach Gegenständen richten." Vorstellungen können nicht mehr willkürlich verbunden werden, sobald sie ein Ding beschreiben. Wenn ich auf den Inhalt eines Urtheils sehe, so bildet es in seiner Begriffsverknüpfung einfach den Zusammenhang nach, den die Eigenschaften an dem Object aufweisen. Ein Urtheil ist dann notwendig und allgemein gültig, wenn es sich nicht bloss auf mein Bewusstsein, sondern auf einen ausser mir liegenden Gegen-

stand bezicht, der mich und alle andern Subjecte zu einer bestimmten Form der Aussage zwingt.

Es ist ungemein wichtig, sich diesen Ausgangspunkt der Erkenntnisstheorie recht klar zu machen. Ein verbreiteter Irrtum glaubt, ihre Untersuchung entspringe speciell bei der Betrachtung der eigenthümlichen Notwendigkeit, welche die mathematischen Urtheile vor den Sätzen jeder andern Wissenschaft auszeichnet. So entspinnt sich dann an verfrühter Stelle ein unerspriesslicher Streit über das factische Vorhandensein der mathematischen Apodicticität. Die Aufstellung der letzteren ist, wie wir später sehen werden (vgl. unten § 130), ein bedeutsames Nebenergebniss, allein eben nur ein Nebenergebniss. Ihr systematisches Hauptziel ist die Erklärung aller materialen Notwendigkeit und sie sieht ihre allgemeine Aufgabe zunächst dargestellt in der Beurtheilung von Objecten überhaupt.

41. Die Erkenntnisstheorie mag also untersuchen, was ein Gegenstand ist, und sie hat ihre Aufgabe gelöst. Das Urtheil: ,Der Stein ist hart', ist notwendig. Warum? Weil die Wahrnehmung des Dinges ausser mir mich nötigt die Vorstellungen so zu verknüpfen. Was ist dieses Ding? Es ist grau, spitzig, schwer, es hat eine rauhe Oberfläche, einen erdigen Geruch, auf die Zunge gebracht einen eigenthümlichen Geschmack, beim Zusammenstoss mit andern Dingen verursacht es einen Schall. Alle diese Eigenschaften machen zusammen das Ding aus.

So löst die Antwort den Gegenstand auf in eine Summe von Vorstellungen.

Es bleibt uns demnach Nichts übrig, als die Vorstellung selbst zu analysiren und zu sehen, ob wir in ihr eine Beziehung auf etwas Objectives entdecken können. Diese Analyse brauchen wir nicht selbst vorzunehmen, sie ist eine Aufgabe der Psychologie, und von ihr können wir die Resultate borgen.

42. Die Psychologie lehrt uns, dass die letzten Bestandtheile der Vorstellungen Empfindungen sind.

Empfindung ist diejenige Vorstellung, welche entsteht, wenn der Zustand der Centraltheile des Nervensystems durch einen äussern oder innern Reiz verändert wird. Somit kann nur der äussere Reiz die Quelle des Objectiven in der Vorstellung sein. Allein wenn wir uns von der Psychologie die verschiedenen Reize beschreiben lassen, so machen wir noch einmal die eben gemachte Erfahrung. Als Reiz der Tastempfindung zeigt sie dem Auge den Stein, den der Finger berührt; um uns den Gegenstand eines Netzhautbildes vorzuführen, gibt sie der Hand eine Tastempfindung. Bald stellt sie den Reiz der Gehörsempfindung mit Hilfe des Gesichts, und bald durch Berufung auf eine Druckempfindung dar. So führt sie die Welt des einen Sinns auf die Welt der übrigen zurück und die Vorstellung behält sich selbst zum Inhalt.

43. Nach einer Seite scheint sich ein Ausweg zu eröffnen. Wenn wir die eben beschriebenen Reize, die wir wiederum als Empfindungen wahrnehmen, mit einander vergleichen, so bemerken wir an allen ein gemeinsames Kennzeichen. Welcher Klasse auch eine Empfindung angehören, mit welcher Stärke sie auch auftreten möge, eine jede erscheint unserem Bewusstsein begleitet von der Vorstellung des Raumes und von der Vorstellung der Zeit. Jeder Reiz tritt irgendwann ein und wirkt irgendwo. Es scheint, als ob wir auch diese Betrachtung unmittelbar der Psychologie hätten entnehmen können. Die Psychologie hat in der That alle Reize unter den allgemeinen Titel der Bewegung gebracht und Bewegung setzt sich aus der Anschauung von Raum und Zeit zusammen. Aber eben weil Bewegung eine Summe von Empfindungen voraussetzt, dürfen wir hier nicht von ihr ausgehen. Unsere Aufgabe ist es, in der einzelnen Vorstellung das objective Element zu entdecken; wir untersuchen daher die einzelne Empfindung für sich. Indem wir dann die einzelnen verschiedener Qualität vergleichen (nicht zusammensetzen), gelangen wir zu der Beobachtung, dass allen als gemeinsames Merkmal die Verschmelzung mit der Raum- und Zeitvorstellung anhaftet.

44. Hier ist nun der Ort, eindringlich auf den Unterschied aufmerksam zu machen, welcher zwischen der Methode der Erkenntnisstheorie und derjenigen der Psychologie besteht. Die Psychologie betrachtet das Entstehen der Erfahrung; sie sucht die verwickelten Verbindungen des inneren Geschehens aus seinen einfachsten Erscheinungen zu erklären. Sie untersucht daher die einfachen Empfindungen losgetrennt von allen Beziehungen des entwickelten Bewusstseins. Psychologisch hat die reine Empfindung keinen zeitlichen oder räumlichen Charakter.[16]) Ganz anders die Erkenntnisstheorie. Sie prüft, mit Kant zu

reden, „Erfahrung überhaupt", um zu sehen, „was in diesem Product der Sinne und des Verstandes enthalten, und wie das Erfahrungsurtheil selbst möglich sei."[17]) Sie zergliedert also den fertigen Bestand unseres Wissens; sie macht gleichsam einen Querschnitt durch den Bau der menschlichen Erkenntniss, um die Construction darzulegen, die dem begrifflichen Gefüge seinen Halt verleiht. Für sie sind die complicirtesten und die einfachsten Vorstellungen gleichzeitig da. Die Fiction der Condillac'schen Statue, deren verschiedene Sinnesorgane successiv zu functioniren beginnen, hat für ihr Verfahren keinen Wert. Sie wendet sich nicht an das Seelenleben der Thiere, des Kindes oder der wilden Völker. Das Bewusstsein, das sie analysirt, ist das denkbar vollkommenste, es ist das Bewusstsein der Wissenschaft. Die Erkenntnisstheorie analysirt das psychische Geschehen in der Phase seiner Entwicklung, in welcher es schon die ganze Gesetzmässigkeit der formalen Logik und der Mathematik zum Ausdruck gebracht hat. Und dann fragt sie: Wie kann dieses entwickelte Bewusstsein vor dem Tribunal seiner eigenen Reflexion die Ansprüche seiner Urtheile begründen?

Wenn also die Erkenntnisstheorie die Empfindung betrachtet, so betrachtet sie dieselbe als Element in dem entwickelten Bewusstsein. Die Empfindung erscheint als das Einzelne in der Mannigfaltigkeit des Bewusstseinsinhaltes; sie ist die Einheit des Materiales, aus welchem das Bewusstsein seine Verknüpfungen herstellt.

15. Alle Empfindungen haben nun also das gemein, dass sie eine Stelle in Raum und Zeit einnehmen. Diese Eigenschaft behält der Reiz, gleichviel durch welches der Sinnesorgane er unsern Bewusstseinszustand verändert. Der Zusammenhang des Reizes mit diesen Kennzeichen wird durch unsere individuelle Organisation nicht modificirt. Somit dürfen wir hoffen, wenn irgendwie, durch diese Eigenschaften der Vorstellung das beschreiben zu können, was als Gegenstand die Verknüpfung unserer Urtheile bestimmt. Vielleicht liegt hier die Möglichkeit, einen Ausblick aus unserem Selbst zu gewinnen.

Wir haben also vor Allem die Vorstellungen von Zeit und Raum in Betracht zu ziehen. Zunächst können wir ihren gemeinschaftlichen Charakter dahin beschreiben, dass sie von der Empfindung den Platz in einer bestimmten Ordnung aussagen,

sie stellen eine Qualität vor, welche die Empfindung in einer
Relation zu andern Empfindungen erhält. Sie sind das, welches
vorstellt, dass das Mannigfaltige der Erscheinungen in gewissen
Verhältnissen geordnet ist.[18]) Wir nennen sie daher vorläufig
am besten Verhältnissvorstellungen.[19])

2. Der Raum.[20])

46. Der Raum ist die Vorstellung des Nebeneinander. Sobald wir durch Vorstellungen ein Ding bezeichnen, beziehen wir sie auf Etwas ausser uns, denken wir mehrere Objecte, so stellen wir sie als ausser einander vor. Dieses Verhältniss der Vorstellung eines Gegenstandes zur Vorstellung unseres Selbst und zur Vorstellung von anderen Objecten nennen wir Raum.

47. Psychologisch entwickelt sich die Raumvorstellung durch die Zusammenfassung von Reihen der verschiedensten Empfindungen. Als Thatsache der Psychologie stehen fest seine sogenannten drei Dimensionen, welche sich nicht anders als durch die Gegensätze links und rechts, oben und unten, vorn und hinten beschreiben lassen. Das Verhältniss irgend einer gegebenen Bewegung zu diesen ursprünglichen Raumgegenden nennt man die Richtung der Bewegung.

48. Die Entwicklung der Raumvorstellung fällt mit der Entwicklung des Bewusstseins zusammen. Das reife, erkenntnisstheoretische Bewusstsein kann sich nicht denken, dass es, als solches, die Raumvorstellung erworben habe, wie es z. B. Allgemeinvorstellungen oder Begriffe erwirbt. Denn in seinem innern Zustande findet es keine Empfindungen in verschiedenen Oertern. Sobald es aber ausserhalb sich selbst (und wäre es auch nur am eigenen Körper) Etwas suchen wollte, so würde es die Raumvorstellung schon besitzen. Erkenntnisstheoretisch ist äussere Erfahrung erst möglich, wenn die Raumvorstellung bereits da ist; die letztere ist Bedingung jener. Man kann daher sagen, der Raum sei vor der äusseren Erfahrung, oder er sei in Bezug auf die Erfahrungsmöglichkeit a priori.

49. Allerdings muss diese Apriorität durchaus in scharfem Sinne gefasst werden, wenn sie nicht fortwährend zu Irrtümern Veranlassung geben soll. Auch die Empfindungselemente verdanken ihre Eigenschaften apriorischen Bedingungen; denn sie

beruhen auf unserer physischen Organisation; sie sind, was sie sind, durch die specifische Energie unserer Nervenfasern. So kann ich sagen nicht nur, dass jede äussere Anschauung ausgedehnt, sondern auch dass sie gefärbt sei; denn die Lichtempfindung, die wir Farbe nennen, ist die Art, wie wir den Erregungszustand der Opticusfasern wahrnehmen. Allein während dieses physiologische A priori Organ ist, wird das räumliche A priori im Bewusstsein entdeckt. Aus der Vorstellung rot kann ich nicht eine andere Vorstellung herauslesen, die vorhanden sein muss, bevor mein Bewusstsein jene begreifen kann. Dagegen enthält die Vorstellung Dreieck die Raumvorstellung als Bedingung ihrer Möglichkeit. Da sich nun die Erkenntnisstheorie nur mit den Erfahrungsbedingungen beschäftigt, welche sich zu Vorstellungen ausprägen, so fällt das physiologische A priori nicht in ihren Bereich.

50. Das entwickelte Bewusstsein stellt sich diese Erfahrungsbedingung aber auch als eine notwendige vor; es kann sich nicht denken, dass sie nicht vorhanden wäre. Der Raum bleibt unverändert, wenn es sich Gegenstände im Raume durch andere ersetzt denkt, er bleibt auch unverändert, wenn es sich dieselben ganz weg denkt. Dagegen ist es unmöglich, sich Gegenstände ohne Raum vorzustellen. Der Raum ist also die notwendige Bedingung der objectiven Vorstellung, während er selbst von Gegenständen unabhängig ist.

51. Da der Raum sich dem entwickelten Bewusstsein nicht darstellt als aus einzelnen Erfahrungen erworben, so kann er ihm auch nicht als zusammengesetzt erscheinen. Der Raum ist daher keine complexe Vorstellung, kein Begriff, sondern eine Einzelvorstellung oder Anschauung. Wir können uns nicht zuerst einzelne Räume und hierauf, sie zusammensetzend, den Raum vorstellen. Die einheitliche Raumanschauung erscheint uns vielmehr als Gegebenes, ihr Theil als Gewordenes. Die Räume sind Zerlegungen, Eintheilungen des Raumes. Diese Eigenschaft hat dem Raume den mit einem scheinbaren Widerspruch behafteten Titel einer Anschauung a priori verschafft. Das heisst freilich nichts Anderes, als dass das entwickelte Bewusstsein in dem Raume eine Anschauung erblickt, welche vorhanden sein muss, bevor irgend eine objective Anschauung von ihm appercipirt werden kann.

2. Der Raum.

52. Da jeder bestimmte Raum, so gross er auch sein mag, im Einheitsraume enthalten sein muss, wird letzterer notwendig als eine unendliche Grösse vorgestellt. Das soll nicht heissen, dass die Unendlichkeit wirklich angeschaut wird, was psychologisch unmöglich ist, sondern nur, dass auch die denkbar grösste Anschauung stets noch als vom Raum umfasst erscheint. Diesen kritischen Begriff der räumlichen Unendlichkeit kann ich psychologisch noch näher bestimmen. Ich kann eine gegebene Räumlichkeit unendlich wachsen lassen, entweder bloss in einer Dimension oder in zweien oder gleichzeitig auch in der dritten, und zwar jedesmal entweder bloss in einer oder auch in der entgegengesetzten Richtung (vergl. § 47). Wir sagen daher, die Unendlichkeit muss wie der Raum selbst in drei Dimensionen und sechs Grundrichtungen gedacht werden. Da ferner jeder Theil dadurch entsteht, dass man den allgemeinen Raum zwischen Grenzen einschliesst, so ist auch dieser Theil immer selbst wieder Raum. So nah wir auch diese Grenzen zusammenrücken lassen, so klein wir uns auch den Theil vorstellen, seine Einschränkung setzt immer schon die räumliche Anschauung voraus, welche durch sie bestimmt wird; auch nicht der kleinste Theil kann vor dem Raume gegeben werden. Es gibt keinen Punkt, in welchem die Einschränkung Halt machen müsste; der Raum ist ohne Ende theilbar. Die Eigenschaft des Raums, dass keine kleinsten Theile in ihm vorgestellt werden können, heisst seine Stetigkeit oder Continuität.[21]

53. Aus dieser Betrachtung ergibt sich eine weitere Bestimmung des räumlichen Unendlichkeitsbegriffs. Man kann vom Raume nicht sagen, dass er unendlich viele Theile enthalte. Da seine Theile durch Einschränkung entstehen, so ist jede noch so grosse Zahl derselben bestimmt, endlich. Jede empirisch gegebene Theilung ist erzeugt durch eine endlich wiederholte Handlung. Unendlich ist bloss die Theilbarkeit des Raums; es kann für den Fortschritt der Eintheilung keine in der Natur des Raums liegende Schranke angegeben werden.[22]

Aus dem Begriffe der Grenze fliessen auch unmittelbar die Definitionen der elementaren Raumbegriffe der Geometrie. Ein abgegrenzter Raumtheil heisst Körper (solidum). Die Grenze dieses Körpers heisst Fläche und die Grenze der Fläche heisst Linie.[23] Die gewöhnlich in der Geometrie gegebenen Definitionen gehen auf eine umgekehrte Genese dieser Raumbegriffe und sind erkenntnisstheoretisch unhaltbar.

54. Mit der Erkenntniss dieser Eigenschaften des Raums gewinnen wir gleichzeitig die Einsicht, dem eigentlichen Ziele unserer Untersuchung nicht näher gekommen zu sein. Der Raum war die Vorstellung, von der wir ihrer Constanz wegen hoffen durften, dass sie die von unserer subjectiven Beschaffenheit unabhängige Eigenschaft des Gegenstandes abbilde. Jetzt erfahren wir, dass der Raum so wenig vom äussern Gegenstande sich in das Bewusstsein projicirt, dass ein äusserer Gegenstand überhaupt erst erscheint, wenn der Raum im Bewusstsein vorhanden ist. Nun kann das Bewusstsein eine Eigenschaft, welche vor dem Gegenstande angeschaut wird, doch nicht als unabhängige Bestimmung des Gegenstandes betrachten. Die räumliche Bestimmung des Objects erscheint als nichts weiter, denn als das Verhältniss, in welchem die Vorstellung des Objects, was letzteres nun auch sein möge, zu einer im Bewusstsein bereits vorhandenen Vorstellung steht. Fast alle Eigenschaften, welche am Raume gefunden werden, sind mit seiner Auffassung als unabhängiger Bestimmung der Materie unvereinbar. Die Vorstellung einer objectiven Bedingung aller Oerter, die selbst bleibt, wenn ihr Inhalt wechselt, ist ein Unding. Der Begriff eines realen Ganzen, was vor seinen Theilen wäre, ist uns unfassbar.

Somit sind wir nicht berechtigt, die Raumvorstellung für objectiver als alle andern Vorstellungen zu halten. Die Subjectivität des Raums durchschneidet den Faden, der alle andern Vorstellungen noch mit dem Gegenstande zu verbinden schien. Als wir die Psychologie über die Objectivität der Empfindungen befragten, hiess es, sie seien darum nur Eigenschaften des Subjects, weil der gleiche äussere Reiz bald so, bald anders erscheine. Jetzt wird auch noch das „Aeussere" des Reizes für subjectiv erklärt. Das reflectirende Bewusstsein zieht sich also noch mehr als auf jener Stufe der Betrachtung in sich zurück. Was den Raum von den übrigen Vorstellungen unterscheidet und ihm gleichsam eine höhere Würde beilegt, ist die Erkenntniss, dass ohne ihn jedenfalls keine Empfindung, welchen Inhalts sie auch sei, auf etwas Aeusseres bezogen werden kann.

55. Vor dem Gegenstande kann Nichts vorhergehn als das Bewusstsein. Was vor den Gegenständen vorhanden ist, gehört

zum Bewusstsein; was vor ihnen vorhanden sein muss, ist eine Bedingung der Function des Bewusstseins, insofern es Gegenstände denken will. Der Raum als diese Bedingung gibt uns erst das Recht, von einem „äussern Sinne" zu reden. Der Raum ist diejenige Form des Vorstellens, in welcher es zum äussern Sinne wird.[24]

Daraus folgt, dass wir nur aus dem Standpunkte des entwickelten Bewusstseins von Gestalt und Grösse reden können. Denke ich mir das Bewusstsein weg, „so bedeutet die Vorstellung vom Raume gar nichts."[25]

3. Die Zeit.[26]

56. Wir haben uns nun zu der zweiten Verhältnissvorstellung zu wenden. An allen Wahrnehmungen beobachtet das Bewusstsein die Aufeinanderfolge und das Zugleichsein; die eine Vorstellung erscheint als die frühere, die zweite als die spätere, eine andere als zugleich. Diese Ordnung des Nacheinander und Zugleich heisst Zeit.

57. Psychologisch entwickelt sich die Zeitvorstellung aus der Fähigkeit, Erinnerungsbilder mit unmittelbaren Eindrücken zu associiren. Sobald wir uns eines Zustandes bewusst werden, in welchem ein Eindruck uns afficirte, und eines andern Zustandes, in welchem nur das Erinnerungsbild vorhanden ist, haben wir die Zeitvorstellung erworben.[27] Indem ein neuer Eindruck den ersten reproducirt, entsteht die Vorstellung der durch Anfangspunkt und Endpunkt markirten Zeitstrecke; durch die Zusammenfassung von Zeitstrecken entsteht die Zeitreihe. Die Psychologie lehrt von der Zeit, sie habe eine einzige Richtung, die Richtung vom Vorher zum Nachher. Insofern wir uns die Zeit nur durch das Bild einer graden Linie veranschaulichen können (vergl. § 127 und § 145), legen wir ihr symbolisch eine Dimension und zwei Richtungen bei.

58. Im entwickelten Bewusstsein lebt die Zeit nicht als etwas Erworbenes. Es scheint demselben unmöglich, überhaupt Vorstellungen als verschiedene in sich aufzunehmen, so lange es die Zeitvorstellung noch nicht besitzt. Es ist undenkbar, dass man das Zugleich und die Aufeinanderfolge bewusst wahrnehmen und daraus einen Zeitbegriff abstrahiren könnte. Die Urtheile über Simultaneität und Succession sagen: es sind Vorstellungen

zu derselben oder zu verschiedener Zeit; sie messen die Vorstellungen an einer bereits vorhandenen Vorstellungsweise des Bewusstseins. Erkenntnisstheoretisch ist also auch die Zeit a priori, d. h. Grundlage der Wahrnehmung (vergl. § 49).

59. Das Bewusstsein kann sich ferner nicht denken, dass die Zeitvorstellung jemals durch irgend eine Erfahrung aufgehoben würde. Es kann sehr wohl in Gedanken an Stelle der einen Wahrnehmung andere setzen, ohne dass sich ihm die Zeit verändert. Es kann mit Ausnahme des Subjects alle Gegenstände aus der Zeit wegdenken, ohne dass die Zeit selbst wegfällt.[28]) Sie ist nicht die Vorstellung eines Aggregats, sondern eines einheitlichen Gegenstandes. Die Zeit ist demnach eine Anschauung. Verschiedene Zeiten werden nur als Theile derselben Einheitsanschauung vorgestellt. Bei den Begriffen gehen die Theilvorstellungen (auch erkenntnisstheoretisch) vorher, hier ist das Ganze das Frühere.

60. Daraus folgt, dass die Zeit als unendliche Grösse vorgestellt werden muss. So weit wir auch in die Vergangenheit zurück oder in die Zukunft vorgreifen, der grösste Zeitraum ist nur eine Abgrenzung der immer wieder grösseren Einheitsanschauung. Da wir uns eine gegebene Zeitgrösse sowohl nach der Seite des Vorher, wie nach der des Nachher unendlich wachsend denken können, so sagen wir von der Unendlichkeit der Zeitanschauung, sie habe zwei Richtungen (vgl. § 57).

61. Daraus folgt ferner, dass die Zeit als eine continuirliche Grösse vorgestellt werden muss. Denn es kann nur dadurch ein Theil der Zeit gegeben werden, dass man ihn zwischen zwei Augenblicke einschliesst. Augenblicke sind aber nur Stellen der Zeit, setzen also diese Anschauung immer schon voraus, um sie dann zu beschränken. So klein wir auch eine Zeitstrecke annehmen, wir bleiben doch in der Zeit selbst, wir können zu keinem Punkte gelangen, der nicht selbst Zeit wäre. Die Zeit ist ohne Ende theilbar.[29]) Deswegen darf aber keineswegs gesagt werden, dass die Zeit aus einer unendlichen Anzahl von Theilen besteht. Die Theile der Zeit entstehen erst durch successive Abgrenzung. Für den Fortgang dieser Handlung ist eine Grenze nach der Natur der Zeit nicht denkbar; aber auf jeder beliebigen Stufe der Eintheilung ist stets eine bestimmte, endliche Anzahl von Theilen gegeben (vgl. § 53).

62. Auch in dieser Erörterung haben wir nichts weniger gewonnen als einen Einblick in die vom Subject unabhängige Objectivität. Was Bedingung der Gegenstände ist, kann ihnen nicht als objective Bestimmung anhaften. Eine solche Bedingung kann nur Eigenschaft des Bewusstseins sein. Wie der Raum die Vorstellungsform des Bewusstseins ist, insofern Vorstellungen als äussere wahrgenommen werden können, so ist die Zeit die Vorstellungsform, insofern Vorstellungen überhaupt als von einander unterschiedene Bewusstseinszustände appercipirt werden. Mit einer Analogie kann man sagen, dass die Zeit gleichsam die Wahrnehmungsform eines „innern" Sinnes sei. So ist die Zeit als Bedingung dem Raume nicht neben-, sondern übergeordnet. Als Form aller inneren Zustände wird sie auch Form derjenigen, welche auf äussere Verhältnisse gehen.

4. Erster Grundsatz der Erkenntnisstheorie.

63. Wenn wir die Ergebnisse der vorigen beiden Nummern zusammenfassen, so erhalten wir den „obersten Grundsatz der Möglichkeit aller Anschauung". [30]

Die ganze Mannigfaltigkeit der Vorstellungen ist bedingt durch die Vorstellungsformen des Raums und der Zeit und erscheint nach deren Verhältnissen geordnet.

5. Das Ding an sich.

64. Die Untersuchung über die Bedeutung des Vorstellungsinhaltes hat ergeben, dass unser Bewusstsein in seinen Vorstellungen keine Qualitäten der Gegenstände enthält, die von der Vorstellungsform des Subjects unabhängig wären. Der „Gegenstand" verlor zuerst seine Farbe, seine Härte, seinen Ton an die wahrnehmende Seele, dann zeigte sich, dass er ihr auch sein räumliches Verhältniss und seinen Platz in der Zeit verdanke. Wenn wir auch die verschiedenen Empfindungen psychologisch auf das feinste zergliedern und uns die vorhandene Anschauung ihrer Verhältnisse zur höchstmöglichen Deutlichkeit bringen, niemals können wir zu dem von dem Einfluss unserer Vorstellungen befreiten „Ding" gelangen. Es bleiben ihm alle seine Eigenschaften entzogen und es verblasst zuletzt zu einer Vorstellung, welcher nicht der geringste Inhalt mehr zukommt.

V. Die Vorstellung.

65. Diese übrig bleibende, leere Vorstellung spielt in unserm Denken eine grosse Rolle. Wir müssen in ihr die erste Phase des sogenannten „Ding an sich" erkennen, das sich später (§§ 81—83) zu dem ebenso inhaltlosen Begriff des Noumenon weiter entwickelt.[31]) Die Wissenschaftstheorie kann unter dem Ding an sich nichts weiter verstehen, als die Bezeichnung ihrer ursprünglichen Aufgabe. Insofern sie darunter auch das Ergebniss denken will, ist es ein imaginärer unwirklicher Begriff, der nur gebraucht werden kann, um die gegensätzliche Natur der wahren Realität aufs schärfste hervortreten zu lassen. Die Missverständnisse, welche unsern Grenzbegriff fortwährend begleiten, wären unmöglich, wenn man darauf achten wollte, dass das Ding an sich gerade an dieser Stelle der erkenntnisstheoretischen Entwicklung geboren wird.

66. Die Untersuchung geht naturgemäss aus von der Ansicht des gemeinen Realismus, die den Gegenstand als wirklich gegeben betrachtet. Der Ausgangspunkt wird Ursache einer Täuschung, die sich mit der weitern Reflexion, sogar nachdem sie als Täuschung enthüllt ist, unauflöslich verkettet. Wenn sich nämlich nach und nach alle Bestimmungen des Objects als Bestimmungen des Subjects zu erkennen geben, so erscheint das dem Verstande nicht als ein Auflösen des Gegenstandes in das Bewusstsein, sondern nur als ein Ablösen der Eigenschaften von einem real existirenden Etwas. Zuletzt ist Alles, was ihm anhängt, abgepflückt, aber es muss doch das geblieben sein, dem es anhieng. Der Verstand vergisst, dass sein Object ja von Anfang an nur eine hypothetische Existenz besass. Wie im Auge ein Nachbild bleibt, während der Gesichtseindruck aufgehört hat, so dauert im Bewusstsein eine Vorstellung fort, deren Gegenstand es selbst vernichtete. Gerade die Einsicht, dass die meisten für objectiv gehaltenen Qualitäten nur subjective Eindrücke sind, erzeugt im Verstande wie durch Contrastwirkung das negative Streben, sich Eigenschaften zu denken, die er seinem Etwas gleichsam hinter dem Rücken des Subjects anheften könnte. Das Unternehmen misslingt, wie es auch in Angriff genommen werde, auch der vorsichtigste Versuch führt jedesmal durch Empfindung, Raum und Zeit in das Subject zurück. Das Etwas zerfliesst zu einem Nichts, sowie es überhaupt vorgestellt werden soll.

Das Ding an sich ist nichts weiter als der Ausdruck für

das vergebliche Bemühen des Verstandes, dieses sich ihm natürlich darbietende unmögliche Problem zu lösen. Von einer Wirkung der Causalitätskategorie ist beim Ursprung dieses rein negativen Begriffs gar nicht die Rede, während er freilich später vor den erkenntnisstheoretischen Grundgesetzen eine schärfere Zuspitzung erhält. Wer sein Wesen und sein Entstehen begreifen will, suche sich dasselbe zunächst aus Kants transscendentaler Aesthetik allein kar zu machen ³²), ohne, wie es stets geschieht, die transscendentale Logik schon vorauszusetzen. Das Ding an sich wurzelt ganz in der Aesthetik und lässt sich daraus widerspruchslos entwickeln.

6. Zweiter Grundsatz.

67. In dem Ding an sich erscheint die ganze Negativität unserer bisherigen Untersuchung zusammengefasst. Aber wir haben damit doch ein positives, erkenntnisstheoretisches Resultat gewonnen. Wenn es überhaupt unmöglich ist, durch den Vorstellungsinhalt das absolute Sein zu erkennen, so ist es auch unmöglich, die Objecte falsch dadurch zu erkennen. In der Vorstellung gibt es weder Trug noch Schein, denn sie ist nur ein Element des Bewusstseins, das zu keinem Urtheil über Gegenstände berechtigt. Eine Täuschung kann nur in der Beziehung auf etwas Objectives liegen, welche also jedenfalls in der Vorstellung selbst nicht enthalten ist.

68. Wir fassen dieses Ergebniss in den Satz zusammen:

Alle Vorstellungen sind wirklich,

welcher der weitern Entwicklung der Erkenntnisstheorie als Princip zu Grunde liegt. Er ist insofern unmittelbar evident, als die Wirklichkeit der Vorstellungen nicht weiter abgeleitet werden kann, sondern durch ihr Bewusstwerden schlechthin gegeben wird. Wir haben ihn an dieser Stelle auszusprechen, weil nunmehr die Erwartung beseitigt ist, dass gewisse Vorstellungen mehr seien als blosse Vorstellungen, dass ihnen ausser ihrer unmittelbaren Realität noch eine Wirklichkeit in höherer, sachlicher Bedeutung beizulegen sei.

VI. Das Object.

1. Die Synthesis.

69. Wir öffnen uns den Weg für den Fortgang der Untersuchung durch die Ueberlegung, dass die Analyse des Vorstellungsinhaltes, so vollständig sie auch gewesen sein mag, den Begriff unseres Gegenstandes keineswegs erschöpft hat. Denn auch durch das sorgfältigste Aufzählen der Eigenschaften würde noch nicht die Vorstellung zu Stande kommen, welche uns ein Object bezeichnet. Zur Wahrnehmung der einzelnen Qualitäten muss ihre Zusammenfassung treten, die verschiedenen Vorstellungen müssen „unter einer gemeinschaftlichen"[33]) geordnet sich als Einheit im Bewusstsein abheben.

Nun sind die Vorstellungen nichts als Modificationen des Bewusstseins, und selbst das Gemeinsame dieser Modificationen, das räumliche und zeitliche Verhältniss, ist nur die Form ihres Innewerdens. Wenn aber die Glieder Bewusstseinselemente sind, so kann auch der Summe keine andere Art des Daseins zukommen; wir müssen also jedenfalls von dieser Einheit in der Vorstellung des Objects behaupten, dass auch sie nichts weiter sei als ein Bewusstseinszustand.

70. Nun fragt sich bloss, ob diese Einheit nicht immer schon durch die Einheitsanschauungen Raum und Zeit gegeben sei. Raum und Zeit sind allerdings die Grundbedingungen, dass Vorstellungen überhaupt in ein Verhältniss zu einander gesetzt werden können, aber die Bestimmung des Verhältnisses liegt nicht in ihnen selbst. Um eine Einheit aus Vorstellungen zu bilden, muss ich fähig sein Gleichzeitiges ins Bewusstsein aufzunehmen; aber die Verbindung des einen Gleichzeitigen und seine Sonderung von anderem, wodurch erst die Anschauung der Gegenstände hervorgebracht wird, ist nicht in der Zeitvorstellung enthalten. Die Einheit kann ferner nur zu Stande kommen, wenn die „Möglichkeit des Beisammenseins" gesichert ist. Aber die besondere Grenze geht nicht aus der räumlichen Ordnung selbst hervor. Schon die einfachste Raumform, das einfachste Zeitverhältniss führen, wenn sie als Object vorgestellt werden sollen, auf die Vorstellung des Zusammengesetzten. Wir können uns keine Räumlichkeit vor-

1. Die Synthesis.

stellen, ohne sie zu bilden, d. h. einen Raumtheil zu dem andern hinzuzufügen, und ebenso verhält es sich mit der Zeit.³⁴)

71. Die in Raum und Zeit sich einreihende Mannigfaltigkeit müssen wir uns ihrer Möglichkeit nach als unendlich vorstellen, wie diese Anschauungen selbst. Verbindung dieses Mannigfaltigen heisst, dass hier zwei bestimmte Punkte, dort die Grenzen der Dimension fixirt, und jedesmal die zwischenliegenden Elemente als ein Ganzes aufgefasst werden. Kant hat die Synthesis der Begriffe als Function der Anschauung als Affection gegenüber gestellt.³⁵) Unsere Fähigkeit, die letzteren aufzunehmen, nennt er „Receptivität der Eindrücke", das Vermögen, die erstere zu Stande zu bringen, „Spontaneität des Denkens".³⁶) Beide Bezeichnungen haben ihren guten Sinn, und ich zögere nur sie aufzunehmen, weil sie oberflächlichen Missdeutungen zu sehr ausgesetzt sind. Der ganze Process des Erkennens besteht aus Functionen des Bewusstseins; will man aber die Verbindung als Function par excellence bezeichnen, so muss man den engeren Sinn des Wortes genau definiren. Die zweite Unterscheidung hat den Vortheil, dass sie den wichtigen Gegensatz zwischen Anschauung und Verbindung ungemein scharf hinstellt; allein es steht ihr das Bedenken entgegen, dass das Wort Spontaneität einen Begriff bezeichnet, der psychologisch überhaupt nicht und erkenntnisstheoretisch jedenfalls nicht an dieser Stelle gerechtfertigt werden kann.

72. Ich nenne diejenige Function des Bewusstseins, durch welche die Vorstellungselemente in einen einheitlichen Zusammenhang gebracht werden, Einheitsfunction oder Synthesis schlechthin. Psychologisch beruht sie auf der Einbildungskraft oder der Fähigkeit, sich einmal gehabter Vorstellungen immer wieder bewusst zu werden und dieselben mit neuen oder anderen reproducirten zu associiren. Erkenntnisstheoretisch bedeutet Function nichts weiter als Aenderung des Bewusstseins. Indem wir nun die Einheitsfunction mit den übrigen Modificationen vergleichen, sehen wir, dass wir zwei Stufen der Bewusstseinsänderung zu unterscheiden haben. Einmal bemerken wir das Kommen und Gehen der Vorstellungen, das wechselnde Erscheinen der psychischen Elemente: das Subject dieser Veränderung ist das in Raum und Zeit vorstellende Bewusstsein. Nun wird aber dieses Bewusstsein Prädicat einer weiteren Aenderung,

welche über jene gleichsam übergreift. Aus seinem in Zeit und Raum sich ausbreitenden Inhalt werden, ohne dass er selbst dadurch modificirt wird, einzelne Stücke herausgehoben, aneinander gefügt und als Einheit vorgestellt. Jenes Bewusstsein geht über in das räumlich-zeitliche Einheitsbewusstsein, an die Stelle der Thatsache: ich nehme Mannigfaltiges wahr in Raum und Zeit, tritt die neue: ich werde mir der Einheit von Mannigfaltigem bewusst oder ich denke. Das Subject dieser Veränderung heisst das Ich, das ich nicht weiter beschreiben, aber auch nicht selbst wieder als Prädicat einer noch höheren Veränderung darstellen kann. Insofern die Einheitsfunction die Veränderung dieser ärmsten, leersten, aber auch höchsten Bewusstseinsstufe bedeutet, nenne ich sie ursprünglich. Will man sich das hier dargestellte Verhältniss anschaulich machen, so wird man der Sache am nächsten kommen, wenn man die Erkenntniss des Gegenstandes durch das Symbol einer complicirten mathematischen Function F (φ [x]) bezeichnet. Dann würde x die variable Empfindung, der Bau von φ die Verhältnissvorstellungen und F endlich das letzte Subject der Veränderung bedeuten. Auch der Titel spontan mag gerechtfertigt sein, wenn man darunter nichts weiter als die Veränderung des reinen Selbst verstehen will.[37]) Sobald man dabei freilich an eine willkürliche Handlung des Selbst denkt, befindet man sich auf dogmatischem Abweg. Von Handlung kann nur insofern die Rede sein, als man damit den „synthetischen Einfluss"[38]) bezeichnet, den das Mannigfaltige dadurch erleidet, dass es sich als wechselnder Zustand auf das Ich als beharrlichen Träger bezieht.

2. Die Erzeugung des Objects.

73. Erst durch die Einheitsfunction kommt der Begriff des Objects zu Stande. Die Antwort des gewöhnlichen Realismus, dass unsere Urtheile notwendig seien, weil sie sich nach den Gegenständen richten (§ 40), hat also jede Bedeutung verloren. Sie würde lauten: Die Vorstellungsverknüpfungen sind notwendig, weil sie sich nach den Vorstellungseinheiten richten. Aber diese Einheiten werden eben selbst erst durch die Verknüpfungen erzeugt. Es hat sich herausgestellt, „dass wir uns nichts als im Objecte verbunden vorstellen können, ohne es vorher selbst verbunden zu

2. Die Erzeugung des Objects.

haben;"³⁹) es ist nicht gelungen, die Einheitsfunction als enthalten in der empirischen Veränderung des Bewusstseins vorzustellen.

Wenn es also unmöglich ist, die Verknüpfung dadurch als notwendig zu erkennen, dass wir sie, als Nachbild, mit dem Gegenstande, als Urbild, vergleichen, so bleibt nur noch die Frage übrig, ob der Grund der Notwendigkeit der Verknüpfung nicht im Subjecte selbst gefunden werden kann. Ist die Frage zu verneinen, so sind damit auch die Urtheile von ursprünglicher Notwendigkeit für unmöglich erklärt. Kann sie aber bejaht werden, so sind wir damit zu einer grossen Wendung der Gedanken gelangt. Während wir bis dahin glaubten, das notwendige Urtheil sei nach dem Object gebildet worden, sehen wir nun, dass der Gegenstand vielmehr aus dem notwendigen Urtheil heraus erzeugt wird. Wir sagen nicht mehr: Wo ein Gegenstand vorhanden ist, da haben wir ein notwendiges Urtheil, sondern: Wo das letztere vorhanden ist, da haben wir einen Gegenstand. „Ob wir gleich das Object an sich nicht kennen, so ist doch, wenn wir ein Urtheil als gemeingültig und mithin notwendig ansehn, eben darunter die objective Gültigkeit verstanden."⁴⁰) Der sogenannte Gegenstand der Vorstellungen ist nichts weiter, als der „Inbegriff dieser Vorstellungen;"⁴¹) seine ganze „Dignität"⁴²) besteht darin, dass dieser Inbegriff oder die Einheit auf irgend eine Art notwendig gemacht wird.

74. Somit wird uns der Weg der ferneren Betrachtung durch den Satz vorgezeichnet: Erkenntniss von Gegenständen ist erklärbar unter der Bedingung, dass eine Notwendigkeit der Einheitsfunction eingesehen werden kann.

75. Diese Einsicht wollen wir in folgender Weise zu gewinnen versuchen. Es ist unmittelbar einleuchtend, dass alle Vorstellungen die Eigenschaft haben müssen, meine Vorstellungen zu sein; ich muss sie alle mit der Vorstellung „mein" begleiten können; denn eine Vorstellung, bei der das nicht geschehen könnte, ist etwas Undenkbares. Darin bestand ja die Wirklichkeit der Vorstellungen und nur dadurch konnte sie definirt werden (§ 63), dass dieselben als Bestandtheile eines Bewusstseins gegeben werden. Nun sind wir weder durch empirische noch durch erkenntnisstheoretische Gründe berechtigt, unter Bewusstsein etwas Anderes zu verstehen, als das Bewusst-

VI. Das Object.

sein des denkenden Individuums. Die Vorstellung „mein" bedeutet diese Beziehung einer Vorstellung auf das Ich, auf das denkende Subject; sie sagt aus, dass die Vorstellung von dem Subject vorgestellt werde, d. h. dass sie wirklich sei. Nun kann von einem Zusammenhang der Vorstellungen überhaupt nur unter der Bedingung die Rede sein, dass man annimmt, dieses Subject des Vorstellens sei wirklich absolut unveränderlich, dieses „mein", das die Vorstellungen muss begleiten können, sei überall dasselbe, es werde wirklich jede einzelne Vorstellung von dem gleichen Ich aufgenommen. Denn sonst könnte ja jede Vorstellung einem besonderen Bewusstsein angehören und ich müsste „ein so vielfärbiges Selbst haben, als ich Vorstellungen habe." Die Identität des Selbstbewusstseins ist evidente Fundamentalannahme aller Logik.[43]) Jedes Resultat der Untersuchung, das mit dieser Identität in Widerspruch tritt, ist schon darum unmöglich. Jede Hypothese dagegen, ohne welche die Identität nicht gedacht werden kann, ist schon darum notwendig.

76. Nun behaupte ich, dass die Einheitsfunction eine Veränderung ist, ohne welche das Ich nicht zum Bewusstsein seiner Identität gelangen kann. Die Identität des Selbstbewusstseins enthält schon „eine Synthesis der Vorstellungen und ist nur durch das Bewusstsein dieser Synthesis möglich." Denn in dem Bewusstsein der empirischen Veränderungen in Raum und Zeit liegt keine Beziehung auf die Identität des Subjects. Auch wenn ich die einzelnen Vorstellungen mit Bewusstsein begleite, so bleibt dieses Bewusstsein zerstreut, jedes seiner Momente isolirt und von den andern getrennt. Ich muss vielmehr die eine Vorstellung so zu der andern hinzusetzen, dass *eine* Vorstellung aus ihnen wird. Ich reihe einzelne Punkte aneinander und gewinne die Gesammtvorstellung der Linie. Indem ich mir dieser ihrer Einheit bewusst werde, sehe ich erst, dass die verschiedenen Vorstellungen zu einem Bewusstsein gehören, dass das Ich, auf welches die einzelnen bezogen wurden, identisch war. Jetzt erst, nachdem die einzelnen Vorstellungen zu einer Summe addirt sind, sondert sich das „mein", das sie begleitete, als constanter Factor ab. So ist das analytische Bewusstsein der Einheit des Ich nur unter der Voraussetzung eines synthetischen Bewusstseins der Einheit von Vorstellungen möglich. Die Einheits-

function des Bewusstseins ist also Bedingung seiner Identität und als solche notwendig.⁴¹)

Somit lässt sich die Notwendigkeit ursprünglicher Vorstellungsverknüpfungen im Allgemeinen beweisen. Die Möglichkeit notwendiger Urtheile ist gesichert. Es gibt Erkenntniss von Gegenständen.

3. Dritter Grundsatz der Erkenntnisstheorie.

77. Das genannte Ergebniss zusammenfassend, können wir von vornherein über alle Objecte, welche uns in der Erfahrung vorkommen mögen, ein Urtheil aussprechen. Wir können behaupten, dass sie keine Eigenschaften besitzen, welche der Möglichkeit einer Synthesis im Wege stehen würden. Alle Vorstellungen, sofern ihnen objective Bedeutung zukommen soll, müssen fähig sein zu Einheiten verbunden zu werden. Wir haben also den Grundsatz:

78. Jeder Gegenstand der Erfahrung entspricht den notwendigen Bedingungen der Einheitsfunction.⁴⁵)

Der Satz ist bloss analytisch, weil es ja eben schon im Begriffe des Gegenstandes liegt, diesen Bedingungen gemäss zu sein. Aber es ist die Fundamentalerklärung, auf welcher sich alle weitere Ableitung aufbaut.

79. Es ist wichtig hervorzuheben, dass dieses Princip unabhängig von der Ansicht über Raum und Zeit abgeleitet worden ist. So wird es zu einer selbstständigen Grundlage, von welcher aus wir die Idealität von Raum und Zeit postuliren können. Denn es ist sinnlos, von Eigenschaften der Gegenstände, die ganz unabhängig von unserm Vorstellen vorhanden sind, auszumachen, dass sie unter den Bedingungen des Bewusstseins stehen.⁴⁶)

80. In diesem obersten Princip ist auch eine Forderung der Psychologie gegenüber enthalten. Indem wir verlangen, dass die Vorstellungen unter die Einheit des Bewusstseins gebracht werden, setzen wir voraus, dass nach den psychologischen Naturgesetzen dieser Vorgang möglich ist. Wie auch die Psychologie ihre Processe beschreibe und eintheile, ob sie mit Kant eine Synthesis der Apprehension, der Reproduction und der Recognition unterscheide⁴⁷), oder Alles auf die Fähigkeit der Reproduction

46 VI. Das Object.

zurückführe, das ist für die Erkenntnisstheorie gleichgültig. Die letztere fordert nur, dass durch die Bewegungen, welche die Psychologie darstellt, die Möglichkeit der synthetischen Einheit erklärt werde.

4. Das Noumenon.

81. Das ist nun die Stelle, wo das Ding an sich in seine zweite Phase eintritt. Jene bloss negative Vorstellung eines unbekannten Restes (§ 64—66) scheint hier eine bestimmte Form zu erlangen, jenes imaginäre Etwas scheint sich im Reflexe der Einheitsfunction zu einem positiven Ding zu verdichten. Auch diese Steigerung der Täuschung ist ganz natürlich. Das Bewusstsein hat sich nunmehr den Besitz einer notwendigen Einheitsvorstellung gesichert. Nun bezieht es diese Einheit auf jenen trügerischen Rückstand des unaufgelösten Objects und glaubt den Begriff für die Form gefunden zu haben, die sich, nachdem die Materie aufgelöst war, seinem Begreifen, seinem Denken entzog. Dieser Begriff hat keine subjectiven Eigenschaften, wir erkennen folglich in seiner Einheit ein Object an sich, ein Wesen, das nicht durch die modificirenden Einflüsse unserer Sinne verkleidet ist. So entsteht der Begriff von einem Gegenstande überhaupt, das Noumenon, das Verstandesding. Die Illusion ist ebenso leicht zu zerstören, als sie schwer zu vermeiden ist. Die leiseste Bestimmung darüber, was wir denn eigentlich dadurch erkennen, lässt die ganze Materie zu Nichts zerfliessen; der geringste Versuch zu sehen, ob irgend Etwas wirklich durch die Einheit festgehalten werde, zeigt, dass sie verschwunden ist. Wir müssen immer wieder entdecken, dass unser Begriff trotz der vermeinten Füllung leer blieb. Der Begriff aber ist ohne Inhalt sinnlos. Einheit bedeutet gar nichts, wenn sie nicht eine Einheit von Etwas ist. Niemals kann also aus dem beziehungslosen, reinen Denken einer Verknüpfung überhaupt Erkenntniss entspringen.

82. Man wirft der kritischen Philosophie vor, sie habe gerade ihren Fundamentalbegriff von der logischen Trennung zwischen Erscheinungen und an sich selbst vorhandenen Dingen im Dunkel belassen. Denn irgend ein Begriff müsse es doch sein, durch welchen diese Trennung vollzogen werde.[*]) Dieser Begriff ist eben das Noumenon, aus dessen negativem Ursprung schon folgt, dass es eigentlich ein Verhältniss (des Subjects zur

Form seiner Vorstellungen) darstellt. Das Noumenon ist eben die Vorstellung der Aufgabe, ein Etwas überhaupt zu denken und davon allen Empfindungsstoff abzusondern.

§3. Aber selbst aus der kritischen Vernichtung springt das Noumenon unmittelbar in einer dritten doch ungefährlicheren Gestalt wieder hervor. Wenn das negative Bestreben der Abstraction von allen sinnlichen Qualitäten uns keinen wirklichen Inhalt übrig lässt, so kann uns ein solcher vielleicht anders woher von unserer Subjectivität unabhängig gegeben werden. Von diesem unsinnlichen Erwerb suchen wir uns denn mit Hülfe der verschiedensten Worte Vorstellungen zu machen, die alle gleich mystisch sind, sei es Offenbarung oder spontanes Setzen oder intellectuelle Anschauung. So entsteht das Trugbild des Noumenon in positiver Meinung. Seine Nichtigkeit als Erkenntniss ist evident. Denn wir können uns nicht einmal von der Möglichkeit dieses „anderswoher" den mindesten Begriff machen. Schon am Anfang des Versuchs würden wir unsere Gedanken in der Zeit, also in der Sinnenwelt entdecken.[19])

VII. Die Arten der Einheitsfunction.

1. Die Aufgabe.

§4. In dem Ergebniss: dass unsere Vorstellungen zu Einheiten verknüpft werden müssen, besitzen wir ein Urtheil, das, ohne in einem andern enthalten zu sein, den Anspruch auf notwendige und allgemeine Geltung erheben kann. Denn es ist notwendig, weil auf seiner Wahrheit die Identität des Bewusstseins beruht, ohne welche von der Möglichkeit der Erfahrung überhaupt nicht die Rede sein kann. Es ist allgemeingültig, weil das identische Ich von dem Bewusstsein dieses oder jenes einzelnen Subjects vollkommen unabhängig ist. Das Ich ist eine absolut einfache Vorstellung, sie enthält kein Mannigfaltiges, das durch Erfahrung in verschiedener Weise gegeben werden könnte. Sie bezeichnet die einfache Thatsache des Daseins eines Subjects, die Existenz eines Denkens. In dem absolut bestimmten

Factum des blossen Vorhandenseins kann aber kein Unterschied der Subjecte gedacht werden. Also muss ein Urtheil, das bloss dieses Factum zur Voraussetzung hat, allgemein gültig sein.

85. Die Identität des Bewusstseins, welche die Bedingung ist, unter der überhaupt aus Wahrnehmungen Erfahrung werden kann, fordert also für die Möglichkeit ihres eignen Daseins, dass in dieser Erfahrung ein einheitlicher Zusammenhang der Vorstellungen besteht. Diese Notwendigkeit des Zusammenhangs, oder mit einem gleichbedeutenden Wort, diese Gesetzmässigkeit der Vorstellungsverbindung ist die allgemeine Voraussetzung, welcher die Einheitsfunction zu genügen hat.

86. Von der Erzeugung dieser Erfahrungseinheit wissen wir bis jetzt nichts, als dass sie vorhanden sein muss; ihre besondere Gestaltung ist uns unbekannt. Um sie kennen zu lernen, müssten wir die einzelnen Bedingungen der Identität des Bewusstseins, die verschiedenen Arten der Einheitsfunction zu ergründen suchen. Wenn uns das gelänge, so hätten wir dadurch ebenso viele Urtheile von ursprünglicher Notwendigkeit, also eine Reihe objectiver Erkenntnisse gewonnen. Denn alle Bedingungen der Möglichkeit der Erfahrung sind ja auch Bedingungen der Möglichkeit ihrer Gegenstände. In diesen Regeln der Einheitsfunction würden wir somit Principien erkennen, von denen die Gesammtheit der für uns erkennbaren Dinge abhängig ist.

87. Die Aufgabe gehört zu den wichtigsten und schwierigsten der Erkenntnisstheorie. Wir müssen streng daran festhalten, dass diesen Gesetzen die Notwendigkeit nur als Bedingungen der Bewusstseinsidentität zukommen kann. Auf welche Weise aber soll es denn möglich sein, die Zahl dieser Bedingungen festzustellen? Wie soll hier die Gefahr speculativer Willkür vermieden werden? So viel können wir von vornherein behaupten, dass wir jedenfalls über die Zahl absolute Gewissheit erlangen müssen. Denn weil die Gesetze Bedingungen der Erfahrung überhaupt sind, kann ihre Zahl durch die Erfahrung nicht verändert werden; daher muss sie auch endgültig aufgezeigt werden können. Die Lösung kann nur Eine sein. So lange die Zahl der reinen Denknotwendigkeiten, welche verschiedene Forscher aufstellen, variirt und variiren kann, ist die Methode falsch. Ein hypothetisches Verfahren ist hier nicht statthaft.

Man darf nicht versuchsweise verschiedene Zahlen annehmen und schliesslich diejenige behalten, welche zu dem relativ befriedigendsten Systeme führt. Die Ableitung hat nur dann Wert, wenn sie mit Bewusstsein aus einem erkenntnisstheoretischen Princip hervorgeht.[50])

88. Dazu kommt eine zweite Schwierigkeit. Die Allgemeingültigkeit kann den besondern Gesetzen nur unter der Bedingung anhaften, dass sie keinen empirischen, d. h. erfahrungsmässig variablen Factor enthalten. Wie sollen wir aber in dem Begriff der Einheitsfunction überhaupt eine Besonderung entdecken, ohne uns an die Erfahrung zu wenden?

89. Vielleicht können wir von anderer Seite her Hülfe bekommen. Unter der Einheitsfunction verstehen wir denjenigen Vorgang im Bewusstsein, durch welchen verschiedene Vorstellungen zu einer Einheit verbunden werden. Nun ist aber das Urtheil nichts Anderes als unsere Erkenntniss- und Ausdrucksform eben dieser Function. Das Urtheil ist die entwickelte Vorstellung der Bewusstseinseinheit verschiedener Vorstellungen. Der Gang unserer Untersuchung hat uns ja über das Urtheil niemals hinausgeführt. Wir suchten für die Verbindung der Eigenschaften des Gegenstandes einen objectiven Grund und fanden dafür einen subjectiven, die Verbindung selbst blieb die gleiche. Nun wissen wir, dass die formale Logik die verschiedenen Arten dieser Verbindung genau zu studiren hat, um daraus die verschiedenen Möglichkeiten abzuleiten, welche für die Gewinnung formaler Notwendigkeit vorhanden sind. Wo könnten wir daher die gewünschte Anzahl unserer Functionen sicherer und vollständiger erfahren? Wir lesen sie ab aus der formalen Logik und besitzen nun für die zureichende Lösung der Aufgabe wenigstens die Garantie, welche diese so hoch entwickelte Wissenschaft zu leisten vermag.

Das ist der Weg, den Kant eingeschlagen hat. Die Wichtigkeit des Punktes macht ein besonderes Besprechen der Kantschen Darstellung notwendig.

2. Kant's Entdeckung.

90. Kant geht zur Aufstellung seiner Kategorien mit dem Satze über: „Die Functionen des Verstandes können also ins-

gesammt gefunden werden, wenn man die Functionen der Einheit in den Urtheilen vollständig darstellen kann. Dass dies aber sich ganz wohl bewerkstelligen lasse, wird der folgende Abschnitt vor Augen stellen."⁵¹) Somit wird die Gültigkeit der ganzen Methode davon abhängen, ob dies wirklich vor Augen gestellt worden ist:

„Wenn wir von allem Inhalte eines Urtheils überhaupt abstrahiren und nur auf die blosse Verstandesform darin Acht geben, so finden wir, dass die Function des Denkens in demselben unter 4 Titel gebracht werden könne etc."⁵²) So finden wir? Soll das etwa eine Rechtfertigung sein? Suchen wir die Tendenz des Satzes zu verstehen. Sein Sinn ist folgender: Wenn wir von allem Inhalt eines Urtheils überhaupt abstrahiren und nur auf die blosse Verstandesform darin Acht geben, so — stehen wir in der formalen Logik und da finden wir die Eintheilung der Urtheile. Damit ist aber auch genügend erwiesen, dass sich das Versprochene bewerkstelligen lasse. Das „vor Augen stellen" besteht in dem Hinweis, dass man sich einfach au eine schon bestehende Wissenschaft, an die formale Logik, zu wenden habe, um die Aufgabe zu lösen. Und der Hinweis ist darum so wertvoll, weil diese Wissenschaft anerkannt und unerschütterlich ist. Die Arbeit der Logiker ist eine „schon fertige".⁵³) Seit ältesten Zeiten her ist die Logik einen sicheren Gang gegangen, so sicher, „dass sie seit dem Aristoteles keinen Schritt rückwärts hat thun dürfen, wenn man ihr nicht etwa die Wegschaffung einiger entbehrlichen Subtilitäten oder deutlichere Bestimmung des Vorgetragenen als Verbesserungen anrechnen will, welches aber mehr zur Eleganz, als zur Sicherheit der Wissenschaft gehört."⁵⁴) Auch jetzt zwar ist die Logik nicht ganz „von Mängeln frei".⁵⁵) Allein sie werden verbessert, die Correcturen durch einige „Verwahrungen wider den besorglichen Missverstand geschützt, und schliesslich weicht die Urtheilstafel nur in „nicht wesentlichen" Stücken von der „gewohnten Technik der Logiker" ab.

91. Die angeführten Stellen zeigen deutlich, dass sich Kant auf die Logik beruft, als auf eine Wissenschaft, deren Grundwahrheiten unzweifelhaft feststehen. Wenn daher gesagt wird, dass Kant die Vollständigkeit der Urtheilstafel nicht selbst begründet habe, so trete ich dieser Ansicht bei. Er hat das über-

2. Kant's Entdeckung.

haupt nicht für nötig gehalten. Will man aber daraus den Vorwurf ableiten, Kant habe sich in seiner Umwandlung der Rhapsodie in ein System selbst getäuscht und sich mit einem „Princip" gebrüstet, das er nicht besessen habe, so macht man sich eines starken Missverständnisses schuldig. Man verwechselt dann die Kategorientafel mit der Urtheilstafel. Kant hatte sich gerühmt, ein Princip entdeckt zu haben für die Eintheilung jener allgemeinen Begriffe, an deren Feststellung die Philosophie bislang verzweifelt war. Seit Aristoteles hatte man sich bemüht, „aus dem gemeinen Erkenntnisse die Begriffe herauszusuchen, welche gar keine besondere Erfahrung zum Grunde liegen haben, und gleichwohl in aller Erfahrungserkenntniss vorkommen." [56] Aber weil die an und für sich so wertvolle Idee niemals hatte regelmässig ausgeführt werden können, so musste die Arbeit immer wieder als unnütz verworfen werden. Es fehlte das Princip, „nach welchem der Verstand völlig ausgemessen und alle Functionen desselben, daraus seine **reinen Begriffe** entspringen, vollzählig und mit Präcision bestimmt werden konnten." [57]

Da entdeckte Kant das, worauf unsere Untersuchung unmittelbar gerichtet war, die Einheitsfunction in den Urtheilen. Er erkannte, dass jene gesuchten allgemeinen Begriffe nichts Anderes seien als die Verstandeshandlungen, welche auch den verschiedenen Vorstellungen in einem Urtheile Einheit geben. Um „ein solches Princip auszufinden, sah ich mich nach einer Verstandeshandlung um, die alle übrigen enthält und sich nur durch verschiedene Modificationen oder Momente unterscheidet, das Mannigfaltige der Vorstellung unter die Einheit des Denkens überhaupt zu bringen, und da fand ich, diese Verstandeshandlung bestehe im Urtheilen." Das Princip gieng somit nicht auf die Wesensbestimmung dessen, was eingetheilt werden sollte. Das Entscheidende war, dass „die **wahre Bedeutung** der reinen Verstandesbegriffe und die Bedingung ihres Gebrauchs genau bestimmt werden konnte".[58] Das „gemeinschaftliche Princip" war das „Vermögen zu urtheilen".[59] Durch diese Entdeckung wurde nun die Aufgabe der Eintheilung mitgelöst. Sie wurde von dem schwankenden Boden der Metaphysik auf den unerschütterlichen Boden der formalen Logik hinüber gespielt. Die anerkannte Systematik der letzteren konnte nun auch jener zu Gute kommen.

92. In diesem Sinn muss man die Freude begreifen, welche Kant über seine Entdeckung empfand. Sie gieng nicht auf die entdeckte Eintheilung überhaupt, sondern auf die entdeckte Notwendigkeit seiner metaphysischen Eintheilung. Und da es gebräuchlich ist, an dieser Stelle die erste Aeusserung von Kant's Symmetrieleidenschaft und gothischer Zahlenfreude aufzuzeigen, so sei hier ein weiterer Vorwurf zurückgewiesen. Man wende gegen Kant ein, dass er eine unwissenschaftliche Ansicht von der formalen Logik gehabt habe, und es bleibt dann vorläufig dahingestellt, ob und welche Resultate seiner Forschung dadurch unbrauchbar gemacht werden. Aber nachdem man seine Auffassung einmal zu Grunde gelegt hat, — und das muss man, wenn man das Weitere kritisiren will, — ist es methodisch unrichtig, sich bei jedem folgenden Erscheinen der ursprünglichen Eintheilung über Künstelei zu beklagen.[60]) Wer dem Zusammenhang nur einigermassen gefolgt ist, kann doch nicht verkennen, dass die Kategorientafel in der That eine systematische Topik begründe für alle Untersuchungen, deren Stoff von den verschiedenen Functionen des Bewusstseins wesentlich abhängig ist.[61]) Denn ihre Vollkommenheit beruht darauf, dass sie nicht „von der Sache selbst auf dogmatische Weise"[62]), sondern „aus der Natur des Verstandes selbst nach kritischer Methode" genommen ist. Wenn Andere das auch auf empirisch beeinflusste Objecte ausdehnen wollten, so ist dafür jedenfalls Kant nicht verantwortlich zu machen. Das mögen folgende Stellen belegen: Kant hat ausdrücklich eingeschärft, dass das Schema bloss der Metaphysik, bloss „aller Behandlung eines jeden Gegenstandes der reinen Vernunft"[63]) zu Grunde liegen könne und zwar „sofern er philosophisch und nach Grundsätzen a priori erwogen werden soll."[64]) Denn allein in der Metaphysik wird der Gegenstand „nur, wie er bloss nach den allgemeinen Gesetzen des Denkens . . . . vorgestellt werden muss, betrachtet."[65]) Da muss er jederzeit mit allen notwendigen Denkgesetzen verglichen werden und stets die gleiche, erschöpfende Zahl von Erkenntnissen liefern. So zeichnet sich die Metaphysik „unter allen Wissenschaften dadurch ganz besonders aus, dass sie die einzige ist, die ganz vollständig dargestellt werden kann; so dass für die Nachwelt nichts übrig bleibt hinzuzusetzen . . ."[66]), während „Vollständigkeit der Eintheilung des Empirischen aber unmöglich ist."[67])

2. Kant's Entdeckung.

93. Damit ist der Angriff auf den richtigen Punkt gewiesen. Nun freilich müssen wir fragen, wie sich das „System verhalte, wenn wir der formalen Logik das Vertrauen, das Kant ihr schenkte, nicht gewähren können. Da das metaphysische Ergebniss seine Sicherheit der Bürgschaft der Logik verdankt, so wird mit dieser Garantie auch jener Ertrag dahinfallen. Diese bedenkliche Behauptung würde unzweifelhaft feststehen, wenn nicht inzwischen mit dem der Logik entlehnten Schema anderweitige Operationen vorgenommen worden wären. Das an den Bau der Logik angelehnte Gerüste könnte durch neue Verbindungen so gestützt worden sein, dass es sich selbst aufrecht erhält, auch wenn man jene Mauer niederreisst. Wer den obigen Einwurf erhebt, vergisst nichts Geringeres als die ganze transscendentale Deduction.⁶⁸) Wenn Kant im guten Glauben eine zweifelhafte Eintheilung aufgenommen, aber dazu den unabhängigen Beweis geliefert hat, dass diese Eintheilung in der betreffenden Verwendung einen Sinn hat, so stehen wir eben vor einem jener Fälle, wo der unrichtige Ausgangspunkt die Wahrheit des Resultates nicht beeinflussen konnte. Angenommen die Notwendigkeit der Urtheilstafel sei eine Täuschung, so fragt es sich nur, ob Kant jede einzelne der darin verzeichneten Einheitsfunctionen als eine Bedingung der Erfahrung nachgewiesen habe. Ist dies geschehn, so bedeutet das gleichzeitig eine Emancipation der Kategorientafel von dem Einfluss der Urtheile. Die vermeintliche Unselbstständigkeit hat sich als unbegründet, die Ableitung als überflüssig herausgestellt. Wenn eine Abhängigkeit stattfindet, so hat sie jedenfalls ihren Sinn verändert: die empirische Eintheilung der Urtheile wird sich nach dem System der Erfahrungsbedingungen zu richten haben. Wer also die Berechtigung der Urtheilstafel anzweifelt, täuscht sich, wenn er glaubt, dass seine Bedenken die Kategorien noch mitberühren.

94. In diesem Punkt muss man die in historischem Sinne geführten Angriffe von denen mit absolut systematischer Tendenz wohl unterscheiden. Cohen z. B. sagt: „Zuerst wurde nach den Grundsätzen gefragt. Die Anzahl derselben war nicht bekannt; aber die Apriorität derselben sollte nur in den Begriffen liegen können: daher wurden zweitens Grundbegriffe angenommen. Wenn anders nun eine erschöpfende Uebersicht der ersteren erreicht werden sollte, so musste für die letzteren eine solche her-

gestellt werden. So kam er zu der Tafel der Urtheile, und von dieser zu der gesuchten Tafel der Grundbegriffe und Grundsätze."⁶⁹) Dass dies der Gang der Kantischen Systematik gewesen sei, stehe ich nicht an zu glauben, aber ich bestreite die Möglichkeit, aus dieser Entwicklung Momente für ihre absolute Vertheidigung zu gewinnen. Wenn daher Cohen zu allgemein fortfährt: „Jeder Angriff auf die Ordnung und Anzahl dieser beiden muss demnach immer auf die Ordnung und Anzahl der Urtheilsarten gerichtet werden", so darf dies nur auf bestimmte geschichtliche Missverständnisse bezogen werden; in systematischer Hinsicht muss man vielmehr behaupten: Jeder Angriff aber gegen die Ordnung und Anzahl der Urtheilsarten, der demnach Ordnung und Anzahl jener beiden mitzutreffen vermeinte, würde abgeschlagen werden. Die Kantische Systematik hat sich während ihrer Entwicklung auf eigene Füsse gestellt und ist fortan im Stande, die Hand ihres Führers, dessen Sicherheit nicht unzweifelhaft war, zu missen.

95. Gegner, welche die Vollkommenheit der formalen Logik im Kantischen Sinn anerkennen, führen richtige Angriffe gegen die Kategorien, wenn sie zeigen, dass sich dieselben mit den Urtheilsformen nicht wirklich decken. Gegner aber, welche die Aufstellungen der Logik überhaupt nicht als fest begründet ansehen, müssen sich noch ausserdem gegen das eigene Fundament der Kategorie richten. Das ist die grosse Frage, ob die einzelne Kategorie als Bedingung der Erfahrung nachgewiesen sei. Die Frage muss von denjenigen verneint werden, welche die transscendentale Deduction nur in der „Analytik der Begriffe" suchen. Allein es vollendet sich eben, wenn auch nicht in Kant's deutlich ausgesprochener Absicht, so doch thatsächlich die transscendentale Deduction erst in der Analytik der Grundsätze. Die Analytik der Begriffe deducirt die Kategorie, die Analytik der Grundsätze die Kategorien. Und nur insoweit die letztere dies thut, kann die Kategorientafel angenommen werden. Doch ist hier nicht der Ort, das Verhältniss dieser Ansicht zur Kantischen Darstellung näher zu bestimmen. Es liegt mir hier bloss daran, sie im systematischen Fortgange der Abhandlung zur Erreichung sicherer Resultate zu verwerten.⁷⁰)

96. Ich halte somit das Ablesen der Einheitsfunctionen aus der Tafel der Urtheile für vollkommen bedeutungslos. Was

man da findet, muss nur anderswo noch einmal gesucht werden. Die Urtheilstafel aber nach metaphysischen Gesichtspunkten feststellen und sie hierauf der Ableitung der Metaphysik zu Grunde legen zu wollen, das wäre ein so plumper Cirkel, dass dieser Fall kaum der Warnung bedarf. Der formalen Logik muss zunächst die Unabhängigkeit ihrer Methode gewährleistet und die unbeschränkte Breite ihres empirischen Gebietes überlassen werden. Nur vergesse sie nicht, dass die objective Gültigkeit ihrer Gesetze eine besondere Deduction erfordert. Ihre Aufstellungen werden wie die der Mathematik ein blosses Spiel, wenn ihre reale Bedeutung nicht mehr begriffen werden kann. Und das ist der bleibende Wert der Entdeckung Kant's, dass er den dunkeln Charakter jener Grundbegriffe der alten Metaphysik aufgeklärt und sie als Einheitsfunctionen des Urtheilens enthüllt hat. Für die formale Logik entspringt daraus nichts Geringeres als die Möglichkeit ihrer erkenntnisstheoretischen Begründung.

3. Systematische Ableitung der Arten.

97. Da uns die formale Logik einen befriedigenden Aufschluss über das Princip ihrer Eintheilung der Einheitsfunction nicht zu bieten vermag, so bleibt uns nichts Anderes übrig, als die Lösung des Problems selbstständig zu versuchen. Und dazu sehe ich nur Ein Mittel. Wir müssen uns das identische Bewusstsein mit Inhalt erfüllt denken und untersuchen, ob aus der Natur dieses Inhaltes selbst die Forderung einer Mehrheit von Bedingungen hervorgehe. Wir müssen die Gleichung des Erkenntnissprocesses, in welcher das Ich die alle Variabeln umfassende Function bildet, dahin analysiren, ob das Bestehen der Function den einzusetzenden Werten von vornherein gewisse Beschränkungen auflege. Nun sollen wir aber zugleich auf das strengste vermeiden das Gebiet der Empirie zu betreten, sonst würde den Urtheilen, welche wir suchen, die Eigenschaft der Notwendigkeit verloren sein, wegen welcher sie uns gerade entdeckenswert erscheinen. Wir brauchen also für die Einheitsfunction einen Inhalt, der nicht empirisch ist. Hat diese Aufgabe überhaupt einen Sinn?

Was uns befähigt dieser Forderung trotz ihres scheinbaren Widerspruchs gerecht zu werden, ist die vollzogene Analyse des

Vorstellungsinhaltes (Cap. V.). Wir haben gesehen, dass, wo ein Gegenstand gedacht wird, der Inhalt jeder Vorstellung, wie er auch sonst beschaffen sei, in eine allgemeine Verhältnissvorstellung sich einordnet, welche Bedingung seiner Aufnahme ins Bewusstsein ist und allen Vorstellungen in gleicher Weise zu Grunde liegt. Diese Form, in welche wir alle empirischen Data aufnehmen, ist die Anschauung der Zeit. Diese Gesammtvorstellung stellt den Inbegriff aller denkbaren Erfahrungen dar, sie ist das unbestimmte aber erschöpfende Bild alles Inhalts, der uns überhaupt gegeben werden kann.

98. Es ist somit unzweifelhaft gewiss, dass, an welchem Erfahrungsinhalt auch die Einheitsfunction die Identität des Bewusstseins erzeuge, sie diesen Inhalt zu einer in der Zeit enthaltenen Einheit verknüpfen muss. Jede Vorstellungseinheit ist eine Zeiteinheit. Wir können also behaupten, dass unter der Zahl unserer Erfahrungsbedingungen jedenfalls die sein muss, dass aller Vorstellungsinhalt zu einheitlichen Anschauungen in der Zeit verknüpft wird. Dieser Satz aber enthält nichts Empirisches; denn es ist bewiesen worden, dass die Zeit, wenn sie auch in jeder empirischen Vorstellung enthalten ist, doch nicht aus ihnen gezogen worden sein kann (§ 58).

99. Wir wissen ferner, dass, wo ein Gegenstand gedacht wird, jeder beliebige Vorstellungsinhalt dem entwickelten Bewusstsein in dem Verhältniss des Nebeneinander erscheint. Alle Vorstellungen, sofern sie überhaupt in einer Association erscheinen, sind in der Gesammtvorstellung des Raumes enthalten. Jede Einheitsfunction bringt daher unter allen Umständen eine räumliche Einheit hervor. Wir haben somit eine zweite unzweifelhafte Bedingung der Bewusstseinsidentität. In aller Vorstellungsverknüpfung findet eine Synthesis statt. Auch dieser Satz ist ohne empirische Beimischung; denn auch der Raum wurde als eine Anschauung nachgewiesen, welche vorhanden sein muss, bevor die bewusste Erfahrung Geltung hat (§ 48).

100. Damit scheinen die Arten der Einheitsfunction erschöpft zu sein. Wir besitzen keine weitere Kenntniss empirisch unveränderlicher Eigenschaften des Erkenntnissinhaltes. Raum und Zeit sind die einzigen Qualitäten, die als Bedingungen des Bewusstseins dargestellt werden können. Das, was in der Ordnung der Verhältnissvorstellungen angeschaut wird, die Empfindungs-

elemente, ist das eigentlich Empirische, der Stoff, aus dem Erfahrung producirt wird. Von der einzelnen Empfindung lässt sich keine Bestimmung mehr als Bedingung des Bewusstwerdens und daher als apriorisch absondern. Aus ihr wird sich daher auch kein neuer Einblick in die Vielseitigkeit der Einheitsfunction gewinnen lassen. Und doch! Eines können wir von der Empfindung a priori behaupten. Sie muss gegeben sein. Das heisst nichts Anderes als: Wir dürfen nicht vergessen, dass wir Raum und Zeit nur durch Abstraction aus der fertigen Erfahrung isolirt haben. Sie besitzen nicht in der wirklichen Erfahrung eine reine, gesonderte Existenz, so dass wir mit ihnen unabhängig von allem Empfindungsinhalt Operationen vornehmen könnten. Ihr Name Verhältnissvorstellung weist mit Recht darauf hin, dass sie nur durch die Beziehung auf etwas Anderes Bedeutung erlangen. Dem Leser, der bis hierher gefolgt ist, wird die Behauptung nicht paradox erscheinen, dass erst Etwas da sein muss, bevor sich die apriorischen Formen erzeugen. Allerdings kann ich aus Raum und Zeit alle Gegenstände wegnehmen, ohne genötigt zu sein, sie selbst wegzudenken; aber so wie ich das thue, werden auch die Einheitsanschauungen völlig bedeutungslos, ich besitze nicht mehr die mindeste Erkenntniss in ihnen, ich kann gar nichts über sie aussagen, sie sind gleichsam blind. Ich könnte nicht einmal die drei Dimensionen des Raumes aus ihnen selbst erkennen, d. h. ohne dass ich Etwas, z. B. drei Linien, in ihn hineinsetzte. Denn die Verhältnissvorstellungen enthalten absolut kein Mannigfaltiges, können keins enthalten, wenn wir sie richtig der ursprünglichen Abstraction gemäss denken. Eine Verknüpfung, an Raum und Zeit allein vollzogen, ist etwas Unmögliches, weil gar nichts zu Verknüpfendes da wäre. Wenn also die Einheitsfunction überhaupt stattfinden soll, so muss Empfindungsmaterial gegeben sein. Damit ist die dritte in der Einheitsfunction enthaltene Bedingung der Bewusstseinsidentität entdeckt. In jeder Vorstellungsverknüpfung wird eine Einheit der Empfindungselemente erzeugt. Auch dieser Satz enthält nichts Empirisches, obgleich er über das schlechthin Empirische urtheilt. Was er voraussetzt, ist bloss das Dasein einer Empfindung überhaupt, deren specifische Qualität ganz beliebig sein mag. Die Thatsache der Existenz selbst kann durch die wechselnde Bestimmung der Erfahrung nicht verändert werden.

101. So nimmt vor der nähern Untersuchung die unbestimmte Einheitsfunction eine scharf gezeichnete Dreigestalt an; das allgemeine Gesetz der synthetischen Einheit offenbart seine Natur als eine Zusammenfassung dreier Grundsätze. Wir haben ein Princip der materiellen, ein Princip der räumlichen und ein Princip der zeitlichen Verknüpfung. Diese Zahl verdanken wir weder der formalen Logik, noch einem speculativen Einfall, sondern wir haben sie aus den Grundgedanken unserer eigenen Wissenschaft methodisch abgeleitet.[71]) Das Princip der Eintheilung ist die erkenntnisstheoretische, abstracte Zerlegung der Vorstellung in Empfindung, Raumanschauung und Zeitverhältniss. Wenn diese Bestandtheile gut gezählt sind, so sind es auch die Bedingungen der Erfahrung. Wer mir die Anzahl der Grundsätze bestreitet, den weise ich einfach an die Analyse der Anschauung. Die synthetische Einheit im Allgemeinen gedacht ist fähig — das wissen wir — sich selbst zu vertheidigen; die besondern Arten bedürfen zur Anerkennung ihrer Ansprüche einer Bürgschaft, die ihnen nun von unabhängiger Seite geleistet wird. Um die Grundsätze zu überwinden, muss man erst das ästhetische Vorwerk der Erkenntnisstheorie stürmen.

102. An dieser Stelle, wo wir ihre Tragweite einsehen, werden wir allerdings versucht, die Stichhaltigkeit jener ursprünglichen Sonderung von Neuem zu prüfen. Ist sie wirklich im Wesen der Sache begründet oder wurde sie nicht vielmehr willkürlich etwa als Schema der weitern Untersuchung angenommen? Wir kennen ihre Genese. Aus allen Bestandtheilen der Vorstellung ragten von vornherein Raum und Zeit durch ihre charakteristischen Eigenschaften hervor. Nachher wurden ihnen diese Eigenschaften durch einen Beweis als rechtmässig zugesprochen. Da dieser Beweis für keine andern Bestandtheile geleistet werden konnte, so erweist sich die Absonderung von Raum und Zeit als völlig begründet. Nun zeigten sich aber in der Summe der übrigen Bestandtheile keine erkenntnisstheoretisch wirkenden Differenzen, sie konnten also zu einer gemeinschaftlichen Gruppe zusammengefasst werden. Die Zergliederung ist also streng auf die Natur des Vorstellungsinhaltes gegründet. Wer die drei Einheitsfunctionen verwirft, verwirft mit ihnen die Kantische Auffassung von Raum und Zeit.[72])

Es muss noch hinzugefügt werden, dass diese Gruppirung

von psychologischen Voraussetzungen durchaus unabhängig ist. Wir vermessen uns nicht den psychischen Vorgang in seinem Verlaufe zu beobachten, sondern wir zergliedern nur seine im Vorstellungsresultat gegebene Leistung. Wenn wir Raum und Zeit als „Formen" dem Mannigfaltigen, als der „Empfindung", gegenüberstellen, so ist damit keineswegs gesagt, dass jene Vorstellungen nicht der Empfindung ihren Ursprung verdanken. Lehrt uns die Psychologie, dass die Raumvorstellung sich in irgend einer Weise nach und nach aus dem Empfindungsstoffe entwickelt, so ist das für die Erkenntnisstheorie nur von secundärem Interesse. Sie sagt dann, Erfahrung sei erst auf der Stufe möglich, wo das Empfindungsproduct so vollkommen geworden sei, dass alle andern Empfindungen sich in ihm ordnen können.⁷³) Die erkenntnisstheoretische Rolle von Raum und Zeit bleibt davon unberührt und wir sind nichtsdestoweniger berechtigt die Einheitsanschauungen im Verhältniss zur „Empfindung" als empirische Vorstellungen abzusondern. (Vgl. §§ 44, 48, 58.)

So erwachsen die Grundgesetze der Erfahrung unmittelbar aus den ureigenen Wurzeln des transscendentalen Idealismus und eine consequente Auffassung findet in dem kritischen System keine künstliche aufgepfropfte Verzweigung.

103. In diesen Gesetzen haben wir drei weitere Urtheile von ursprünglicher Notwendigkeit. Und zwar ist ihre Notwendigkeit eine zweifache. Sie sind notwendig, insofern sie synthetische Einheit bewirken, sie sind aber auch notwendig, jede Art als solche, insofern diese besondere Einheit Bedingung der Anschauung ist. Ihre specielle Formulirung und Tragweite zu begründen, soll Aufgabe des Folgenden sein. Vorher mögen noch einige unmittelbar sich ergebende Consequenzen besprochen werden.

4. Folgerungen.

104. Es ist zu hoffen, dass die gegebene Ableitung einen Irrtum unmöglich mache, durch welchen das erkenntnisstheoretische Verständniss überhaupt vernichtet wird. Sie gibt deutlich genug zu erkennen, die Zerlegung der Einheitsfunction sei nicht so gemeint, dass die verschiedenen Gesetze sich in das Gebiet der Erfahrung theilen. Unsere Specification kann nicht

bedeuten, dass durch die eine Art diese, durch die andere jene und durch die letzte eine dritte Klasse von Vorstellungen zur Einheit verknüpft wird. Die verschiedenen Functionen haben vielmehr bei jeder Synthese alle mitgespielt; sie sind nur drei Wirkungsäusserungen derselben Kraft. Bloss dadurch erlangen sie den Schein einer selbstständigen Existenz im Bewusstsein, dass jede einzelne Function Grundlage eines notwendigen Urtheils werden kann. Es genügt, sich einer Seite des Erkenntnissprocesses bewusst zu werden, um ein Urtheil von ursprünglicher Notwendigkeit zu bilden.

105. Aus der Entwicklungsgeschichte unserer Grundgesetze lässt sich ferner die Grenze ihrer Gültigkeit auf das schärfste bestimmen. Sie wurden aus unserm Bewusstsein geboren, aber nur unter der Voraussetzung, dass ein Anschauungsstoff das völlig unproductive Ich befruchtete. Die Einheitsfunction entfaltet sich nur an den drei Formen irgend eines Daseins. Ihre Arten verschwinden wieder, sobald wir diese gegebene Materie wegdenken, und es bleibt uns nur übrig, was wir früher schon hatten, die gänzlich unbestimmte Vorstellung einer synthetischen Einheit überhaupt (§ 76). Nun besitzt aber das entwickelte Bewusstsein einmal die Kenntniss der einzelnen Gesetze und gibt ihnen Fassung und Namen, welche keineswegs an den ursprünglichen Sinn erinnern. So lösen sie sich mehr und mehr von allem Inhalt ab und scheinen schliesslich eine absolute Geltung und Bedeutung zu besitzen. Das unkritische Denken kann sich dadurch zu dem Wahn verleiten lassen, diese Gesetze liefern ihm eine Erkenntniss, die nicht nur von allem Empirischen unabhängig sei, sondern auch über das Gebiet des erfahrungsmässig Gegebenen hinausreiche. Indem es in diesen von ihren Existenzbedingungen emancipirten Einheiten Gegenstände anzuschauen glaubt, ergeht es sich in Fictionen, die, wenn auch äusserst nebelhaft, doch eine Welt von Schein hervorzuzaubern im Stande sind. Da genügt denn der schlichte Hinweis auf obige Deduction, um den ganzen Spuk zu bannen. Es ergibt sich unmittelbar, dass alle solche Versuche nichts weiter als psychologische Spielereien oder, wenn der Ausdruck gestattet ist, innere Sinnestäuschungen sind, die nicht einmal den erkenntnisstheoretischen Wert von Träumen besitzen. Denn im Traume ist wenigstens das Material gegeben, an welchem die Einheiten fungiren können

106. Die bisherigen Untersuchungen nehmen die ganze Abstractionsfähigkeit unserer Einbildungskraft in Anspruch. Bei der synthetischen Einheit überhaupt mussten wir uns die Verknüpfung als eine notwendige Bedingung vorstellen, aber ohne sie auch nur im mindesten charakterisiren zu können. Es schien ein grosser Fortschritt zur Anschaulichkeit, als wir die Einheitsfunction wenigstens an dem allgemeinen Inhalt erzeugen durften. Allein auch dieser Versuch war weit entfernt uns ein wirkliches Bild zu liefern. An der allgemeinen Anschauung von Raum und Zeit oder von der Empfindung überhaupt können wir unserer psychologischen Beschaffenheit nach keine wirkliche Einheit zu Stande bringen. Ich muss stets eine Linie, eine bestimmte Veränderung, einen Ton oder eine Farbe reproduciren, um wirklich eine Vorstellungseinheit zu schauen.

Das Bild springt erst aus dem empirisch bestimmten Stoff hervor. Insofern wir aus der Wirkung die Kraft erdenken, hat es einen uneigentlichen Sinn, wenn wir die hier wirkende psychologische Fähigkeit Einbildungskraft nennen. Man müsste sich eher mit dem Titel Schematisirungskraft begnügen. Die Vorstellung der Einheitsfunction überhaupt ist gleichsam nur ein Schema, nach welchem eine wirkliche Verknüpfungseinheit notwendig zu denken ist. Aber auch die räumliche, zeitliche und die Empfindungseinheit sind nur Vorstellungen einer allgemeinen Methode, wirkliche notwendige Synthesen zu produciren. Erst wenn mir ein Körper gegeben wird und ich seinen Fall sehe, sein Gewicht fühle, habe ich ein Bild meiner 3 Einheiten. Diese empirisch bestimmte Vorstellungsverknüpfung heisst Anschauung.

Aber dieses Bild wird sofort wieder eine Quelle der Abstraction, der Schematisirung. Ich kann von dem Bilde zu meiner allgemeinen Vorstellung der Verknüpfungsbedingung zurückkehren, und zwar so, dass ich einige seiner Bestandtheile mit mir nehme, andere zurücklasse. Die so entstehende Vorstellung ist dann einerseits mit dem Bilde verwandt, indem sie empirische Bestimmungen enthält, andererseits mit der Einheitsfunction, insofern sie in keine wirkliche Gestalt gebannt, nicht angeschaut werden kann. Stelle ich z. B. die Raumeinheit in concreto dar, indem ich ein Dreieck zeichne, so kann ich mich nachher, bereichert durch die Vorstellung dreier sich schneidender Linien,

VII. Die Arten der Einheitsfunction.

zur allgemeinen Räumlichkeit zurückwenden, die Grösse und Richtung der gezeichneten Linie dagegen unberücksichtigt lassen. Eine entsprechende Anschauung aber kann ich dadurch unmöglich erreichen. Jeder Versuch die dreieckige Räumlichkeit nur als solche vorzustellen, fliesst sofort in ein bestimmtes Bild zusammen. Was wir erhalten, ist nur eine etwas weniger allgemeine Regel der Wirkung der räumlichen Einheitsfunction, eine Vorstellung der Methode, eine besondere Raumeinheit darzustellen. Ein solches Schema ist gleichsam das Inventar aller Stücke, welche notwendig sind, um die betreffende Synthese vollziehen zu können.

Damit sind wir um eine wichtige Einsicht reicher geworden. Die Vorstellung einer synthetischen Einheit von Vorstellungen, bei welcher von einigen Bedingungen der empirischen Verknüpfung abgesehen wird, heisst Begriff. Wir sind also nunmehr in den Stand gesetzt, die erkenntnisstheoretische Ableitung des Begriffes zu würdigen. Der Begriff lebt nicht als eine wirkliche Einheit von Vorstellungen in unserem Bewusstsein; er ist nicht das psychische Gebilde, dessen Einheit wir auf ein Ding beziehen; er ist vielmehr das mehr oder minder allgemeine Gesetz der objectiven Anschauung, eine blosse Anweisung auf Gegenstände. Das Urtheil stellt den Vorgang, die Handlung, der Begriff das Resultat der Synthese dar. Im Begriffe lassen sich mehrere durch Urtheile vollzogene oder zu vollziehende Verknüpfungen zusammenfassen. Ein solcher complexer Begriff ist dann die Gesammtvorstellung einer Summe von Gesetzen der Einheitsfunction, einem mathematischen Ausdruck ähnlich, der vorschreibt, das und das zu thun, wenn man das und das erhalten will. Der complexe Begriff kann selbst wieder Element eines weitern Gesetzes werden, das in seiner Action als Urtheil, in seinem Ergebniss als anderer Begriff aufgefasst wird. In diesem Combiniren von Regeln bestehen die psychischen Bewegungen, welche man Denken nennt. Indem man jeden Begriff mit der Vorstellung eines Lautsymbols als Erkennungszeichen verbindet, bedient man sich der Sprache.

107. Wie nun die formale Logik aus der Natur der Verknüpfungshandlung abgesehen von allem Inhalt Gesetze ableiten kann (vgl. § 26), nach welchen die einen Handlungen als durch die andern mitvollzogen erscheinen, so kann sie ebensogut

aus dem gegenseitigen Verhältniss der Begriffe Regeln gewinnen, nach welchen die einen durch die andern mitgesetzt sind. Die Untersuchung leistet natürlich in beiden Fällen dasselbe, ist aber dennoch für beide Gesichtspunkte durchzuführen, da eben das Denken in der mannigfaltigen Combination vom Urtheilsresultat und Urtheil besteht.

So können wir jetzt die Aufgabe der formalen Logik noch exacter als früher bestimmen und sagen: die formale Logik lehrt uns Regeln der Einheitsfunction auseinander abzuleiten, ohne die Beschaffenheit des Stoffes in Betracht zu ziehen. Ueber die ursprünglichen Regeln aber, welche der Entwicklung der übrigen zu Grunde liegen, kann sie uns Nichts eröffnen.

108. Wir können ferner je nach unserer Auffassung sagen: es gibt drei fundamentale Gesetze der Einheitsfunction oder es gibt drei Grundbegriffe derselben. Und mit Beziehung auf den zweiten Grundsatz der Erkenntnisstheorie, wonach die Bedingungen der Erfahrungen zu Bestimmungen der Objecte werden, können wir der Natureinheit ebensowohl drei Naturgesetze, wie drei Typen oder Schemata zu Grunde liegen lassen.[74])

109. Es ist ein eigenthümliches Resultat dieser Wendung Kantischer Gedanken, dass wir berechtigt sind zu behaupten: Wir besitzen einen einzigen Begriff, der wirklich eine Abstraction von allem Inhalt darstellt, und das ist die Vorstellung jener allgemeinsten Bedingung der Bewusstseinsidentität, der synthetischen Einheit überhaupt. Schon die erste Mehrheit von Begriffen, zu welcher wir überhaupt gelangen, gibt uns nicht mehr bloss Verbindung, sondern bereits Verbindung von Etwas. Und wenn auch dieses Etwas durch so umfassende Allgemeinheit sich auszeichnet, dass es in allem Empirischen enthalten ist, so sind eben doch diese Synthesen keine abgelösten Gedankenformen mehr. Damit scheint sich die gewöhnliche Auffassung der formalen Logik, die vorgibt sich nur mit den Verknüpfungsformen zu beschäftigen, als eine Täuschung herauszustellen. In der That ergibt sich eine Berichtigung dieser Ansicht. Die Logik kann allerdings nicht mehr formal in dem Sinne genannt werden, dass sie es bloss mit der absoluten Verknüpfungshandlung zu thun hätte, denn diese ist gar nicht bei ihr zu finden. Selbst ihre allgemeinsten Functionen sind schon Verschmelzungen der Synthesis mit den Verhältnissvorstellungen. Es genügt, dafür

auf den Begriff der Quantität hinzuweisen. Ja man muss vielmehr sagen, die Möglichkeit dieser Wissenschaft beruht gerade darauf, dass sie nicht formal in dem abgelehnten Sinne ist. Denn nur dadurch, dass sie sich auf eine Mannigfaltigkeit des Inhalts beziehen kann, ist sie im Stande von einer Handlung zu sagen, dass eine Mehrheit anderer Handlungen in ihr enthalten sei. Wenn man also die Logik formal nennt, so muss darunter vielmehr nur verstanden werden, was früher (§ 20) aufgestellt worden ist, dass sie die Notwendigkeit ihrer Urtheile nicht von der Anschauung von Gegenständen, sondern von andern Urtheilen ableitet, über deren objective Gültigkeit sie selbst nicht entscheidet.

VIII. Das Princip der materiellen Verknüpfung.

1. Vierter Grundsatz.

110. Wir gehen nun dazu über, die entdeckten drei Bedingungen der Erfahrung genauer zu prüfen und womöglich in eine Fassung zu bringen, welche den Charakter und die Tragweite ihrer Forderung in ganzer Schärfe zum Ausdruck bringt. Um aber ein richtiges Resultat zu gewinnen, müssen wir uns immer wieder die alte Vorsichtsmassregel ins Gedächtniss zurückrufen, dass diese Gesetze ihre ursprüngliche Notwendigkeit nur so lange bewahren, als wir ihnen auch nicht die Spur eines Gedankens beimischen, der für die Möglichkeit einer zusammenhängenden Erfahrung entbehrlich ist. Im Hinblick auf diese Einschränkung unserer weitern Bearbeitung haben wir daher jede neue Formulirung sorgfältig zu begründen.[75]

111. Jede Synthese von Vorstellungen enthält auch eine Synthese von Empfindungen. Denn Raum und Zeit, in abstracto vorgestellt, können keiner Verknüpfung zu Grunde liegen, da sie nichts Mannigfaltiges enthalten.

Unter Empfindung versteht die Erkenntnisstheorie die letzten Bestandtheile der Vorstellungen. Empfindungen sind die einfachsten, nicht weiter zerlegbaren Zustände des Bewusstseins. Das Bewusstsein kann zwar in Wirklichkeit eines solchen Elementarzustandes niemals inne werden; aber die erkenntnisstheoretische

Analyse des Vorstellungsinhaltes nötigt uns, sein Dasein vorauszusetzen (§ 42).

112. Jede Vorstellungsverknüpfung involvirt also eine Synthese solcher einfachsten Bewusstseinszustände. Aus den Zuständen muss ein Zustand werden. Wie ist eine solche Einheit möglich? Sie kann nur dadurch zu Stande kommen, dass von dem Zeitpunkt an, wo die Verknüpfung beginnt, bis zu dem, wo sie endet, diese einfachen Zustände sich so aneinanderreihen, dass ein ununterbrochenes Bewusstsein entsteht. Es darf sich zwischen die einzelnen Elemente Nichts einschieben, was kein Bewusstseinszustand wäre. Denn an einem solchen Punkte würde die Synthese, da ihr das Material fehlte, nicht fortgesetzt werden können, sie würde aufhören und beim Wiedereintritt eines Bewusstseinszustandes neu beginnen müssen. Es würde also niemals eine Einheit des Bewusstseins, sondern nur eine Summe zusammenhangloser Bewusstseinselemente entstehen. Die Verbindung von Bewusstseinszuständen, welche über keine Lücken springen darf, durch keine Punkte der Bewusstlosigkeit unterbrochen wird, heisst stetig oder continuirlich. Somit können wir sagen: Die Continuität der Verknüpfung ist Bedingung der Bewusstseinsidentität oder die Vorstellungseinheit ist nur durch continuirliche Synthesis der Empfindungen möglich.

113. Man kann das bildlich so ausdrücken, dass man sagt: Alle Bestandtheile der Vorstellungseinheit müssen über dem Nullpunkt des Bewusstseins stehen. Sie müssen ein Plus, eine bestimmte Stärke, eine positive Grösse des Bewusstseins haben. Brauche ich den Ausdruck Grösse, so ist allerdings auch das uneigentlich zu deuten. Jede Grösse ist zusammengesetzt. Das Empfindungselement kann sich aber nicht wieder als ein Compositum darstellen, da es ja sonst gar nicht Element wäre und die Untersuchung sich von ihm ab zu seinen Urbestandtheilen zu wenden hätte. Unter Grösse kann hier nur eine Quantität verstanden werden, die in einem einzigen Zeitmoment wahrnehmbar ist. Wir müssen sie daher genauer innerliche, intensive Grösse nennen. Mit Benutzung dieses Begriffs können wir das Urtheil aussprechen: Alle Empfindungen haben intensive Grösse.

114. Wenn wir nun das bisherige Ergebniss aufmerksam betrachten, so scheint sich mit dem Gewinn ein sehr bedenk-

licher Verlust zu verbinden. Scheinen wir nicht durch die Forderung der Continuität der Empfindungen gleichzeitig die für die Bewusstseinsidentität ebenso unentbehrliche **Mannigfaltigkeit** des Vorstellungsinhaltes aufzuheben? Denn wenn die Mannigfaltigkeit nicht darin besteht, dass der Inhalt durch Punkte der Bewusstlosigkeit eingetheilt wird, wenn ich mir also die einzelnen Bewusstseinszustände nicht getrennt denken darf, so gibt es eben keine einzelnen.

Die synthetische Einheit braucht gar nicht erst zu werden, sie ist schon gegeben. Das Bewusstsein kann sich nicht als Einheit erkennen, da es sich nicht als constante Bestimmung einer Vielheit findet.

Es fragt sich also: Kann ich eine ununterbrochene Synthese der Bewusstseinselemente, aber doch zugleich eine Mannigfaltigkeit derselben postuliren? Ich kann es, weil ich es muss. Beide Bedingungen sind für die Identität des Bewusstseins gleich nothwendig.

Wenn die Mehrheit des Inhalts nicht in der räumlichen und zeitlichen Trennung gesucht werden darf, so bleibt nur Eine Quelle für sie. Die Empfindungselemente müssen, obgleich sie sich continuirlich aneinander reihen, dadurch gesondert erscheinen, dass sie sich dem Bewusstsein in verschiedenen Arten einverleiben, mannigfache Weisen des Einflusses darstellen. Die Fähigkeit der Empfindungen, sich ohne bewusstlose Intervalle von einander zu unterscheiden, nennt man ihre **Qualität**. Von diesem Begriff kann man sich a priori nicht die mindeste Vorstellung machen; denn er bezieht sich ja auf das specifisch Empirische. Aber seine allgemeine Aufstellung hat durchaus keinen empirischen Ursprung, ist nicht aus der Erfahrung abgelesen und kann daher auch nicht durch sie umgestossen werden. Doch muss man sich auch streng davor hüten, die Qualität irgendwie und wäre es auch ganz allgemein bestimmen zu wollen. Schon ein Urtheil darüber, ob die Qualität vielleicht in die Verschiedenheit der intensiven Grösse oder noch ausserdem in eine andere Differenz zu setzen sei, würde nicht den mindesten Anspruch auf absolute Notwendigkeit haben.

115. So müssen wir also antecipando dem Vorstellungsinhalt zwei Eigenschaften zuschreiben: einerseits muss er stetig verknüpfbar, andererseits qualitativ verschieden sein. Unser

Princip der materiellen Verknüpfung lautet also in voller Präcision: Jede Vorstellungsverknüpfung enthält eine continuirliche Synthesis von Empfindungs-Qualitäten. Oder: Jeder Gegenstand der Erfahrung ist eine stetige Einheit qualitativ verschiedener Empfindungen.[76])

2. Erläuterungen und Folgerungen.

116. Es ist nützlich, dieses Princip durch Abweisung einer naheliegenden, scheinbaren Instanz zu illustriren. Man könnte einwerfen: Wie soll denn Erfahrung nur durch eine continuirliche Synthese der Wahrnehmungen möglich sein, während doch in Wirklichkeit das Bewusstsein die häufigsten Unterbrechungen erleidet? Erstreckt sich unsere Erfahrung nur über den Zeitraum eines Tages, machen nicht Schlaf oder Ohnmacht oder irgend eine Narkose die Einheit des Bewusstseins zu nichte?

Dieses Missverständniss bekundet sich unmittelbar als Verwechslung erkenntnisstheoretischer mit psychologischer Wahrheit. Der Grundsatz behauptet durchaus nicht, dass von der psychologischen Geschichte unseres Ich die Zustände der Bewusstlosigkeit ausgeschlossen seien — das wäre ein nur empirisch zu bestätigendes Urtheil —; er sagt vielmehr, dass solche Zustände in keiner Bewusstseinsfolge, die eine objective Geltung hat, als Glieder enthalten sind. Notwendig ist diejenige Synthese, an welcher sich die Einheit des Bewusstseins erzeugt. Letztere kommt aber nur dadurch zu Stande, dass nicht das kleinste Moment der Bewusstlosigkeit zwischen zwei Punkten der Verknüpfung enthalten ist.

Wenn nun aus psychologischen Gründen der Process der Synthese unterbrochen wird, so braucht darum noch nicht die erkenntnisstheoretische Stetigkeit der synthetischen Einheit verloren zu sein. Ja nur insoweit sie es nicht ist, wird Einheit des Bewusstseins, also zusammenhängende Erfahrung möglich. Gegenstände der Erfahrung können uns nur gegeben werden, wenn auch dafür physiologische Bedingungen vorhanden sind, dass die factisch vorkommenden Zustände der Bewusstlosigkeit die Continuität der Synthesis nicht zerstören. Wenn ich erwache, kann ich mir meiner als identischen Subjects nur dadurch bewusst werden, dass ich die Vorstellungen, welche mein Bewusstsein vor dem Einschlafen besetzt hatten, mit denen nach dem Erwachen in continuirlichen Zusammenhang setze. Ich verknüpfe die Empfindungen nicht discret, wie sie in den wirklich aufeinanderfolgenden Bewusstseinszuständen (des Einschlafens und Erwachens) enthalten sind, sondern ich verknüpfe sie so, wie sie in den continuirlich sich aneinander reihenden Bewusstseinszuständen enthalten gewesen wären. Was in meinem Bewusstsein sich folgte, war der helle Tag auf die tiefe Nacht. Aber ich bin weit entfernt für diese Succession objective Gültigkeit zu behaupten. Ich suche mir vielmehr mit Hülfe der mir zu Gebote stehenden empirischen Methoden diejenige Succession von Empfindungen vorzustellen, welche stattgefunden hätte, wenn mein Bewusstsein nicht auf den Nullpunkt hinabgesunken wäre. Und dieses Urtheil gebe ich allein für allgemein gültig, d. h. objectiv aus.

An diesem Beispiele zeigt sich recht scharf die eigentümliche Herrschaft erkenntnisstheoretischer Grundsätze. Auf die blosse Einheit des Bewusstseins gründen wir Urtheile über den stetigen Zusammenhang unserer Vorstellungen und sind von ihrer Notwendigkeit überzeugt, selbst in den Fällen, wo die Erfahrung uns zu widersprechen scheint. Wir wissen, dass alle unsere Vorstellungen so beschaffen sein müssen, dass wir sie in diesen Zusammenhang bringen können. Sobald wir urtheilen, beziehen wir die Vorstellungen auf ein identisches Bewusstsein und in diesem erscheint aller Inhalt so unter der einheitlichen Zeitanschauung zusammengefasst, dass auch nicht ein einziger Zeitpunkt von Empfindung leer ist. Selbst unsere Zustände der Bewusstlosigkeit erscheinen als zeitliche Ereignisse, die einen Anfang und ein Ende haben; wir reproduciren die Wahrnehmung von uns selbst, wie wir allmälig das Bewusstsein verlieren, bis wir uns schlafend als ein nur äusseres Object erscheinen. Dieses bringen wir zu den anderen Gegenständen in die gesetzmässigen Beziehungen und reproduciren nun das ganze äussere Geschehen jenes Zeitabschnittes, als ob es sich damals in unserm bewusstlosen Innern hätte spiegeln können. In diesem Vorgang enthüllt sich die allertiefste und wunderbarste Wirkung der synthetischen Bewegung des Erkenntnissprocesses. Wenn es bei seiner Vorstellungsverknüpfung an unbewusste Zustände gelangt, so löst sich das erkenntnisstheoretische Bewusstsein gleichsam von dem

2. Erläuterungen und Folgerungen.

zum blossen Körper gewordenen Subjecte und glaubt dieses letztere mit seinen Objecten als unabhängiger Zuschauer zu erkennen. Das höhere, letzte Subject übernimmt hier gleichsam die Function des empirischen (vgl. § 72), und die inneren Zustände des letzteren, welche gleich Null sind, werden nicht als Factor in das Erfahrungsgesetz mit aufgenommen.

117. Von diesen Bemerkungen lässt sich noch eine wichtige Anwendung machen. Wenn die Psychologie Ursache zu haben glaubt [1]) die Zeit als ein discretes Gebilde aufzufassen, und sich dafür auch auf die „zeitlosen" Zustände des Schlafes und der Ohnmacht beruft, so folgt aus dem Obigen unmittelbar, dass diese Ansicht jedenfalls für den erkenntnisstheoretischen Begriff der Zeit keine Geltung hat. Wenn wir die Continuität der Zeit auch nicht schon direct aus ihrer Beschaffenheit darthun könnten (§ 61), so würde sie aus unserm Grundsatz folgen. Wenn die Zeit die Form der Wahrnehmung ist, d. h. wenn alle Bewusstseinszustände als Theile der Zeit erscheinen, so ist sie stetig; denn nach unserm Princip können zwei Bewusstseinszustände nicht durch einen Nullpunkt des Bewusstseins getrennt sein; nun kann aber bloss ein solcher Nullpunkt eine Unterbrechung der Zeit bewirken, denn alle Bewusstseinszustände sind Theile von ihr; also ist sie eine continuirliche Grösse.

118. Aus diesem Grundsatz entspringt nun ein sehr wichtiger Begriff. Die Vorstellung von der Einheit der Empfindungen ist nichts Anderes als die Vorstellung des Seins. In der Vorstellungseinheit, welche wir Gegenstand nennen, kommt der Synthese als solcher kein Dasein zu; sie existirt erst an der zu verbindenden Materie. Dieser Stoff sind aber nicht die Verhältnissvorstellungen Raum und Zeit, die selbst erst an einem Mannigfaltigen ins Leben treten müssen. Erst in der Empfindung erhalten wir etwas Ursprünglich-Gegebenes, ein Selbstständig-Seiendes, dessen Existenz nicht wieder ein Datum anderer Beschaffenheit voraussetzt. Die Empfindung bildet den subjectiven Urstoff, den das formende Subject zur Objectivität zusammenordnet. Unter Realität eines Gegenstandes müssen wir im scharfen Sinne die Vorstellung seiner materiellen oder Empfindungseinheit verstehen.

Dieser Begriff der Realität fällt also nicht etwa zusammen mit jener subjectiven Wirklichkeit, welche durch den zweiten

Grundsatz (§ 67) von jeder Vorstellung vorausgesetzt wurde. Er entsteht erst aus dem Gegensatz der verschiedenen Factoren, welche das Object produciren. Subjectiv wirklich, d. h. frei von Schein ist jede Empfindung für sich; real im Sinne des vierten Grundsatzes ist sie nur als Eigenschaft des Objectes, als Bestandtheil der materiellen Verknüpfung.

Es muss hier hervorgehoben werden, dass in dem Begriff der Realität nichts darüber enthalten ist, ob die Empfindung reproducirte oder unmittelbare sei. Diese zeitlich räumliche Bestimmung des Realen muss der Erfahrung überlassen bleiben.

119. Wenn wir uns denken, dass an irgend einem Punkte der Erfahrung Empfindung nicht gegeben sei, so erhalten wir die allgemeine Vorstellung des Nichtseins, der Negation. Aber da eine solche Vorstellung in eine Einheit nicht eingehen kann, so kann sie sich niemals auf einen Gegenstand beziehen. Sie hat also bloss subjective Bedeutung als Ergänzung des Begriffs der Realität. Indem wir uns ein Aufhören, einen Nullpunkt der intensiven Grösse vorstellen, machen wir uns den inhaltleeren Begriff der Negation.

Einen Sinn erlangt die Vorstellung des Nichtseins erst durch die zweite Bedingung, welche im Princip der materiellen Verknüpfung enthalten ist (§ 111). Ausser der Intensität wurde von der Empfindung auch Qualität gefordert. Insofern wir nun in einer Vorstellungseinheit ein Nichtsein denken, nicht in Bezug auf die Existenz der Empfindung überhaupt, sondern in Bezug auf eine bestimmte Qualität derselben, kommt der Negation eine objective Bedeutung zu. Eine bestimmte Empfindung kann als zu einer gemachten Synthese nicht gehörig erscheinen, sie ist also an dem durch die Synthese erzeugten Object nichtseiend. Somit gibt es ein objectives Nichtsein von Qualitäten.*) Der so definirte Begriff spielt eine besondere Rolle bei der Betrachtung der Veränderung, wo die Qualität eines Gegenstandes auf ihr vorangehendes Nichtsein bezogen wird.

120. Die erkenntnisstheoretischen Begriffe der Realität und Negation garantiren der formalen Logik die objective Gültigkeit ihrer fundamentalsten Handlungen. Es hat einen Sinn zu sagen: Ein Urtheil oder ein Begriff ist schon in einem andern oder ist in ihm nicht enthalten; denn dieser Satz ist nur die Beschreibung einer vorhandenen Synthese. Diese Synthesen aber, auf

welche die formale Logik alle ihre Resultate gründet, sind die gleichen Functionen, durch welche die Objecte der Erfahrung erzeugt werden, und zeigen die Eigentümlichkeit, eine Mehrheit von Realitäten zu einer Vorstellung zu vereinigen, eine andere Mehrheit aber in einzelnen Fällen nicht zu umfassen. Das analytische Bejahen und Verneinen von Vorstellungsverknüpfungen in der formalen Logik deckt sich also mit dem synthetischen Sein und Nichtsein der ursprünglichen materiellen Einheit und vermag also in der That ein Bild des Sachverhaltes, des objectiven Zusammenhangs zu liefern. [79])

121. Ueber den dritten in unserm Princip enthaltenen Begriff von der Qualität ist wenig hinzuzufügen. Wenn ich ihn dritten Begriff nenne, so soll damit nicht etwa eine Nebenordnung von Realität, Negation und Qualität angedeutet sein. Eigentlich sind es zwei Grundbegriffe, unter welche alle Vorstellungen subsumirt erscheinen: Realität und Qualität. Dazu tritt als blosser Grenzbegriff des ersteren die Negation. Indem wir die Negation auf die Qualität anwenden, erhalten wir den Begriff des Nichtseins der bestimmten Qualität. [80]) Man kann aber auch die Qualität als eine fundamentale Bestimmung der Realität auffassen und beide Begriffe vereinigen. Dann hat man zwei Grundbegriffe: qualitative Realität und Negation. [81])

Unter Qualität darf man nichts Anderes verstehen als die allgemein vorgestellte Verschiedenheit des Realen. Sie ist ein Grundbegriff als Bedingung der Erfahrungsmöglichkeit. Ausser dem Dasein wird auch ein Anderssein, ausser der Intensität eine Verschiedenheit der Reize erfordert.

Worin die Qualität besteht, kann nur empirisch bestimmt werden, weil es für die Erfahrungsmöglichkeit vollkommen gleichgültig ist. Es kann sich herausstellen, dass die Empfindungen auch ihrer intensiven Grösse nach verschieden sind oder vielleicht, dass die Qualität überhaupt nur in der Differenz der Intensität liegt — unser Princip wird dadurch seinem Wesen nach nicht berührt, und könnte höchstens in seiner Fassung einige Vereinfachungen erleiden.

Die Qualität der intensiven Grösse, welche sich empirisch als mannigfaltig herausstellt, heisst Grad. Der Grad gehört nicht in einen allgemeinen erkenntnisstheoretischen Grundsatz, da er sich nicht aus dem reinen Begriff der Erfahrung ergibt. Noch weniger aber irgend eine Eigenschaft desselben, z. B. die Continuität, die vielleicht nur inductiv nach Untersuchung der einzelnen Empfindungen, jedenfalls aber deductiv erst nach Aufnahme des empirischen Begriffs der Materie in der Naturphilosophie aufgestellt und behauptet werden kann.

122. Nachdem das Bewusstsein einmal in den Besitz dieser Begriffe gelangt ist, bedarf es auch der strengsten Disciplin, um von ihrem Missbrauch abgehalten zu werden. Gerade hier tritt die Gefahr, welche oben (§ 105) im allgemeinen angedeutet wurde, recht offen zu Tage. An dem Begriffe eines mannigfaltigen Realen ist das Gepräge der Herkunft unkenntlich geworden; er scheint eine bedingungslose Herrschaft zu üben. Das forschende Bewusstsein, dessen Trieb, den vermeintlichen Schleier der Sinnenwelt zu lüften, nicht ausgelöscht werden kann, meint in ihm einen Ausblick zu gewinnen und freut sich, doch noch ein Mittel gefunden zu haben, um das zu glauben, was es so gern glauben möchte. Es überredet sich, dass dieser Begriff eine klare und deutliche Erkenntniss sei, die keine Spuren der Abhängigkeit von subjectivem Einflusse an sich trage. Der Begriff von einem Gegenstande überhaupt, an welchen seine Hoffnungen noch geknüpft waren, von welchem es sich aber nicht die mindeste Vorstellung hatte machen können, ist nun bestimmt: Das Ding an sich ist, und es ist als ein mehrfaches! Selbstverständlich zieht dieser übersinnliche Genuss eine Zerrüttung des ganzen Erfahrungs-Organismus nach sich. Die Erkenntnisstheorie schützt vor dieser Schwärmerei durch die einfache kritische Erinnerung, dass Realität und Qualität nichts sind als Bestimmungen der Empfindung. Sie verlieren jeden Sinn, sobald sie aus diesem Verbande gelöst werden.

123. Die Naturphilosophie oder allgemeine Naturwissenschaft, welche sich auf gewisse Grunderfahrungen aufbaut, findet in dem Princip der materiellen Verknüpfung bedeutsame Einschränkungen ihrer Untersuchung. Wenn nichts Existirendes ohne intensive Grösse gedacht werden kann, so folgt, dass die Naturphilosophie zu ihren Erklärungen die Vorstellung eines leeren Raumes und einer leeren Zeit nicht verwerten darf. Denn die leeren Anschauungen wären eben Wahrnehmungen von einem Realen ohne intensive Grösse. Und zwar kann sie nicht nur die wirkliche Wahrnehmung davon nicht behaupten, sondern sie

darf auch nicht versuchen durch Schlüsse, durch notwendige Hypothesen dazu zu gelangen. Denn was der Möglichkeit der Erfahrung überhaupt widerspricht, kann niemals eine besondere Erfahrung bedingen.

Ebenso unmittelbar geht ein Zweites aus dem Princip hervor. Die Naturphilosophie kann nicht hoffen, in der Reduction ihrer Annahmen auf eine möglichst geringe Anzahl jemals dahin zu kommen, dass sie Alles aus einem qualitativ identischen Dasein in Raum und Zeit erklärt. Schon die Erkenntnisstheorie fordert eine von den Verhältnissvorstellungen unabhängige Verschiedenheit des Realen; die allgemeine Naturwissenschaft versucht es vergeblich, sich von der Notwendigkeit dieser Mehrheit von Grundprincipien loszumachen.[2])

Für diese Einschränkung ihrer Hypothesenfreiheit wird aber die Naturwissenschaft reichlich entschädigt durch den Antheil an unbedingter Gewissheit, welchen sie diesem Princip verdankt. Es sichert ihr eine objective Grundlage, auf welcher sie ihre empirischen Urtheile aufbauen kann. Es begründet die letzten Annahmen, die ihr zur Erklärung ihrer Beobachtungen unentbehrlich sind. Man kann sagen, dass die Natur, welche die Wissenschaft erforschen will, erst durch dieses Princip mit Inhalt, mit Gegenständen erfüllt wird.[3])

IX. Das Princip der räumlichen Verknüpfung.

1. Fünfter Grundsatz.

124. Die Einheit der Empfindung, das reale Object ist constituirt. Wir haben nun zu untersuchen, was mit dieser Synthese gleichzeitig vollzogen wurde.

Alle Empfindungen, welche zu einem Object zusammengesetzt werden, erscheinen in der Ordnung der räumlichen Anschauung. Mit dem Bewusstsein der Einheit der gegebenen Elemente muss daher auch das Bewusstsein einer Einheit des Raumes erzeugt werden. Denn damit wird ja überhaupt erst die Bedingung geschaffen, unter welcher wir die mannigfaltigen

Empfindungen als zusammengehörig vorstellen können. Die Möglichkeit des Beisammenseins hängt davon ab, dass die Elemente in einen Raum gesetzt werden. Die Identität des Bewusstseins ist also nur dadurch möglich, dass die erzeugende Verknüpfung vor Allem eine einheitliche Raumanschauung producirt. Alle Vorstellungselemente, welche auf ein Object bezogen werden sollen, müssen daher so beschaffen sein, dass das Gleichartige an ihnen, welches macht, dass sie im Raume erscheinen, zu einer Einheit zusammengesetzt werden kann. Die einzelnen räumlichen Beziehungen müssen zu einer Beziehung verschmolzen werden können. Um z. B. eine einheitliche Verbindung von Eindrücken als Linie zu objectiviren, muss ich die Eigenschaft, welche diese Eindrücke zu Punkten macht, zu einem Ganzen der Anschauung zusammensetzen.

125. Die Vorstellung dieser Methode, die räumlichen Bestimmungen zu einem Ganzen zusammenzufassen, heisst der Begriff der Grösse.*¹) Da die Grösse hier nicht schon in dem einzelnen Theil, sondern erst in ihrer Aneinanderreihung, in ihrem Aussereinander liegt, mag sie extensive Grösse genannt werden.

126. Durch Einführung dieses Begriffs ergibt sich nun für das Princip der räumlichen Synthese die Fassung: Jede Vorstellungsverknüpfung erzeugt eine extensive Grösse. Oder: Jeder Gegenstand der Erfahrung ist eine extensive Grösse.

127. An dieser Formel möchte zunächst auffallen, dass sie ihre Geltung auf alle Objecte der Erfahrung ausdehnt. Nun besitzen wir aber doch Anschauungen, die bloss in zeitlicher Ordnung erscheinen. Ist der Ton kein Gegenstand der Erfahrung, und ist der Ton eine extensive Grösse? Wenn also der Satz diese Allgemeinheit beansprucht, muss er jedenfalls noch für die Zeit bewiesen werden. Die Rechtfertigung lässt sich erst später beibringen. Hier nur so viel, dass sich nicht etwa der Begriff der extensiven Grösse verändern wird. Derselbe bleibt für den Raum definirt. Aber es wird sich zeigen, dass die zeitliche Einheit ebenfalls die Erzeugung einer Grösse voraussetzt, welche wir Dauer nennen. Von dieser Grösse aber können wir uns nur unter der Bedingung eine Vorstellung machen, dass wir sie als extensive auffassen. So müssen schliesslich auch die „inneren" Anschauungen unter diesen Begriff subsumirt werden, und das

Princip der räumlichen Verknüpfung beherrscht auch die Synthese der Zeit.⁵⁵)

128. Das Princip muss aber unmittelbar ein zweites Bedenken erregen. Während in der Analyse des Vorstellungsinhaltes als Hauptertrag hervorgehoben wurde, die Einheitsanschauung des Raumes liege aller Wahrnehmung zu Grunde (Erster Grundsatz § 63), scheint jetzt die räumliche Einheit erst durch das Zusammensetzen der Wahrnehmungen zu Stande zu kommen. Ja die Definition der extensiven Grösse setzt sich mit der Erklärung des Raumes in directen Widerspruch, wenn sie sagt, dass die Theile erst das Ganze möglich machen, während doch ausdrücklich eingeschärft wurde, dass die Theile des Raumes nur Einschränkungen des gegebenen Ganzen seien (vgl. § 51). Die Inconsequenz ist blosser Schein. Nicht nur die extensive Grösse als Ganzes, sondern auch jeder einzelne Bestandtheil derselben kann nur vorgestellt werden als Einschränkung des allgemeinen, allumfassenden Raumes. Nun wird aber die extensive Grösse nicht bloss als Bestimmung des Raumes, sondern gleichzeitig in ihrer Verbindung mit der Empfindungseinheit als Bestimmung eines Objectes gedacht. Die extensive Grösse kam nur zu Stande in der Verbindung realer Elemente. Ihre **Bedeutung** gewinnt sie nur dadurch, dass sie als Theil auf den als vor ihr vorhanden gedachten Raum bezogen wird; ihr **Dasein** aber erst durch die Verbindung vor ihr gegebener Theile. Der Raum ist erkenntnisstheoretisch a priori, die Räumlichkeit, an welcher jener erst zur Function gelangt, a posteriori. Die bestimmte Gestalt wird durch den Raum ermöglicht, nicht gegeben; sie ist das räumliche Bild einer synthetischen Handlung. Wenn ich eine Linie ziehe, so ist der Raum, den sie einnimmt, nur eine Abgrenzung der reinen Anschauung; die Linie als Object aber ist das gewonnene Ganze empirisch gegebener Theile. Die Widersprüche lösen sich also unmittelbar, wenn man sich vor Augen hält, dass es sich bei diesem Princip nicht um die Production des Raumes, sondern des Gegenstandes im Raume handelt.

2. Folgerungen.

129. Dieser Grundsatz hat eine Anwendung von allergrösster Wichtigkeit. Er bildet das Fundament, auf welchem die reine

Grössenlehre ihre Apodicticität erbaut.[16]) Die Synthese, welche nach ihm an jeder Anschauung vollzogen werden muss, ist die gleiche Function, durch welche die Geometrie ihre Objecte construirt. Die Geometrie ist, genau gesprochen, die Wissenschaft von der Construction der Grössen. Sie betrachtet an den Gegenständen, die sie sich selbst erzeugt, nur die Eigenschaften, welche nach einer gewissen (in der Definition gegebenen) Regel der Verknüpfung producirt werden mussten. Ob sie das Dreieck in der blossen Einbildung, oder im Sande, oder mit dem feinsten Instrument auf einer Tafel entwirft, ist gleichgültig; an dem Bilde vergegenwärtigt sie sich bloss die Function, durch welche eine von drei geraden Linien eingeschlossene Räumlichkeit erzeugt wird. Nur was von dieser Function abhängig, was durch sie mitgegeben ist, liefert ihr Stoff zu ihren allgemeinen Urtheilen über das Dreieck. Die übrigen Eigenschaften der einzelnen Figur lässt sie unbeachtet. Ihre Ableitungen gründen sich nur auf das Schema, nicht auf das Bild. Darauf beruht ihre Allgemeingültigkeit. Was sie an einem Dreieck beweist, beweist sie nur scheinbar an diesem bestimmten, sie beweist es an der in ihm dargestellten Constructionshandlung, welche die Bedingung für alle Dreiecke überhaupt ist. Daher muss es auch von allen gelten.

Von dieser Allgemeingültigkeit muss man aber die Apodicticität wohl unterscheiden, mit welcher die Geometrie die Geltung ihrer Sätze für das ganze Gebiet der Erfahrung behauptet. Was sie über ihr willkürlich construirtes Dreieck ausmacht, soll sich auch auf alle dreieckigen Körper beziehen, die je in der Natur vorkommen mögen. Sie will a priori die Gestalten aller empirischen Erscheinungen untersuchen. Wenn diese Anmassung unbegründet ist, so bietet uns die Geometrie keine Erkenntniss von Objecten, sondern höchstens einen Einblick in den regelmässigen Zusammenhang unserer räumlichen Vorstellungen.

130. Die Rechtmässigkeit eben dieser Apodicticität ist es nun, welche durch das Princip der räumlichen Verknüpfung gesichert wird. Indem es den Objecten der Erfahrung die nämliche Synthese als Bedingung ihrer Wahrnehmung auflegt, welche den Gegenstand der Geometrie bildet, macht es diese auf die Erscheinungen der Natur anwendbar. Wenn wir diese Synthese

studiren und erkennen, so erforschen wir damit gleichzeitig die Verhältnisse der empirischen Anschauungen. Unser Princip macht die Bedingungen der Geometrie zu Bedingungen der sinnlichen Anschauung. Ohne die Gültigkeit des Satzes, dass zwischen zwei Punkten nur Eine gerade Linie möglich ist, kann die Geometrie keine Wissenschaft sein. Nun enthält aber dieser Satz nichts als eine Eigenschaft der räumlichen Synthese. Da aber alle Gegenstände dieser Synthese unterworfen sind, so hat er objective Gültigkeit. Der Grundsatz der räumlichen Verknüpfung heisst daher mit Recht das Princip der (objectiven Gültigkeit der) Axiome.[87])

Die geometrischen Axiome sind Aussprüche über die einfachsten Eigenschaften des Raums, welche auf Grund der unmittelbaren Anschauung, ohne Berufung auf vorhergegangene Anschauungen geglaubt werden. Sie sind notwendig, weil wir uns den Raum überhaupt nicht mehr vorstellen können, wenn wir sie nicht gelten lassen; sie sind allgemeingültig, weil der Raum, dessen allgemeine Natur sie beschreiben, eine einheitliche, homogene Anschauung ist. (Da alle Räume Theile des einen Raumes sind, so können sie nicht für den einen Raum gelten, für den andern aber nicht.) Als Principien der Geometrie sagen sie, dass man überall diese Grundverhältnisse wieder finden muss und voraussetzen darf, zu welchen Anschauungen man auch fortschreite, welche Räumlichkeiten man auch construire.[88]) Aber mit alle dem ist über ihre reale Bedeutung nichts gesagt. Erst unser Grundsatz, der den Raum mit allen seinen Eigenschaften objectivirt, macht aus den Bedingungen der abstracten Geometrie allgemeine Naturgesetze, aus den Beschreibungen räumlicher Formen Schilderungen von Gegenständen.

131. Damit ist allerdings auch eine Einschränkung der Geometrie verbunden. Sie wird ihre objective Gültigkeit nur so lange behalten, als sie innerhalb des von dem Princip der Axiome beherrschten Gebietes bleibt. Die extensive Grösse ist definirt für den Raum, welchen die Analyse des Vorstellungsinhaltes als Bedingung der Erfahrung aufgezeigt hat. Sollte sich die Grössenlehre veranlasst finden, auch über einen anders beschaffenen Raum zu urtheilen, so muss sie auch von diesem Punkte an jeden Anspruch aufgeben, Erkenntniss von Gegenständen zu liefern. Der erkenntnisstheoretische Raum ist nicht nur ein mög-

licher Begriff, sondern ausserdem eine gegebene Anschauung. Ein Raum von n Dimensionen mag ein logisch tadelloser, d. h. widerspruchsfreier Begriff sein; so lange er nicht angeschaut werden kann, muss ihm jede Gültigkeit für die Natur abgesprochen werden. Die Mathematik stellt in diesem Falle nur noch logisch richtige Folgerungen aus der Verbindung blosser Regeln dar, ohne sie in ihrer Anwendung zeigen zu können. Sie ist dann ebensogut übersinnlich geworden wie die Physik, wenn sie leere Räume, oder die Metaphysik, wenn sie leere Begriffe combinirt.

132. An dieser Stelle entspringt nun ein anderer wichtiger Begriff. Die Vorstellung der extensiven Grösse führt zur Vorstellung des „Wie gross?" Wenn ich eine räumliche Synthese vollzogen habe und hierauf noch eine andere producire, so kann ich fragen, welche einen grössern Theil des Raums einnehme, ich kann sagen, dass die eine so und so viel mal grösser sei als die andere. Diese aus der Vergleichung zweier Synthesen entstehende Vorstellung der **relativen Grösse** heisst die **Zahl**. Die erste Synthese wird als einfaches Element einer neuen Verknüpfung angesehen. Ein anderer Begriff der Gleichartigkeit tritt auf. Die Bestandtheile der neuen Zusammensetzung sind nicht mehr bloss gleichartig, weil sie alle räumliche Stellen, sondern weil sie alle dieselben Grössen sind. Die neue Synthese bildet ein neues Ganzes aus gleichen Theilen.[89]) Aus der Betrachtung des Elementes, seiner successiven Zusammensetzung und des erzeugten Ganzen fliessen die Begriffe der Einheit, der Vielheit und der Allheit. Es sind das keine Grundbegriffe, denn sie enthalten keine Bedingungen der Erfahrungsmöglichkeit; aber nichts destoweniger sind sie rein von aller empirischen Beimischung, denn sie setzen nichts voraus, ausser der ganz allgemeinen Synthese der extensiven Grösse.[90])

133. Indem die Mathematik für die relative Grösse und die verschiedenen Möglichkeiten der Vergleichung nach allgemeinen Regeln eine feste Bezeichnung einführt, kann sie die Verhältnisse der Zahlen untersuchen, ohne sie im Raume wirklich darzustellen. Zunächst kann sie, anstatt Räumlichkeiten aneinanderzureihen, Punkte hintereinandersetzen; dann mag sie diese Bilder durch die bequemeren Zeichen der Ziffern vertreten lassen, die Verbindungsarten der Ziffern endlich durch Combinationen

2. Folgerungen.

von Buchstaben — immer wird sie die blosse Handlung der Synthese mit gleicher Präcision fixirt und anschaulich gemacht haben. So gelangt die Mathematik zur Wissenschaft der Rechnung, welche nichts Anderes ist als eine symbolische, aber durchgängig gesetzmässige Construction der relativen Grössen.

Ob die Mathematik die Zahl als continuirliches oder als discretes Gebilde aufzufassen habe, ist hier nicht zu erörtern. Es genügt die Bemerkung, dass nach der obigen Ableitung beide Auffassungen einen Sinn haben. In einem Falle bedeutet das Zählen das Aneinanderreihen von räumlichen Grössen in der Weise, dass sie sich an ihren Grenzen berühren; im andern Falle sind die Einheiten durch Räume getrennt zu denken, welche bei der Zählung nicht in Betracht kommen sollen.

Es folgt von selbst, dass auch die Zahlenlehre für ihre objective Gültigkeit sich allein auf das Princip der räumlichen Verknüpfung berufen kann. Dass Gegenstände sich zählen lassen, beruht nur darauf, dass sie extensive Grössen, d. h. Theile Eines Raumes sind.[91]) Weil sie selbst nur als Einschränkungen eines Ganzen erscheinen, kann ich sie als ein Ganzes von Einschränkung betrachten; weil sie nur Beschränkungen einer einheitlichen, homogenen Anschauung sind, ist es möglich sie zu vergleichen. So begründen die Axiome der Anschauung nicht nur die Gültigkeit der Geometrie, sondern auch die der Arithmetik. Die genauere Untersuchung gehört nicht in die reine Erkenntnisstheorie. Zur Illustration der relativen Grösse sei hier noch auf die Axiome hingewiesen, dass das Ganze grösser als sein Theil und gleich der Summe seiner Theile sei; ferner dass zwei Grössen dann gleich seien, wenn sie aufeinandergelegt in ihrer ganzen Ausdehnung zusammenfallen.

Wenn wir der Zahl diese erkenntnisstheoretische Bedeutung zugestehen, so wird für uns die unendliche Zahl oder das unendliche Zählen eine Vorstellung, der wir objective Gültigkeit nicht versagen dürfen. Ein unendlich fortgesetztes Hinzufügen von Einheiten zu einer gegebenen Zahl bedeutet für die Wirklichkeit ein unaufhörliches Aneinanderreihen räumlicher Gebilde. Dass es aber für die Ausdehnung des Raumes eine wissenschaftliche Schranke nicht gibt, hat schon seine anfängliche Analyse gelehrt. Aus demselben Grunde folgt, dass die Vorstellung einer Zahlenreihe, die nach zwei Seiten hin unendlich wird, nichts

IX. Das Princip der räumlichen Verknüpfung.

Widersinniges enthält; wir können jede Raumdimension in zwei Richtungen durchmessen, nach zwei Richtungen Raumelemente aneinanderreihen.

Die frühere Beschränkung ist also selbstverständlich auch für die Zahlenlehre zu wiederholen. Ihre Resultate sind anwendbar auf die Erfahrung, so lange sie auf den erkenntnisstheoretischen Raum reducirt werden können. Schweift aber die symbolische Construction darüber hinaus und wird sie genötigt zur Rechtfertigung ihrer Bedeutung einen andern Raum vorauszusetzen, so enthüllt sie nicht mehr Eigenschaften der Natur, sondern nur noch der gesetzmässigen Combinationsfähigkeit unserer Vorstellungen.

134. Mit der objectiven Gültigkeit der Zahl ist auch die reale Bedeutung der quantitativen Urtheilsform der Logik gewonnen. Da es einen Sinn hat von einer Einheit, Mehrheit und Allheit der Gegenstände zu reden, so ist es auch wertvoll zu untersuchen, was für Urtheile sich mit Rücksicht auf diese Begriffe aus ursprünglichen Verknüpfungen ableiten lassen. Das geschieht in der formalen Logik. Man kann sie daher in dieser Hinsicht Grössenlehre der Begriffe nennen. Aber man darf sich durch diesen Titel nicht verführen lassen die Logik etwa als allgemeine Grössenlehre der Mathematik überzuordnen und letztere nur als eine specielle Anwendung derselben zu betrachten. Beide Wissenschaften sind gründlich verschieden. Die Mathematik hat einen eminent materialen Charakter. Denn einmal prüft sie (mit Ausnahme der metaphysischen Principien) stets die Notwendigkeit der ursprünglichen Urtheile, aus denen sie ihre Resultate entwickelt. Ferner besteht die Ableitung selbst nicht, wie bei der formalen Logik, bloss in der Aufzählung der in der ursprünglichen Synthese mitenthaltenen Handlungen, sondern sie betrachtet die ursprüngliche Synthese mit Rücksicht auf die durch sie erzeugten Data der Anschauung. Die Logik fragt bloss: Was liegt in dem gegebenen Urtheil? die Mathematik: Was schafft es für Bedingungen der Anschauung? Sie zieht die Anschauung als Medium herbei, um das neue Urtheil mit dem ursprünglichen zu verbinden. Sie kann daher aus diesem heraustreten und nicht nur eine deutlichere, sondern auch eine erweiterte Kenntniss gewinnen. Während die Logik die wenigen Formen der Verknüpfung leicht erschöpfen und sich daher rasch

zu einer extensiv vollkommenen Wissenschaft abschliessen kann, bietet der Mathematik die Beobachtung ihrer räumlichen oder symbolischen Constructionen ein unendliches Material für stets neue Entwicklung.

Aus diesem Zusammenhang ergibt sich auch, dass die in der Logik übliche, bald verspottete, bald vertheidigte [92]) Darstellung der Urtheilsverhältnisse durch geometrische Figuren mehr ist als ein Gängelband des abstractionsträgen Verstandes. Sie kann sich erkenntnisstheoretisch rechtfertigen als Erinnerung an die objective Bedeutung der Zahl. Die Sphärenvergleichung greift zurück auf die Entstehung der Zahl aus der extensiven Grösse und erklärt die Quantität als relatives Quantum.

X. Das Princip der zeitlichen Verknüpfung.

Sechster Grundsatz.

135. Da sich alle Wahrnehmungen in der Form der Zeit dem Bewusstsein einverleiben, so ist jede Vorstellungseinheit notwendig eine zeitliche Einheit.

Es fragt sich, ob es nötig ist, diese Einheit in einem eigenen Grundsatze zu fordern, oder ob sie nicht schon in dem Princip der materiellen Verknüpfung, das die Continuität des Bewusstseins aufstellt, enthalten sei. Man könnte glauben, dass, wenn die Empfindungen in der Zeit erscheinen und sich stetig aneinanderreihen, damit auch die einheitliche Verknüpfung der Zeit gegeben sei.[93])

Dem ist nicht so. Die continuirliche Zusammensetzung der Wahrnehmungen ist keineswegs selbst schon die Vorstellung ihrer zeitlichen Einheit; sie ist bloss ihre conditio sine qua non. Jenes Gesetz bewirkt erst, dass überhaupt ein Stoff für die Synthese gegeben werden kann. Dass ich aber successive verschiedene Eindrücke empfange, das ermöglicht mir noch nicht die Behauptung, dass dieselben Bestandtheile einer einzigen Zeitanschauung ausmachen. Das Nacheinander meines Bewusstwerdens ist noch nicht das Bewusstwerden eines Nacheinander. Wenn

wir die empirisch zusammenkommenden Wahrnehmungen einfach
aufnähmen, so würden wir gleichsam nur Buchstaben, nicht Worte
von allgemeiner Bedeutung, Erfahrung, lesen. Eine Zeiteinheit
erkenne ich erst dann, wenn ich das Bewusstsein habe, dass
mehrere Momente meines Vorstellens zeitlich so zusammengehören,
dass ich den einen ohne die entsprechende Zuordnung
des andern überhaupt nicht reproduciren kann. Sobald ich mir
denke, dass die Vorstellung eines Zeitpunktes die eines andern
unausbleiblich nach sich zieht, werden mir beide zu etwas Zusammenhängendem,
zu einem Ganzen, bilden Theile Einer Anschauung,
gehören zu Einer Zeit. Eine solche untrennbare Zusammengehörigkeit
der Wahrnehmungen kann ich aber niemals
aus der Erfahrung ablesen. Da würde sich höchstens zeigen,
dass sie bald in diesem, bald in jenem Verhältnisse, und im
einen häufiger als im andern erscheinen; niemals aber könnte
geschlossen werden, dass eine solche Verbindung überhaupt unauflöslich
sei. Die Vorstellung einer notwendigen Zusammengehörigkeit
von Erscheinungen kann also nur aus dem Bewusstsein
entspringen, dass die Handlung der Synthese nach einer
unumgänglichen Regel geschehe. Die für die Identität des Bewusstseins
erforderliche Zeiteinheit kann somit nur unter Voraussetzung
einer Notwendigkeit der Verknüpfung erzeugt werden.
Wir müssen also den Grundsatz aufstellen:

136. Jede Vorstellungsverknüpfung enthält eine notwendige
Verknüpfung der Wahrnehmungen in der Zeit. Oder: Jeder
Gegenstand der Erfahrung ist seinem Zeitverhältnisse nach gesetzmässig
bestimmt. [91])

137. Damit haben wir ein neues Urtheil von ursprünglicher
Notwendigkeit gewonnen; wir können a priori behaupten, dass
alle empirischen Verhältnisse einer allgemeinen Regelmässigkeit
der Zeitbestimmung entsprechen werden. Nun ist auch die letzte
Quelle objectiven Urtheilens erreicht. Dieses Princip bildet den
Schlussstein in der erkenntnisstheoretischen Construction des
Gegenstandes. Bisher wussten wir von dem Sein, dass es aus
intensiven Qualitäten bestehe und jedenfalls zu extensiven Grössen
zusammengesetzt werden müsse. Aber damit war immer bloss
die Möglichkeit des Objects erklärt. Sein wirkliches Dasein
aber blieb zweifelhaft, so lange nicht bewiesen war, dass der
in der Zeit verlaufende Nexus der Empfindungen nach Regeln

geschehe. Denn auch die räumliche Synthese ist ja nur gleichsam die äussere Ansicht der einen Verknüpfungshandlung, deren wahres Mass die Zeit ist. Wenn also keine Zeiteinheit producirt wird, so kann es auch keine räumliche geben. Der letzte Grundsatz schafft also erst die Bedingung, unter welcher die früher betrachteten Bedingungen in Thätigkeit treten können.[95]

138. Solcher gesetzmässigen Zeitbestimmungen wird es so viele geben, als die Zeit Arten des Verhältnisses umfasst. Nun lehrt uns die Psychologie zwei Modi zeitlicher Beziehung (§ 57): das Nacheinander und das Zugleich. Also werden wir zwei neue Principien der synthetischen Einheit zu formuliren haben.[96] Zunächst aber müssen wir einen Grundsatz voranschicken, ohne welchen uns die Lösung dieser Aufgabe nicht möglich sein würde.[97]

XI. Das Princip der Beharrung

(Substanz).

1. Siebenter Grundsatz.

139. Zeitbestimmung ist, wie schon im Anfange der Untersuchung erörtert wurde, die Abgrenzung einer einheitlichen Anschauung. Wenn wir sagen, dass Erscheinungen einander folgen, so heisst das: sie sind benachbarte Theile der Einen Zeit. Werden andere Erscheinungen als zugleich bezeichnet, so bedeutet das, dass sie sich an derselben Stelle der Zeitreihe befinden. Die Zeit ist die Vorstellung, welche alle andern Vorstellungen bei ihrem Entstehen ins Bewusstsein einordnet; sie ist wie ein Faden, an dem Wahrnehmungen abgewickelt, oder wie ein Stab, an welchem sie aufgereiht werden.

140. Diese Ausdrücke charakterisiren die Zeit nach der Wirkung ihrer Function. Bedeutend schwieriger ist es, für ihr eigenes Wesen als reine Anschauung das treffende Wort zu finden. Es wäre falsch, die Zeit selbst eine Folge zu nennen; denn um sie so zu begreifen, müssten wir wieder eine andere Zeit dazu denken, in welcher dieses Nacheinander möglich wäre. Und so weiter ins Unendliche. Die Succession ist vielmehr ein

Verhältniss des Mannigfaltigen, das in der Zeit empirisch gegeben wird. Noch weniger statthaft ist es, der Zeit selbst das Zugleichsein beizulegen; denn das ist ja gerade der specifische Unterschied der Zeit vom Raume, dass ihre Theile nacheinander sind. Auch die Simultaneität ist erst ein Verhältniss, welches das Mannigfaltige empirischen Inhalts durch die Beziehung auf die Zeit darstellt.

Genau gesprochen, dürfen wir somit die Zeit nur als dasjenige begreifen, in welchem Succession und Coexistenz als Bestimmungen der Objecte vorgestellt werden können; sie ist die Grundanschauung, in welche Alles, was zugleich sein oder aufeinander folgen kann, aufgenommen wird. Daher muss sie als eine Vorstellung aufgefasst werden, welche bei jedem Moment des empirischen Vorstellens als schon gegeben erscheint. Sie lebt in uns als etwas, das in Bezug zu dem unendlichen Wechsel der Wahrnehmungen jederzeit ist. Die Zeit ist ein **Bleibendes**, ein **Beharrliches**. Durch den Begriff der Beharrlichkeit wird erklärt, was das Wesen der reinen Anschauung im Gegensatz zur empirischen Zeitbestimmung ausmacht. Die Zeit ist die beständige Begleitungsvorstellung alles Daseins. Sie ist die Anschauung eines dem empirischen Wechsel gegenübergestellten Nichtwechselnden.

141. Nur diese Auffassung der zeitlichen Function kann uns die Möglichkeit der Zeitbestimmung zureichend erklären. All unser Wahrnehmen ist eine stets wechselnde Folge von Bewusstseinszuständen. Die Succession der Vorstellungen würde aber niemals zu einer Vorstellung der Succession werden, wenn wir nicht das frühere und das spätere Element, jedes auf eine Vorstellung beziehen könnten, die sowohl beim ersten als beim zweiten vorhanden war; denn die Vorstellungen würden anders nicht zu Theilen Einer Anschauung werden. Erst wenn mir die succedirenden Elemente a und b als Bestimmungen eines Bleibenden erscheinen, erst wenn ich das Bewusstsein habe, dass die Zeit, die a war, b ist, erhalten a und b einen einheitlichen Zusammenhang. Ebensowenig würde mich die blosse Wahrnehmung jemals zur Vorstellung der Gleichzeitigkeit von Vorstellungen führen. Denn die Wahrnehmung geschieht durchgängig als Succession. Lege ich dagegen eine bleibende Anschauung zu Grunde und stelle mir vor, dass die Zeit, welche

b ist, auch a ist, lasse ich also mehrere Elemente als einheitliche Bestimmungen meines Beharrlichen erscheinen, so kann ich zur Vorstellung des Simultanen gelangen. Somit müssen wir sagen, dass alles Zeitverhältniss Verhältniss des Wechselnden zu einem Bleibenden ist. Die Beharrlichkeit ist die fundamentale Regel der Zeitordnung, welche sich bei dem Problem, die synthetische Einheit der Zeit zu erzeugen, als Postulat ergibt.

142. Nun wissen wir, dass die Zeit als solche, inhaltleer, nicht wahrgenommen werden kann; sie ist ja bloss die Form der Wahrnehmungen. Das Bleibende, das ihre Grundbedingung ausmacht, darf also nicht etwa als etwas für sich Bestehendes, von der empirischen Mannigfaltigkeit Unabhängiges angesehen werden. Das Beharrliche kann nichts Anderes sein als die Art, wie dieses Mannigfaltige zusammengefasst, verknüpft, geformt wird. Es wiederholt sich also der Vorgang, der jeden Fortschritt unserer Untersuchung begleitet, dass die subjective Bedingung der Erfahrung Eigenschaft der Erscheinungen wird. Die unveränderliche Grundlage alles Wechsels, welche conditio sine qua non der Zeitbestimmung ist, erscheint in die Objecte der Erfahrung hineinprojicirt. Die realen Data der Wahrnehmung müssen so beschaffen sein, dass man sich vorstellen kann, sie enthalten als Grundlage ihres Zusammenhangs ein bleibendes Substrat alles Wechsels in sich. Das Bleibende der Zeit producirt in ihrer empirischen Bestimmung, gleichsam als ein Spiegelbild, das Unwandelbare des Daseins. Der beharrlichen Zeit correspondirt der beharrliche Gegenstand.

Diese Vorstellung eines in die Natur hineinverlegten, bleibenden Subjects nennt man Substanz. —

143. Wir können nun unser Ergebniss in den Grundsatz zusammenfassen:

Jeder Vorstellungsverknüpfung liegt die Vorstellung der beharrlichen Zeitanschauung zu Grunde.

Oder: Jeder Gegenstand der Erfahrung ist die Bestimmung einer Substanz.

144. Der Begriff der Substanz lässt sich unmittelbar durch eine höchst wichtige Bestimmung bereichern. Ich darf nämlich statt Substanz schlechthin bestimmter sagen: Substanz im Raume. Denn ich kann mir nicht vorstellen, dass das Beharrliche Etwas in mir sei. Alle Bestimmungen meiner Existenz, die

in mir angetroffen werden können, sind Vorstellungen und bedürfen, als solche, etwas von ihnen Unterschiedenes, Beharrliches. Mein eigenes Dasein, das aus dem Zeitverlauf sich als Einheit hervorhebende Ich kann ja überhaupt erst an diesem Beharrlichen sich erzeugen, durch dasselbe bestimmt werden. Ich muss also ein Ding ausser mir vorstellen, um die Substanz wahrnehmen zu können. Folglich liegt es schon im Begriffe der Substanz, eine Substanz im Raume zu sein.⁹⁸)

Unser Princip heisst also genauer: Jeder Gegenstand der Erfahrung ist die Bestimmung einer Substanz im Raume.

2. Erläuterungen und Folgerungen.

145. Auf Grund dieses Princips ist es nun möglich, den Objecten der Erfahrung eine zeitliche Grösse beizulegen. In der Succession der Wahrnehmungen selbst liegt nicht die mindeste Grösse; denn jedes durch sie gegebene Dasein entsteht und verschwindet in einem Augenblick. Sobald ich aber meine Wahrnehmungen auf eine Substanz beziehe, kann ich diese durch jene messen. Durch eine endliche Folge von Empfindungen, die ich zusammensetze, wird ein Theil der Beharrlichkeit abgegrenzt; ich kann ihn als relative Grösse bestimmen und in einer Zahl ausdrücken. Die Zeitgrösse des Beharrlichen nennt man Dauer. Im Begriffe der Dauer fassen wir die Zeitmomente zu einem Ganzen zusammen, als ob sie nebeneinander wären, wie die Punkte einer Linie. So bewirkt die Substanz, dass wir auch die Zeitanschauung als extensive Grösse zu denken haben.⁹⁹)

146. Ein wichtiger Ertrag dieses Grundsatzes ist nun, dass aus ihm eine objective Bedeutung für den Begriff der Veränderung entspringt. Bis jetzt konnten wir nur von einer Veränderung des Subjects sprechen; das Ich allein schien ein unwandelbarer Träger für die in den Vorstellungen enthaltenen Bestimmungen zu sein. In den Eindrücken selbst gab es bloss einen Wechsel. (Grunds. IV. § 115.) Durch unsern Grundsatz nun wird die Beharrlichkeit auch in den Gegenstand als Bedingung seiner Möglichkeit gelegt; das Object selbst wird bleibende Grundlage von Veränderungen.

So schliesst sich jetzt erst der mühsam errungene Begriff des Objects befriedigend ab. In unserm Denkprocess spaltet

2. Erläuterungen und Folgerungen.

sich der Gegenstand in zwei Hälften, in den „Gegenstand selbst" und dessen „blosse Bestimmung"; in das Beharrliche, das sich verändert, und in seine Bestimmungen, welche wechseln. Im Begriffe der Substanz und ihrer Accidenzen erreichen wir die letzte Stufe der Objectivation der Natur. Der Gegenstand der Erfahrung ist zum „Ding mit mannigfaltigen Eigenschaften" ausgereift.[100])

147. Damit wird das Princip die Basis aller unserer Urtheile über die empirische Geschichte der Objecte. Da die ursprüngliche Synthese der Vorstellungen etwas Beharrliches verknüpft, so können die einzelnen Realitäten, welche die Zeitmomente erfüllen, nach und nach durch andere ersetzt werden, ohne dass die Synthese selbst aufgehoben wird.

An dieser Stelle erhalten wir einen wichtigen Einblick in den Zusammenhang der empirischen Synthesen mit den ursprünglichen, welche die Möglichkeit unserer Erfahrung begründen. Es bedürfen nämlich auch die sogenannten synthetischen Urtheile a posteriori einer Erklärung ihrer Möglichkeit. Denn wollte man sich einfach bei dem Gedanken beruhigen, dass ja für sie die Erfahrung die Gewähr der Zusammengehörigkeit der in ihnen enthaltenen Vorstellungen liefere, so würde man auf den Standpunkt der gemeinen Weltansicht zurückfallen, welche die Beziehung auf das Object als etwas Selbstverständliches ansieht.[101])

Ein synthetisches Urtheil a posteriori liegt vor, wenn ich mit einem Objecte S eine Vorstellung P verbinde, welche in der ursprünglichen Vorstellungsverknüpfung nicht enthalten war. Seien die dem Gegenstande S seinem Begriffe nach zukommenden Eigenschaften a, b, c, d, so urtheile ich synthetisch, wenn ich von S (a, b, c, d) das durch empirische Beobachtung gefundene Merkmal e prädicire. Ich bilde dabei in meinem Bewusstsein die Einheit S P (e), für deren Geltung ich mich nicht formal logisch auf den Begriff S (a, b, c, d) beziehen kann; denn dieser berechtigt mich bloss, die Urtheile S P (a) bis S P (d) zu entwickeln. Nun kann mir aber der Gegenstand des Begriffs nur dadurch gegeben werden, dass ich seine Merkmale auf eine Substanz beziehe. a, b, c, d erscheinen als Accidenzen eines Beharrlichen. Damit ist aber nicht der Nebengedanke verbunden, dass die Substanz durch diese Kennzeichen erschöpfend bestimmt sei. Es ist kein erkenntnisstheoretischer Grund vorhanden, der die

Aufnahme neuer Elemente in die einmal gebildete Vorstellungseinheit eines Gegenstandes verbieten würde. Auf dieser Unbestimmtheit beruht eben die Möglichkeit der Empirie. Wir dürfen erwarten, dass uns die Erfahrung weitere Eigenschaften vorführen wird, durch die wir unsere Substanz bestimmen können. So beziehen wir die neu angeschaute Qualität unmittelbar auf die durch S (a, b, c, d) bezeichnete Substanz. Man muss daher nicht sagen, dass der Rechtsgrund der Einheit SP(e) die Anschauung sei; denn diese liefert uns gar nichts als die beiden durch die Wahrnehmungen S und e bezeichneten Zeitmomente. Grund der Einheit ist vielmehr die vom Verstande in die Anschauung hineingedachte Substanz, welche durch die neue Eigenschaft nicht verwandelt, sondern nur nach einer unbezeichnet gelassenen Seite bestimmt wird. Die Substanz trägt das neue Merkmal mit und spannt es gleichsam in den durch ihren Begriff gebildeten Rahmen.

148. Aus ihrem Begriffe folgt schon, dass wir uns die Substanz nicht als ein veränderliches Quantum vorstellen dürfen. Da sie nichts ist als ein Abbild der Zeit, theilt sie auch deren Eigenschaften. Sie erscheint nicht als ein Aggregat von Theilen, sondern als ein Ganzes, dessen Theile durch Einschränkung entstehen. Es können die Theile niemals vergehen oder neu geschaffen werden. Als ein Correlat der Zeit muss die Substanz etwas sein, an dem alle Bestimmungen haften, welche in jeder vergangenen oder zukünftigen Zeit gegeben werden können. In einem Objecte darf nur dasjenige Substanz genannt werden, dessen Existenz zu aller Zeit vorausgesetzt wird. Wenn man sich die Erschaffung oder Entstehung neuer Substanz denken wollte, so würde man damit die Einheit der Zeit aufheben. Denn wir müssten uns doch den Uebergang jener Substanz aus dem Nichtsein ins Sein vorstellen; einen Uebergang aus dem einen Zustande in den andern können wir aber nur als Wechsel der Bestimmungen eines Beharrlichen erkennen; denn eine vorhergehende leere Zeit ist nicht wahrnehmbar. Wir müssten also die werdende Substanz mit etwas verbinden, was vorher war und bis zu ihrem Entstehen fortdauert. Also wäre sie gar nicht Substanz, sondern nur Bestimmung eines andern Beharrlichen. Würde man aber diese Bestimmung nachträglich doch als Substanz betrachten, so wäre damit die Identität des Sub-

2. Erläuterungen und Folgerungen.

jects und damit auch die durchgängige Einheit der Zeitbestimmung zerstört; die Erscheinungen würden sich alsdann auf zwei verschiedene Zeiten beziehen und ein doppeltes Dasein würde sich zusammenhanglos abwickeln. Ebenso verhält es sich mit dem Vergehen der Substanz. Um es zu erkennen, müssten wir entweder eine leere Zeit wahrnehmen können, oder die vermeintliche Substanz würde sich in blosse Bestimmung einer andern verwandeln.

Wir können also aus unserm Princip die Folgerung ziehen: In der Natur gibt es weder Entstehen noch Vergehen von Substanz.[102]) Es braucht kaum noch bemerkt zu werden, dass, wo im Folgenden von einer Mehrheit von Substanzen die Rede ist, darunter immer die mannigfach bestimmten Theile der einheitlichen Substanz verstanden werden.

149. Auf Grund dieses Folgesatzes kann nun auch der Begriff der Veränderung noch schärfer bestimmt werden. Man kann niemals von Etwas, das entsteht oder vergeht, sagen, dass es sich verändert; denn eine solche Vorstellung bezieht sich niemals auf eine Substanz, kann also auch nicht Träger der Veränderung sein. Veränderung ist die Existenzform eines Gegenstandes, welche auf eine andere Existenzform desselben Gegenstandes folgt. Was entsteht und vergeht, das sind diese verschiedenen Existenzformen des Objects, das, was sich verändert, ist das Bleibende. Wer den Begriff der Veränderung verstanden hat, wird die Behauptung nicht paradox finden, dass das Wandelbare keine Veränderung und das Veränderliche keinen Wechsel erleidet.

150. Hier lässt sich nun auch die objective Bedeutung der Negation auf einen andern Ausdruck bringen (vgl. § 119). Negationen sind Bestimmungen, welche aussagen, dass gewisse Accidenzen anderer Substanzen einer gegebenen Substanz nicht anhaften.

151. Das Princip der Beharrlichkeit ist von besonderer Wichtigkeit für die Begründung der formalen Logik. Es bietet den Schlüssel zum Verständniss der Urtheilsform überhaupt.

Das Urtheil ist der Ausdruck der bewussten Einheit verschiedener Vorstellungen. Das Urtheil enthält also mindestens zwei Bestandtheile, welche zu einer Einheit verknüpft erscheinen. Nun lehrt uns die Logik, dass jeder dieser Bestandtheile einen eigentümlichen Charakter habe, und unterscheidet beide durch

XI. Das Princip der Beharrung (Substanz).

die Namen Subject und Prädicat. Der erste, das Subject, ist derjenige Bestandtheil, welcher dem Bewusstsein als gegeben erscheint; er ist das Datum der Aufgabe, auszusagen, was für andere Vorstellungen mit einer bestimmten verbunden seien. Die gefundene Vorstellung sodann, welche mit der gegebenen in Beziehung gesetzt wird, heisst eben Prädicat. Wenn ich urtheile Die Rose duftet, so betrachte ich die Rose als schon vorhandene, gegebene Vorstellung und verbinde mit ihr die gefundene des Duftens. Eine andere Erklärung des Subjects und Prädicats darf ich von der formalen Logik nicht fordern.

Nun fragt es sich aber, ob die Gegenüberstellung dieser Bestandtheile, auf welchen die ganze Logik beruht, eine reale Bedeutung habe. Hat die Rose in der Natur ein von der Eigenschaft des Duftens gesondertes Dasein, oder kommt dem Duften eine von der Rose unabhängige Existenz zu? In der Wirklichkeit ist die Rose etwas Duftendes, Blühendes, Rotes u. s. w., sie ist die Zusammenfassung aller dieser Eigenschaften. Aber wo lässt sich ein Prädicat selbstständig suchen oder wo ist ein Subject neben seinem Prädicate gegeben?

Auf diese Fragen kann nur die Erkenntnisstheorie mit Hülfe ihres Grundsatzes antworten.[103] In der That liegt die Spaltung, welche die formale Logik fordert, in der Sache selbst; denn die Sache kann uns nur gegeben werden, wenn sie sich spaltet. Die formale Bewegung des Denkens ist Erkenntniss der Materie, weil sie dieselbe Bewegung ist, durch welche unser Bewusstsein die Materie allein erzeugen kann. Die Rose ist gesondert von ihrem Zustande; denn wir erkennen die Rose nur dadurch, dass wir diese Zustände als Zustände von Etwas, als haftend an einem Beharrlichen, als Bestimmungen der Substanz verknüpfen.

Damit ist für Subject und Prädicat die objective Gültigkeit gesichert und wir können sie auch erkenntnisstheoretisch definiren. In einem Urtheil heisst derjenige Bestandtheil, der eine Substanz bezeichnet, Subject, und der, welcher ihre Bestimmung ausdrückt, Prädicat.

Es geht also aus dem Princip der Beharrlichkeit hervor, dass die Urtheilsform als eine Verbindung von Subject und Prädicat auf den Erfahrungsinhalt anwendbar ist. Es findet sich für beide Functionen der passende Stoff, und wir haben ein

2. Erläuterungen und Folgerungen.

sicheres Kriterium für die Subsumtion der Vorstellungen unter den einen oder den andern Begriff.

152. Ein Einwurf scheint diese Bemerkungen leicht umstossen zu können. Im logischen Processe vertauschen doch die Begriffe ihre Stellen ganz willkürlich! Wir machen dieselbe Vorstellung bald zum Subject und bald zum Prädicat. Wir sagen: jeder Mensch ist sterblich, aber wir urtheilen auch: Jeder Neger ist ein Mensch. Ebenso können wir die blosse Eigenschaft der Rose zum Subject machen: Der Duft der Rose ist angenehm. Ja nach der Logik können wir aus dem obigen Urtheile richtig folgern: Einiges Sterbliche ist Mensch, wo also beide Bestandtheile ihre Stellung gewechselt haben. In der ersten Schlussfigur wird der Begriff, der im Major Subject ist, im Minor Prädicat. Wo bleibt da die gerühmte Arbeitstheilung der Vorstellungen?

Darauf ist zu entgegnen, dass das Princip weder behauptet, dass dies nicht geschieht, noch dass es nicht geschehen soll, sondern nur, dass es keine unmittelbare objective Gültigkeit habe. Urtheile, die eine dem Grundsatz widersprechende Disposition ihrer Bestandtheile enthalten, sind nicht Erkenntnisse realer Verhältnisse und bedürfen, um einen Sinn zu bekommen, einer eigentümlichen Interpretation. Das formale Denken adoptirt für seine Entwicklungen eine Ausdrucksweise, welche man symbolische Synthese nennen kann. Es substantivirt ein beliebiges Eigenschaftswort und begreift darunter die Existenz des den verschiedensten Gegenständen anhaftenden Zustandes als ein selbstständiges Dasein und setzt dasselbe als Subject. Für diese in der Abstraction erzeugte Sonderexistenz der Eigenschaften lässt sich keine erkenntnisstheoretische Gültigkeit nachweisen; man kann Eigenschaften wohl zum Subject, niemals aber zur Substanz machen. Doch lassen diese Abstracta eine symbolische Beziehung auf reale Verhältnisse zu. Indem ich ein Accidens zum Subject mache, muss ich darunter, falls das einen objectiven Sinn haben soll, die Gesammtheit derjenigen Substanzen verstehen, welche an jener Eigenschaft Antheil haben. Was ich von der Röte aussage, prädicire ich von Allem, was rot ist. Umgekehrt kann ich nach den Regeln der Logik ein Substantivum mit der Copula verbinden und zum Prädicat machen. Auch diese Form bildet mir kein objectives Verhältniss nach; eine

Substanz kann niemals Bestimmung einer andern Substanz werden. Allein auch hier ist eine fruchtbare symbolische Definition möglich. Wenn ich eine Substanz als Prädicat verwende, so denke ich mir dieselbe als Repräsentant aller Eigenschaften, durch welche sie selbst bestimmt ist. Wenn ich von einem Ding aussage, dass es Mensch sei, so soll das nur heissen, dass es alle Eigenschaften besitzt, durch welche die Substanz Mensch bestimmt wird. Es ist klar, dass diese symbolische Erweiterung der gültigen Vorstellungsverknüpfung dem Denken eine weit grössere Eleganz und Uebersichtlichkeit ermöglicht.

153. Endlich muss noch bemerkt werden, dass durch das Princip der Beharrlichkeit auch jener Grundsatz der Identität (§ 29), welcher das Fundament der ganzen Logik bildet, eine reale Bedeutung erlangt. Da die Natur von der Constanz unserer Begriffe abhängig geworden ist, so erscheint es nicht mehr als ein Postulat, dem die empirische Erfüllung versagt bleibt. Wenn die Logik die Unwandelbarkeit ihrer Begriffe fordern musste, so hat die Erkenntnisstheorie in den Objecten ein beharrliches Substrat entdeckt. Die beiden unabhängig gewonnenen Resultate begegnen sich. Daraus folgt auch die reale Bedeutung analytischer Urtheile und die Berechtigung des Grundsatzes der Identität als ihres Princips. Die Identität eines Prädicats mit einem im Subject enthaltenen Begriffe stellt die Zugehörigkeit eines Accidens zu einer Substanz dar. Analytisches Urtheilen bedeutet fürs Erkennen das Innewerden einer Seite des Resultats, welches durch die Einigung des Mannigfaltigen in dem Begriff einer Substanz bei der Erzeugung des Objectes erhalten wurde. Analysis, als objectives Urtheilen, ist nicht das Gegentheil der Synthese, sondern vielmehr eine particlle Wiederholung derselben unter Voraussetzung ihres Gesammtergebnisses. Das letztere wird durch den Inhalt des Subjectsbegriffs repräsentirt; die Identität des Prädicats entsteht, indem es, als in jener ersten Synthesis enthaltenes Accidens, auf dieselbe Substanz bezogen wird.

In gleicher Weise ergibt sich auch für die beiden andern Voraussetzungen der formalen Logik, die einer Deduction bedürfen, dass ihre realen Wurzeln im Princip der Beharrlichkeit enthalten sind. So können wir jetzt den Satz, welchen wir erweitertes dictum de omni et nullo genannt haben (§ 18), material erklären. Es findet die reale Beziehung statt, dass, was mit

2. Erläuterungen und Folgerungen.

einer Mehrheit von Substanzen verbunden wird, auch mit der einzelnen verbunden wird; denn eine Mehrheit von Substanzen ist ja nur eine Summe von Theilen der einheitlichen Substanz. Das für die formale Function geltende Gesetz findet eine Verwirklichung in der Natur, weil wir die Substanzen in gleicher Weise zusammensetzen und als Theile eines Ganzen betrachten können, wie unsere Vorstellungen. — Ebenso erkennen wir nun das objective Verhältniss, das der Satz des Widerspruchs darstellt (§ 31). Zwei contradictorisch entgegengesetzte Urtheile würden bedeuten, dass ein Accidens der betreffenden Substanz nicht angehört. Ich würde in ihnen eine Einheit aussprechen und die Bedingung der Möglichkeit dieser Einheit aufheben.

154. Der allgemeinen Naturwissenschaft liefert das Princip der Beharrlichkeit eine ihrer wichtigsten Grundeinsichten. Das Bedürfniss der empirischen Forschung nach einem solchen Satze machte sich lange geltend, bevor man ihn beweisen konnte. Vor Kant legte man ihn als unwidersprechlich zu Grunde, ohne ihn zu deduciren, ja ohne einen Beweis auch nur zu versuchen. Die alten Glaubensformeln gigni de nihilo nihil, in nihilum nil posse reverti, legen Zeugniss ab von seiner Wirksamkeit.

Nun aber erkenntnisstheoretisch bewiesen ist, dass Substanzen weder entstehen noch vergehen können, so handelt es sich bloss darum, den Punkt aufzuzeigen, wo dieses Ergebniss mit dem der Naturforschung in wissenschaftlichen Zusammenhang tritt. Es muss gezeigt werden, was Substanz in der Naturwissenschaft bedeute.

Die Mechanik sieht sich in ihren allgemeinen Betrachtungen über die Materie veranlasst, in jeder Materie das Bewegliche im Raume als letztes Subject aller ihr anhaftenden Bestimmungen anzunehmen. Nun gibt es in der Natur nichts, was unter den Begriff eines letzten Subjects subsumirt werden könnte, als die Substanz. In der Naturwissenschaft ist also Substanz das Bewegliche im Raume. Die Grösse dieses Beweglichen kann nun bloss eine extensive, die Menge ausserhalb einander befindlicher gleichartiger Theile sein; denn der Begriff des letzten Subjects im Raume lässt keine andere Bestimmung zu ausser dem blossen Dasein im Raume. Also ist die Grösse der Materie, ihrem letzten Subjecte nach, nichts Anderes als die Menge substantieller Theile, aus welchen sie besteht. Die Grösse der Materie könnte also nur dadurch vermehrt oder vermindert werden, dass neue Substanz entsteht oder vergeht. Nun kann nach der reinen Erkenntnisstheorie bei allem Wechsel der Bestimmungen die Substanz weder entstehen noch vergehen. Also kann auch die Quantität der Materie als Ganzes nicht vermehrt oder vermindert werden, wenn auch eine bestimmte, abgegrenzte Materie durch Hinzufügung oder Abtrennung von Theilen sich quantitativ verändern kann. Materie als Ganzes muss als ewig gedacht werden. [104])

So wird ein Satz, den die Mechanik sonst als Axiom aufnehmen müsste, durch die Beziehung auf das allgemeine Princip der Beharrlichkeit zum scharf deducirten Lehrsatz.

155. Eine nicht zu unterschätzende Leistung unseres Princips ist ferner, dass es als sichere Waffe selbst gegen die gefährlichsten skeptischen Angriffe dient. Der verhältnissmässig bedeutsamste Einwurf, den der kritische Idealismus immer noch zu ertragen hat, ist der, dass er schliesslich doch nicht ausmachen könne, ob dem Ich etwas Aeusseres correspondire oder nicht. Was ich unmittelbar ins Bewusstsein aufnehme, seien immer nur meine Vorstellungen äusserer Dinge; auf ein wirkliches Aeussere werde nur geschlossen; immer bleibe es also unerweislich, folglich zum mindesten zweifelhaft, ob dasselbe mehr als blosse Einbildung sei. Nun ergibt sich aber aus dem Princip der Beharrlichkeit, dass, wenn ich mir meines Daseins in der Zeit bewusst werde, ich mir damit auch des Daseins der Dinge ausser mir notwendig bewusst werde. Denn das Bewusstsein meiner zeitlichen Existenz ist doch mit dem Bewusstsein der Möglichkeit, dieselbe wahrzunehmen, notwendig verbunden. Diese Möglichkeit beruht aber auf der Substanz und die Substanz auf einem Dasein im Raume; also ist mit dem Bewusstsein meiner selbst das Bewusstsein von Gegenständen ausser mir notwendig verbunden. Wenn es also Einbildung ist, dass äussere Dinge existiren, dann ist es auch Einbildung, dass ich selbst in der Zeit vorhanden bin; denn ohne Substanz kann ich wohl einzelne Vorstellungen, niemals aber eine in der Zeit zusammenhängende Bestimmung meines Ich, d. h. Erfahrung, gewinnen. Die Realität des räumlichen Daseins beruht also auf der Realität der Erfahrung selbst. Das ist aber der stärkste Fels, auf den

2. Erläuterungen und Folgerungen.

wir sie erbauen können; diese Realität wird dadurch geradezu unerschütterlich.

Da es also in der Entwicklung des Bewusstseins keine Stufe gibt, auf welcher wir uns von der Vorstellung des Aussen emancipiren und sie als blossen in uns lebenden Schein erkennen können, so dürfen wir uns beim kritischen Idealismus vollständig beruhigen. Ob es vielleicht irgendwo höhere Intelligenzen gebe mit der Einsicht, dass die menschliche Wahrnehmung im Raume Illusion sei, ist eine mystische Speculation ohne philosophischen Wert. Der Wunsch nach einer solchen Einsicht kommt dem kindischen Verlangen gleich, etwas Anderes als Mensch zu sein. Für uns, die wir es bleiben wollen, genügt das Bewusstsein, dass wir die räumliche Wirklichkeit niemals verlieren werden. Was uns in keiner Erfahrung gegeben werden kann, ist für uns nichts. [105]) Durch diesen Gedanken wird der kritische Idealismus für die Skepsis unangreifbar. [106]) Etwas ganz Verschiedenes und Berechtigtes ist natürlich die Aufgabe, die Wahn- und Traumvorstellungen von den Vorstellungen der realen Räumlichkeit zu unterscheiden. Das hat aber mit dem Grundsatze des Idealismus nichts zu schaffen; denn da wird die Wirklichkeit der äussern Erfahrung immer schon vorausgesetzt. Die bloss subjectiven Wahrnehmungen sind Reproductionen ehemaliger äusserer Wahrnehmungen und diese beruhen dann aber auf der Wirklichkeit äusserer Gegenstände. Das Kriterium, nach welchem entschieden wird, ob diese oder jene bestimmte Wahrnehmung wirklich Erfahrung, oder blosse Einbildung sei, kann nur aus dem empirischen Zusammenhange der Vorstellungen gewonnen werden.

156. Es ist das Schicksal der kritischen Erkenntnisstheorie, dass sie die Fata Morgana des Dings an sich auf jeder Stufe ihres Fortschrittes von Neuem erblickt. Allein es wird ihr auch fortwährend leichter den Schein zu zerstören. So lange wir uns vor Augen halten, dass die Substanz nur eine Bedingung der zeitlichen Wahrnehmung ist, können wir allerdings kaum vergessen, dass sie mitten in der sinnlichen Anschauung liegt. Aber in dem fertigen Begriff, der ein selbstständiger Besitz unseres Bewusstseins geworden ist, liegt keine Erinnerung an diesen Ursprung. Es scheint uns vielmehr, dass wir gerade hier jenen Rückstand des Objects, der uns entschwand (vgl. § 64—66, § 81—83), wiedergefunden haben. Deckt sich die Substanz nicht genau

mit dem Etwas, von dem wir die verschiedenen Eigenschaften des Dings ablösten? Und ist sie nicht, da sie selbst keine sinnliche Bestimmung ist, von unserm Erkennen gänzlich unabhängig? Diese Meinung wird noch verstärkt durch den Sprachgebrauch, welcher die Bestimmungen der Substanz gesondert betrachtet und ihr Dasein, als ob es selbstständig wäre, Inhärenz nennt; dem setzt er dann ein anscheinend unabhängiges Dasein der Substanz in dem Namen Subsistenz entgegen.[107]) Wir wollen nun zugeben, die Subsistenz könne mit dem Ding an sich zusammenfallen (was wegen der disparaten Natur beider Begriffe unsinnig ist), und einfach fragen: Was wäre denn damit für eine Erkenntniss gewonnen? Die Substanz ist nichts als eine Art, die empirischen Data im Bewusstsein zu ordnen; was wir von der Substanz Positives wissen, heisst Accidens. Accidenzen aber werden uns allein durch die Empfindung gegeben. Somit kann von einem Erkennen der Substanz unabhängig von der Anschauungsweise des Subjects nicht die Rede sein. Isolirt gedacht, ist die Substanz kein Gegenstand der Erfahrung, sondern ein gänzlich leerer Begriff von einem Gegenstande überhaupt, gleich unbestimmt und unbestimmbar, wie er uns früher begegnet ist.[108])

XII. Das Princip der Succession
(Causalität).

1. Achter Grundsatz.

157. Nachdem die allgemeine Bedingung gefunden ist, unter der die Zeit als Einheit erkennbar wird, können wir nun die Regeln aufsuchen, welche die Erkenntniss der beiden Zeitverhältnisse ermöglichen.

Der erste Modus der Zeit ist die Folge. Zunächst sind wir nun durch das vorige Princip in den Stand gesetzt, den Begriff der Succession genauer zu bestimmen. So viel wissen wir sicher, dass wenn wir hoffen wollen, eine in der Erfahrung gegebene Folge zu beurtheilen, dies niemals eine Succession von Substanzen sein kann. Aller Wechsel ist nur Veränderung, das lehrt der Grundsatz der Beharrlichkeit. Der Gegenstand selbst geht in dem Flusse der Wahrnehmungen nicht unter; nur seine Eigenschaften fangen an und hören auf. Was sich folgen kann, ist blosse Bestimmung.

Unter Succession verstehen wir also das zusammenhängende Sein und Nichtsein der Bestimmungen einer Substanz.

Somit nehme ich eine Folge wahr, indem ich zuerst einen Zustand a wahrnehme und hierauf einen Zustand b, und beide auf dieselbe Substanz beziehe. Diese Verknüpfung in dem Begriffe der Substanz geschieht psychologisch durch denjenigen Process, den wir mit dem Namen Einbildungskraft bezeichnen. Durch die Einbildungskraft werden Vorstellungen, auch nachdem das sie erzeugende äussere Datum verschwunden ist, im Bewusstsein festgehalten und mit unmittelbaren oder anderen reproducirten verbunden. Eine solche Verbindung kann nur unter Erzeugung der Zeitvorstellung in unser Bewusstsein eintreten; sie erfüllt einen Theil, repräsentirt eine besondere Einschränkung der Einheits-Anschauung der Zeit. Jedes solche Product der Einbildungskraft stellt also eine Bestimmung unseres Bewusstseins hinsichtlich des Zeitverhältnisses dar.

158. Nun sind in jedem einzelnen Falle zwei Arten der Verbindung möglich. Von zwei Zuständen kann entweder der eine oder der andere in der Zeit vorausgehen; es kann die Zeitfolge a b oder die Zeitfolge b a erzeugt werden. Nun findet die für die Zeiteinheit unerlässliche Beziehung auf die Substanz nur statt, wenn ich sagen kann, entweder: die Substanz, die a war, ist b, oder: die Substanz, die b war, ist a. Und zwar so, dass ich nicht im Zweifel bin, welches der beiden Urtheile im gegebenen Falle für die Substanz gilt. Mein Urtheil muss notwendig sein; denn eine Zeitfolge kann mir unmöglich als Bestimmung eines Beharrlichen im Raum erscheinen, wenn es in meinem Belieben steht, sie in der einen oder in der entgegengesetzten Richtung zu verknüpfen. Allein wo soll ich eine solche Notwendigkeit für mein Urtheil hernehmen? Ich kann ja die Succession nicht von meinem beharrlichen Object gleichsam ablesen; denn die Zeit ist ja nur die Form, nach welcher die Empfindungen in meinem Innern geordnet werden. In einer Succession werde ich mir unmittelbar bloss einer zeitlich bestimmten

Function meiner Einbildungskraft bewusst. Die Zeitfolgen a b und b a sind für mich nichts weiter als Andeutungen zweier verschiedener psychischer Vorgänge, und es fliesst daraus kein Recht, die eine oder die andere als Bestimmung meines substantiellen Objects zu betrachten. Wenn mir die Vorderseite und dann die Rückseite eines Hauses erscheint, oder wenn ich den Blitz sehe und hierauf den Donner höre, so kann ich zunächst nur sagen, dass diese meine Wahrnehmungen, nicht aber, dass die Theile des Hauses oder dass Blitz und Donner aufeinanderfolgen. Ich erkenne Modificationen meines Innern, nicht Veränderungen der Natur, und der Anspruch, dass mein Urtheil auch einem andern Bewusstsein als notwendig erscheine, ist unbegründet. Ohne eine weitere Bedingung wäre ich in Bezug auf das Erkennen des Zeitverhältnisses dem Spiele meiner Vorstellungen preisgegeben. Da die Folge ja allen meinen Wahrnehmungen gemein und allerwärts dieselbe ist, so könnte ich nicht einmal bestimmen, dass diese Substanz sich von jener durch die Aufeinanderfolge ihrer Accidenzen unterscheidet.

159. Wenn also die Notwendigkeit nicht unmittelbar in den Bestimmungen der Substanz gegeben wird, so kann sie nur in unserem Bewusstsein erzeugt werden. Wie auf der früheren, so wird Erfahrung auch auf dieser Stufe nur dadurch möglich sein, dass sich die Willkür der Synthese durch ein Gesetz beschränkt. Wir stehen wieder vor dem alten Schauspiel, das sich immer darbietet[109]), wo aus der wechselnden Reihe unserer Vorstellungen etwas Objectives herausgehoben werden soll. Wir müssen eine Regel als Bedingung der Einheitsfunction entdecken. Sobald irgend eine Verknüpfungsweise des mannigfaltigen Inhalts für notwendig erklärt wird, **tritt das Ding als unterschiedenes Object in ein „Gegenverhältniss"**[110]) **zu den subjectiven Bewusstseinszuständen, obwohl es nichts weiter als ihr Inbegriff ist.** (§ 73.)

160. Doch haben wir hier einen günstigern Fall als je zuvor. Das räumliche Object unserer Erkenntniss ist bereits producirt, wir brauchen es bloss zu bestimmen. Der Begriff der Substanz würde uns allerdings völlig wertlos sein, wenn wir keine objectiven Eigenschaften an ihr erkennen könnten. Das gewonnene Object wird erst dann eine reale Bedeutung für uns haben, wenn wir ihm auch die Succession seiner Qualitäten anheften können.

1. Achter Grundsatz.

Daraus ergibt sich nun der Inhalt für einen neuen Grundsatz. Die Einheitsfunction, durch welche der Gegenstand erzeugt wird, muss sich mit dem Bewusstsein verbinden, dass die Zeitfolge der Verknüpfung so und nicht anders habe stattfinden können. Das Verhältniss zweier Wahrnehmungseindrücke zu einer Substanz muss so gedacht werden, „dass dadurch als notwendig bestimmt wird, welcher derselben vorher, welcher nachher, und nicht umgekehrt müsse gesetzt werden." [110]) Sobald ich mir bei einer Succession a b bewusst werde, dass b nach einer Regel auf a folgt, und a erscheint als Accidens meiner Substanz, so ist auch die Folge a b als Bestimmung an die Substanz gebunden. Diese Verknüpfung wird dadurch aus der Reihe meiner subjectiven Successionen herausgehoben und die Einbildungskraft stellt sich als durch den Zusammenhang der Zustände bestimmt dar. Diese Regel der Zusammengehörigkeit liefert uns die objective Folge an der Substanz, von welcher wir die subjective Folge der Erscheinungen ableiten können.

161. Wir müssen also den Satz aufstellen: Falls a b die Veränderung einer Substanz sein soll (und das muss alle objective Succession jedenfalls sein), so muss b nach einem Gesetze auf a folgen. Das heisst: Es muss sich in jedem a eine Bedingung aufzeigen lassen, unter welcher b sich jederzeit mit ihm verbindet.

Veränderung oder objective Succession nennt man Ereigniss, Begebenheit, Geschehen. Wir können also sagen: Alle Veränderung geschieht auf Grund einer Bedingung der Zusammengehörigkeit der aufeinanderfolgenden Zustände.

162. Auch dieser Grundsatz enthält nur eine Analogie mit den Verhältnissen der reinen Anschauung. Die Zeitordnung ist die Reihe. In der unendlichen Zeitreihe ist jeder Punkt gesetzmässig mit einem andern verbunden. Jeder Punkt enthält als Theil des Ganzen die Bedingung, unter welcher der Nachbarpunkt allein erzeugt werden kann. Die Existenz einer bestimmten Stelle ist nur möglich, wenn die bestimmte andere da war, und führt selbst unausbleiblich zum Dasein der dritten. Ein ähnliches Verhältniss fordert der neue Grundsatz vom Dasein der Accidenzen. Es soll „eine Reihe der Erscheinungen" entstehen, deren einzelne Stellen sich gegenseitig in analoger Weise bestimmen wie ein Punkt der Zeitreihe den andern. Die reale

Erfüllung eines Zeitmomentes erhält eine „Beziehung" auf die Erfüllung des vorhergehenden; wie jeder Moment auf seinen Nachbarn, so weist sein Inhalt auf den Inhalt des letzteren als sein „Correlatum". So wird es möglich, dass Naturbegebenheiten und subjective Zeit in ihrer Ordnung gleichwertig sind, mit einander „übereinkommen". So werden Form und Inhalt durch ein neues Band geeinigt. Wie früher die Beharrlichkeit erscheint jetzt die Zeitordnung auf die Gegenstände und deren Dasein „übertragen". [112]

163. Den Begriff einer realen Bedingung, auf deren Eintreten jederzeit etwas Anderes folgt, nennt der Sprachgebrauch Ursache, das Erfolgende selbst Wirkung. Mit Benutzung dieser Termini können wir unseren Grundsatz formuliren:

Alle Veränderungen geschehen nach dem Gesetze der Einheit von Ursache und Wirkung.

Nach dieser Fassung heisst dieses Princip gewöhnlich Causalitätsgesetz. Dabei muss man sich allerdings entschliessen, den letzten Rest von anthropomorphen Vorstellungen wegzuwerfen, der mit diesem Worte verbunden zu werden pflegt. Bei Kant bedeutet Causalität nichts als der reale Nexus, der eine Erscheinung an eine andere heftet. Jede andere Veranschaulichung dieses Zusammenhangs, in welcher gewöhnlich die Analogie mit dem menschlichen Handeln zu finden ist, muss als mystischer Zusatz von der Wissenschaft verworfen werden. [113]

164. Damit ist ein neues Urtheil von allgemeiner Geltung und ursprünglicher Notwendigkeit gewonnen. Es bedarf weder einer Bestätigung durch Erfahrung, noch kann es empirisch widerlegt werden; denn überall, wo eine Erfahrung gegeben ist, da wissen wir auch, dass das Causalgesetz wirksam war. Da die Gegenstände, ohne sich ihm zu fügen, gar nicht erscheinen können, so ist jedes Object durch sein blosses Vorhandensein schon ein Beweis seiner Wirkung. Wo immer wir erfahren, dass etwas geschieht, da nehmen wir stets an, dass etwas vorausgieng, worauf es folgen musste; jede Begebenheit beziehen wir von vorneherein auf eine Bedingung, durch welche sie bestimmt wurde.

2. Folgerungen und Erläuterungen.

165. Es ist unmittelbar ein gefährliches Missverständniss des Causalgesetzes abzuwehren. Man wirft ein, es gebe eine Reihe von Successionen, an deren objectiver Geltung nicht der leiseste Zweifel herrsche und die wir doch weit entfernt seien, nach dem Princip von Ursache und Wirkung aufzufassen. Man weist auf die Folge von Tag und Nacht, auf die Reihe der musikalischen Töne und Aehnliches hin. Ob die Nacht die Wirkung des Tages, der Ton c die Ursache des Tones d sei? Der Einwand beruht auf der allerdings erschreckend oberflächlichen Ansicht, dass man nur zwei in das Causalgesetz eingehende Glieder zu unterscheiden habe. Diese Auffassung liefert für das Causalgesetz die schöne Interpretation, dass die Veränderung einer Substanz von dem Zustande A in den Zustand B nur geschehen könne, insofern A die Ursache von B sei!

Nach der obigen Deduction können wir die Zurechtweisung kurz fassen. In der Causalität sind drei Glieder zu unterscheiden: 1) der Zustand A der Substanz, 2) der auf ihn folgende Zustand B derselben, 3) die Ursache U, welche die Bedingung darstellt, dass B notwendig auf A folgt. Somit heisst das vollständig explicirte Causalgesetz: Jede Veränderung AB geschieht auf Grund einer Ursache U, welche sie notwendig macht. Die Folge AB erscheint meinem Bewusstsein dadurch als objectiv, dass sie der Gleichung genügt:

$$(AB) = \text{Wirkung von U.}$$

Nicht der Zustand B, sondern der Uebergang (AB) ist das causal bedingte Ereigniss. Jedesmal wenn A unter der Bedingung U steht, folgt B auf A.

Diese Erörterung des Begriffs der Begebenheit geht in keinem Punkte über Kant's eigene Darstellung hinaus. Uebrigens verdient die Sache auf das Genaueste belegt zu werden. Man achte zunächst auf die Formel der ersten Ausgabe: „Alles, was geschieht (anhebt zu sein), setzt etwas voraus, worauf es nach einer Regel folgt." [114] Hier sind A, B und die Regel, deren Bedingung U ist, nacheinander aufgezählt. Kant sagt nämlich ausdrücklich: es „muss in dem, was überhaupt vor einer Begebenheit vorhergeht, die Bedingung zu einer Regel liegen." [115] Diese Bedingung zu einer Regel ist der exacte Begriff der Ursache U. Ferner: Es geschieht „immer in Rücksicht auf eine Regel" (also auch auf ihre Bedingung U), „nach welcher die Erscheinungen" (A und B) „in ihrer Folge" (AB) „durch den vorigen Zustand" (A) „bestimmt sind u. s. w."[116]) Nicht minder instructiv ist die Stelle: „Wenn ich also wahrnehme, dass etwas geschieht" (der Uebergang in B), „so ist in dieser Vorstellung erstlich enthalten, dass etwas vorhergehe" (A) .... „Aber ihre bestimmte Zeitstelle in diesem Verhältnisse kann sie nur dadurch bekommen, dass im vorhergehenden Zustande etwas vorausgesetzt wird" (U).[117]) Ausserdem füge ich hinzu, dass weiterhin „die Succession der Zustände" ausdrücklich als „das Geschehene" bezeichnet wird.[118]) Schliesslich wolle man bemerken, dass Kant auch in allen Beispielen, die er gibt, das Vorhandensein der drei Glieder deutlich macht. „Ich sehe z. B. ein Schiff den Strom hinabtreiben (U). Meine Wahrnehmung seiner Stelle unterhalb (B) folgt auf die Wahrnehmung der Stelle desselben oberhalb (A)."[119]) „Wenn ich die Kugel auf das Kissen lege (U), so folgt auf die vorige glatte Gestalt desselben (A) das Grübchen (B)." „Das Glas ist die Ursache von dem Steigen des Wassers (AB) über seine Horizontalfläche."[120])

Es steht also jedenfalls fest, dass bei der Causalität drei verschiedene Glieder in Betracht zu ziehen sind.[121]) Nun bleibt aber die Frage übrig, was denn eigentlich das U für eine Stellung in der Wirklichkeit einnehme. A und B sind die Zustände der Substanz. Was bedeutet die Ursache? Wo haben wir U zu suchen?

166. Ueber die Beschaffenheit des U können wir eine einzige unmittelbare Aussage machen. Wir können die Zeitstelle von U bestimmen. Wir wissen sicher, dass U in dem Zeitmoment, welcher dem Anfangspunkte der Veränderung vorhergeht, vorhanden sein muss. Nachher kann es nicht erst anlangen, denn die Veränderung kann ja erst zu Stande kommen, wenn es da ist; vorher aber kann es nicht gegeben sein, denn sonst hätte auch die Veränderung schon früher begonnen. U liegt also in dem Zeitpunkte, wo A aufhört und B anfängt.

Dieser Zeitmoment ist erfüllt von der ganzen Breite des räumlichen Geschehens; von Allem, was sich im Raume verändert, bezeichnet er einen Durchgangspunkt. Durch die Fixirung ihrer Zeitstelle ist also nichts über das räumliche Verhältniss

2. Folgerungen und Erläuterungen.

der Ursache mitbestimmt. Nun fragt es sich, ob wir nicht auch darüber Etwas ausmachen können, ohne die Erfahrung zu befragen. Vielleicht gestattet uns der Begriff der Ursache einen sicheren Schluss auf diese Art ihrer Existenz. Da wir alles objective Dasein nur als Bestimmung eines Beharrlichen wahrnehmen können, so folgt, dass unsere Ursache jedenfalls an einer Substanz gesucht werden muss. Wir dürfen somit das U genauer charakterisiren als die im Zeitpunkte des Uebergangs A B vorhandene Bestimmung irgend einer Substanz. Nun ist a priori überhaupt nur noch Eine weitere Frage zu stellen, nämlich die, ob ein erkenntnisstheoretischer Grund vorhanden sei, dass U der Substanz S, welche sich verändert, selbst, oder aber einer von ihr verschiedenen Substanz S' zukommen müsse. Im ersten Falle wäre die Ursache eine innere, im letzten eine äussere zu nennen.

Die Frage ist in der reinen Erkenntnisstheorie nicht zu entscheiden.[122] Für die Möglichkeit der Zeitbestimmung reicht es hin, überhaupt eine Ursache anzunehmen; sie ist denkbar, wenn die Ursache im Object selbst und wenn sie ausserhalb desselben liegt. Unsere Reflexion kann hier nur durch empirische Rücksichten bestimmt werden. Ueberhaupt können wir uns ja im blossen Denken von der Möglichkeit der Veränderung nicht die mindeste Vorstellung machen; wir vermögen wohl ihre conditio sine qua non zu entdecken, aber sie selbst wird uns nur begreiflich, wenn wir uns an ein Beispiel, an die Anschauung wenden.[123]

167. Wenn wir die Substanz empirisch bestimmen, so erhalten wir den Begriff der Materie, der bereits eine Erfahrung, wenn auch die allgemeinste von allen möglichen, darstellt. Materie ist die Substanz, sofern ich sie sehe, fühle, höre, die Substanz, wie sie mir sinnlich erscheint. Die fundamentale Bestimmung der Materie, auf welche wir alle anderen Bestimmungen zurückführen, ist ihr Verhältniss im Raume. Alle Veränderung der Materie ist also Veränderung ihres Raumverhältnisses. Nun nennt man aber die räumliche Veränderung Bewegung.[124] Das allgemeine Problem, das U zu finden, specialisirt sich also hier zu der Aufgabe, die Bewegungsursache zu entdecken. Vielleicht können wir jetzt die Frage beantworten, ob die Bewegungsursache eine äussere oder eine innere sei. Wenn die materielle

Substanz M sich bewegt, so fragt es sich, ob wir eine ihrer Accidenzen als Bedingung ansehen können, welche die Succession ihrer Lagen im Raume notwendig macht. Die Frage muss verneint werden. Die Eigenschaften, welche einen brauchbaren Begriff der Materie constituiren, eignen sich nicht zu dieser Function. Wir wissen, dass die Materie extensive Grösse hat; wir wissen ferner, dass sie etwas Bewegliches sein muss; wir müssen ihr die Fähigkeit zuschreiben, andere Materie vom Eindringen in ihren Raum abzuhalten; endlich sagen wir auch, dass sie im Stande sei, dem Wegnehmen anderer Materie aus ihrer Umgebung zu widerstehen. Nun enthalten alle diese Bestimmungen nicht ein Verhältniss der Materie zu ihren eigenen Accidenzen, sondern zu denen von Materie ausser ihr. Die Substanz im Raume ist nichts als ein „Inbegriff von lauter Relationen". [125] Somit sind wir genötigt, die Bewegungsursache einer Materie in eine von ihr verschiedene Substanz zu verlegen, und wir haben also den Satz:

Alle Bewegung der Materie hat eine äussere Ursache.

In diesem Grundsatze liegt also, dass jeder Wechsel von Ruhe mit Bewegung oder umgekehrt und von einem Bewegungszustande mit einem andern auf eine äussere Ursache bezogen werden müsse. Andererseits können wir annehmen, dass, wo wir eine solche äussere Ursache nicht zu finden vermögen, die Materie ihren betreffenden Zustand nicht verändere. [126]

Das ist der logische Gehalt des Princips, das unter dem Namen des Trägheitsgesetzes (lex inertiae) der Mechanik zu Grunde gelegt wird. [127]

168. Ein methodisch richtiger Einwand gegen die Notwendigkeit des Princips der Trägheit findet sich bei der dualistischen Naturphilosophie. Allerdings, sagt sie, kennen wir eine schlechthin innere Eigenschaft, welche die Substanz befähigt, selbst Bedingung ihrer Veränderung zu sein. Es sei nämlich die Fähigkeit des Begehrens eine Bestimmung der organisirten Materie, und in den sogenannten Handlungen stelle sich eine materielle Veränderung dar, die aus einer inneren Ursache geschehe. Entweder müsse man also eine belebte und eine unbelebte Materie unterscheiden und die Inertie nur für die letztere aufstellen. Oder aber man habe die Notwendigkeit des Trägheitsgesetzes überhaupt zu verwerfen und es nur als stark bewährte inductive

2. Folgerungen und Erläuterungen. 105

Wahrheit anzunehmen. Die inneren Qualitäten seien aller Materie überhaupt zuzugestehen und die lex inertiae erscheine nur als Generalisation aus den Fällen, in welchen sich dieselben unserer Wahrnehmung entziehen oder wenigstens bisher entzogen hätten. Durch die letztere Wendung rettet diese Ansicht trotz der Zweiheit ihrer Principien wenigstens die Einheit der Natur.

Die kritische Philosophie stellt dieser Ausführung einfach die Frage entgegen, an welcher Materie denn eigentlich diese innere Qualität entdeckt worden sei. Etwa an einer besonderen Materie? Bestehen die begehrenden Wesen aus anderen materiellen Substanzen als die unorganische Welt? — Nein. — Also gibt uns die Erfahrung jedenfalls kein Recht, zwei Arten von Materie anzunehmen. Ist ferner Empfindung und Begehren vielleicht an den chemischen Elementen wahrgenommen worden, welche den lebenden Körper zusammensetzen? — Auch das nicht. — Dann ist aber auch der andere Weg, diese Eigenschaften zu allgemeinen Bestimmungen der Materie zu machen, unerlaubt. Denn es handelt sich hier leider nicht um Erfahrungsmöglichkeit, d. h. um apriorisches Urtheilen (Erfahrung überhaupt ist bei all diesen Hypothesen möglich), sondern wir bedürfen einen empirisch brauchbaren Begriff der Materie. Nun sagt uns aber die Erfahrung nichts mehr, als dass überall, wo gewisse Compositionen und complicirte Relationen der allgemeinen, Einen Materie stattfinden, wir gleichzeitig auch „innere" Qualitäten beobachten. Nun sind wir allerdings unendlich weit entfernt, diesen Zusammenhang wirklich zu erkennen. Aus der Kette des Geschehens, als deren letzte Glieder uns die den ersten äusserst unähnlichen psychischen Bewegungen erscheinen, ist uns die grösste Zahl der Zwischenglieder unbekannt. Aber es ist durchaus unwissenschaftlich, aus unserer gegenwärtigen Ignoranz und der ungemein hohen Unwahrscheinlichkeit künftigen Wissens auf die Unmöglichkeit dieser Erkenntniss zu schliessen.[128]) Da das Princip der Trägheit aus den allgemeinen Eigenschaften der Materie abgeleitet wurde, so muss Jeder, der sich in seiner Ueberzeugung nur erkenntnisstheoretisch bestimmen lässt, an seine unbeschränkte Notwendigkeit glauben, sobald er weiss, dass die materiellen Bedingungen in der Natur überall die gleichen sind.[129])

Wo die Naturphilosophie zwar zugibt, dass der Materie

keine inneren Qualitäten angeheftet werden dürfen, zu der eben
begründeten Ueberzeugung aber nicht durchdringt, wird sie sagen,
dass sie Empfindung und Willen als Bestimmung eines ganz heterogenen Princips, als die innere Seite des äusseren Geschehens, mit
einem Wort, als Accidenzen des Bewusstseins ansehe. Das Bewusstsein, das sich nun einmal nicht wegmikroskopiren und ver-
dampfen lässt, ist dann die Maske für die proscribirte Seele.
Kant hat uns glücklicherweise in den Stand gesetzt, diese Auffassung durch ein blosses Citat zu stürzen. [130])

Wir weisen sie an die „Paralogismen der reinen Vernunft",
wo sie eine mit endgültiger Gründlichkeit verarbeitete Seelen-
substanz findet.

Für unseren Zweck genügen folgende Bemerkungen: Wir
wissen, dass nicht nur Begehren und Empfinden, sondern überhaupt alle Qualitäten, die wir kennen, „innere" Wahrnehmung,
Vorstellung, sind. Wir wissen aber auch, dass keine innere
Wahrnehmung als solche Erfahrung, d. h. Erkenntniss eines
Gegenstandes ist. Erfahrung gibt es erst, wenn wir aus unserem
Innern heraus eine äussere Anschauung producirt haben. Denn
die für alle Erkenntniss notwendige Substanz können wir nicht
in unser Bewusstsein setzen. Sobald wir uns einmal diese Bedingung der Erfahrung klar gemacht haben, kann auch das sogenannte Bewusstsein oder Ich kein Gegenstand der Erkenntniss
mehr für uns sein, insofern wir es durch innere Wahrnehmung
erkennen wollen; denn da würde nicht weniger als die Haupt-
sache zu einem Objecte fehlen, nämlich die Substanz. Die Urthatsache, welche den Inhalt unseres zweiten Grundsatzes bildet,
dass alle Vorstellungen als solche wirklich seien, ist das Einzige,
was wir als Erkenntniss der innern Wahrnehmung gelten lassen.
Alles Weitere erfordert äussere Anschauung. Wenn es uns also
im Laufe der Erfahrung nicht mehr genügt, von dem blossen
Factum des Bewusstseins überzeugt zu sein, und wir es als Object erkennen, d. h. als Accidens einer Substanz darstellen wollen,
so müssen wir nach den allgemeinen Bedingungen des Erkennens verfahren, wir müssen die dem Bewusstsein entsprechende
Materie zu erforschen suchen.

So entwickelt sich innerhalb des erkenntnisstheoretischen
Idealismus ein kritischer Materialismus der Naturerklärung. Die
beiden Naturansichten sind kein Widerspruch, sondern eine Er-

gänzung. Wir sind uns bewusst, dass auch die Materie, wie alles Andere, blosse Vorstellung ist; aber wir sind uns auch bewusst, dass wir auf die Materie alle anderen Vorstellungen beziehen müssen, insofern aus ihnen Eine Erfahrung werden soll.

169. Kant hat bemerkt, dass das Causalgesetz direct auf den Begriff der Substanz führen würde, auch wenn wir ihn nicht schon vorher aus der Forderung eines Beharrlichen gewonnen hätten. Denn die Causalität sei immer der erste Grund von allem Wechsel der Erscheinungen und könne also nicht in einem Subject liegen, das selbst wechsle, weil sonst wieder andere Handlungen und ein anderes Subject, welches diesen Wechsel bestimme, erforderlich wären. Demnach sei die Causalität ein hinreichendes empirisches Kriterium der Substantialität.[131] Ich kann dieser Ansicht nicht beitreten. Wenn das Subject, durch welches wir eine Succession bestimmt sehen, selbst wechselt, so folgt daraus nur, dass wir auch für diesen Wechsel eine Ursache aufsuchen und nachher auch deren Zeitfolge bestimmen müssen u. s. w. Wir gelangen also auf diese Weise bloss zu einer unendlichen Kette von Ursachen, nicht aber zu einer beharrlichen Bedingung derselben. Aber auch wenn man, wie wir es gethan haben, die Substanz bereits voraussetzt, so entgeht man dadurch keineswegs dem unendlichen Regressus auf frühere Ursachen. Denn wenn ich auch in der Substanz ein beharrliches Subject meiner Causalität besitze, so muss doch das Eintreten seines Accidens, in welchem ich die Ursache erkenne, durch eine andere Substanz bedingt sein, und bei dieser findet das Nämliche statt, und so müssen wir immer wieder auf eine andere Bedingung zurückgreifen. Kant hat den Verlauf dieses Processes in der dritten Antinomie ausführlich dargestellt.

Somit ergibt sich aus dem Causalgesetz, dass wir einen Anfang der Veränderung nicht zu erkennen vermögen. Veränderung hat in der Natur nicht begonnen; sie war immer da. Die Bewegung ist ewig.[132] Selbstverständlich gilt das nur von der Veränderung überhaupt. Sobald man den empirischen Begriff eines bestimmten Wechsels betrachtet, hat man auch für dessen Causalreihe ein erstes Glied zu suchen. Das allgemeine Gesetz sagt bloss, dass, wenn ein solcher Anfang gefunden wird, dieser wiederum als letztes Glied einer andern Reihe angesehen werden müsse u. s. f. ins Unendliche.

Aus dieser Betrachtung folgt unmittelbar das wichtige Resultat, dass es in der Natur keine Freiheit gibt. Freiheit bedeutet die Möglichkeit, dass eine Substanz Ursache einer Veränderung werde, ohne selbst in ihrer Function zeitlich bestimmt zu sein. Die kritische Deduction des Causalgesetzes schliesst eine solche Möglichkeit aus. Wie auch die Ethik den zur Idee erhobenen Freiheitsbegriff verwerten möge, in der theoretischen Philosophie ist er schlechthin bedeutungslos. [133])

170. Die allgemeine empirische Bestimmung des Causalgesetzes gestattet uns die exacte Definition des Begriffs der Kraft, der in der Naturforschung eine so grosse Rolle spielt. Kraft ist die Vorstellung der Möglichkeit der Function, durch welche die eine Substanz die Veränderung der andern bedingt. Es ist ungenau, die Materie selbst, und ebenso ungenau, ihr Accidens Kraft zu nennen; denn die Möglichkeit liegt in keinem dieser Stücke allein, da ja die Substanz nur durch ihre Eigenschaft und diese nur an der Substanz erkennbar wird. Kraft ist vielmehr das Verhältniss einer Substanz zu ihrer Eigenschaft, insofern diese als Ursache erscheint; Kraft bezeichnet die Inhärenz der Ursache. [134]) So bedeutet bewegende Kraft nur das Vorhandensein einer Eigenschaft an der Substanz, durch welche sie die Ortsveränderung einer andern Substanz bestimmt.

Aus dieser Definition fliesst eine disciplinarische Vorschrift, welche die mystische Hypostasirung der Kräfte unmöglich macht. Kraft gibt es nur da, wo Substanz und Veränderung ist. Wir können eine Kraft nicht anders erkennen, begreifen und benennen, als nach den Wirkungen von Ursachen. Wo wir diese nicht sehen und doch an das Vorhandensein einer Kraft glauben, da träumen oder dichten wir.

Bewegende Kräfte haben wir nur da, wo „gewisse successive Erscheinungen" sie anzeigen; sie sind nichts als die „Gesetze, nach denen diese Veränderung bestimmt wird." [135])

Die Frage nach der Anzahl der Grundkräfte in der Natur und ihrem Verhältniss zu den abgeleiteten Kräften gehört in die angewandte Erkenntnisstheorie. — Die Frage nach der Möglichkeit der Kraft überhaupt ist eine Frage nach der Möglichkeit der psychischen Organisation, welche uns zur Erkenntniss befähigt; die Erkenntnisstheorie hat sie abzuweisen und der Psychologie zu überliefern.

2. Folgerungen und Erläuterungen.

171. Da die Zeitreihe eine stetige Grösse ist (vgl. § 61), so muss auch ihre Bestimmung continuirlich sein. Wenn eine Substanz aus dem Zustande A in den Zustand B übergeht, so nimmt diese Veränderung eine Zeitstrecke ein, welche, so klein sie auch sein mag, eine Grösse hat. Denken wir uns nun die Dauer (vgl. oben § 145) der Veränderung in beliebig viele Theile getheilt, so muss nach dem vierten Grundsatze (vgl. § 115) jeder dieser Zeittheile real erfüllt sein. Der Uebergang von einem dieser Theile zum andern stellt also eine partielle Veränderung der Substanz dar. Da das Causalgesetz für alle Veränderungen gilt, so gilt es auch für diese partiellen, und es muss auch für sie gelten, wenn wir die Anzahl der Theile unendlich gross annehmen. Somit können wir die Continuität aller Veränderungen behaupten.

Allein man darf dieses Gesetz nicht dahin missverstehen, dass man glaubt, es stelle den stetigen Uebergang des Zustandes A in den Zustand B durch alle zwischen O und B liegenden Grade der Realität auf (vgl. oben § 121). Die Gültigkeit dieser Continuität lässt sich nur empirisch mit comparativer Allgemeinheit darthun. Die Stetigkeit wird hier nur insofern behauptet, als für jeden Durchgangspunkt der Veränderung, einen wie kleinen Zeitraum er auch abgrenzen mag, eine wirkende Ursache gedacht werden muss. [136])

Durch die Einsicht, dass die Veränderung nur nach einer continuirlichen Verknüpfung von Ursache und Wirkung geschehen könne, hebt sich ein Bedenken gegen die Ableitung des Causalgesetzes. Man könnte glauben, die Succession sei schon deshalb nicht sein eigentliches Kriterium, weil in der Natur Wirkung und Ursache häufig zugleich seien. Diese scheinbare Coexistenz beruht darauf, dass die Wirkung schon nach einer verschwindend kleinen Zeit, die dann vernachlässigt und gleich Null betrachtet wird, auf die Ursache folgt. Allein das Zeitverhältniss beider bleibt nichtsdestoweniger bestimmbar; es lässt sich in jedem Falle feststellen, welcher der Zustände nur vorangehen und welcher nur folgen könne. Und nur darum handelt es sich bei dem Causalgesetz. Wo ein solches Gesetz nicht erkannt werden kann, da ist dann nicht das Causalprincip, sondern die objective Gültigkeit der Succession anzuzweifeln; es ist dann einfach die Anwendung des Causalgesetzes und folglich die Erkenntniss einer Veränderung unmöglich. [135])

Die in einer unendlich kleinen Zeit wirkende Ursache einer particllen Veränderung heisst ein Moment. An den Momenten, als deren Wirkung die Veränderung erzeugt wird, können wir nichts wahrnehmen, als ihre intensive Grösse [138]) und ihre Verschiedenheit.

172. Der Einheitsbegriff von Ursache und Wirkung ist dieselbe Function des Bewusstseins, welche die Logik in der hypothetischen Urtheilsform beschreibt; denn auch durch das hypothetische Urtheil wird eine solche Verknüpfung zweier Glieder gedacht, dass, wenn das eine, der Grund, gesetzt wird, das andere, die Folge, notwendig gesetzt werden muss, und zwar so, dass die beiden Glieder nicht verwechselt werden können. Da nun also nach dem Causalgesetz auch in der Natur „eine Regel des Verhältnisses angetroffen wird, die da sagt: dass auf eine gewisse Erscheinung eine andere (obgleich nicht umgekehrt) beständig folgt" [139]), so weiss ich, dass mir die Wahrnehmung für diese Verknüpfungsform einen adäquaten Inhalt liefern wird, und ihre objective Gültigkeit ist gesichert. Das hypothetische Urtheil ist nicht mehr eine blosse Combination von Gedanken, sondern das Bild eines realen Verhältnisses, die „Form" einer Erkenntniss.

Aus der Betrachtung der Causalität geht unmittelbar hervor, dass, wenn das hypothetische Urtheil mit diesem Inhalt vollständig congruiren soll, stets zwei Urtheile in ihm enthalten sein müssen. In der Causalität erscheint eine Relation zweier Substanzen; ihr Ausdruck erfordert also die Formen zweier Inhärenzverhältnisse, d. h. zwei Urtheile, zwei Sätze. Wenn die Sonne scheint, wird der Stein warm. Der Vordersatz beschreibt die Function der bedingenden, der Nachsatz die Veränderung der bedingten Substanz. Allein wir können dieselbe Beziehung auch auf einen kürzeren Ausdruck bringen, indem wir schlechtweg die beiden Substanzen setzen und die Art ihrer Verknüpfung durch ein „transitives" Verbum symbolisiren. Dadurch erhalten wir das Urtheil: Die Sonne erwärmt den Stein. In dieser Fassung tritt die Entstehung der Consequenz aus der Succession zurück, die reale Function dagegen, der Einfluss der ersten Substanz auf die zweite, in den Vordergrund. Dieser Satz, den die Gram-

2. Folgerungen und Erläuterungen. 111

matik als einfach bezeichnet, ist also logisch zusammengesetzt, indem er den objectiven Zusammenhang zweier Substanzen darstellt. Es ist bedauerlich, dass die Logik diese Beziehungen, über welche allerdings erst die erkenntnisstheoretische Begründung volles Licht verbreiten kann, zu ignoriren pflegt.

173. Dass das dogmatische Denken auch den Begriff der Ursache zu Gunsten des Dings an sich missbrauchen kann, ist selbstverständlich. Man vergisst, dass die Causalität nur zur Zeitbestimmung dient, dass die Ursache allein im vorhergehenden Zeitmoment gesucht und dieser nur durch seine intensive Erfüllung wahrgenommen werden kann. Man ist davon überzeugt, dass unsere Vorstellungen doch eine Ursache haben müssen und lässt sich die Freude an dieser Einsicht nicht durch die nüchterne Reflexion stören, dass diese Ursache wieder nur unsere Vorstellung, ausserdem aber ein für uns bedeutungsloses Unding ist.

Wer die Ableitung des Causalgesetzes begriffen hat, für den werden nicht nur diese Offenbarungen des common sense höchst unschädlich sein, sondern er wird auch die ungeheuerliche Zumutung würdigen, Kant habe das Ding an sich als Ursache erschlossen.[140]) In Hinsicht auf diese stets fortlebende Interpretation habe ich im Verlaufe der Abhandlung betont, dass das Ding an sich (natürlich als Begriff und nicht als „Gegenstand", der überhaupt nirgends vorhanden ist) vor aller Deduction des Causalgesetzes in einem unabhängigen Gedankengange erzeugt wird. (§ 64—66.)

174. Unter dem Namen des Satzes vom Grunde cursiren im philosophischen Sprachgebrauch eine Reihe von Principien, ohne deren strenge Sonderung eine wissenschaftliche Erkenntnisstheorie unmöglich ist. Ihre systematische Unterscheidung hat Schopenhauer in seiner Abhandlung „Ueber die einfache Wurzel des Satzes vom zureichenden Grunde" durchzuführen gesucht.[141]) Er will zeigen, dass dieser Grundsatz aus vier verschiedenen Grunderkenntnissen unseres Geistes fliesse und nur der gemeinschaftliche Ausdruck für den Grund des Geschehens, des Erkennens, des Seins und des Handelns sei. Es ist nützlich anzumerken, wie sich unser Princip zu diesen vier Grundsätzen verhalte.

Den Inhalt des Kantischen Causalgesetzes lässt Schopenhauer durch die erste Aeusserungsform seines allgemeinen Grund-

satzes vertreten, welche er das principium rationis sufficientis
fiendi nennt. — Daran reiht er zunächst das principium rationis
sufficientis cognoscendi. Dass diese Gestalt von der ersten sehr
verschieden sei, ist auf Kantischem Standpunkte ohne Weiteres
zuzugeben; nur muss man hinzufügen, die Verschiedenheit sei
so gross, dass man beide Arten überhaupt nicht mehr als Functionen des gleichen allgemeinen Grundsatzes betrachten darf.
Der Satz vom Erkenntnissgrunde ist für uns nichts weiter als
das oben (§ 33) angeführte, aus der Definition der Logik sich
ergebende formale Princip. Es sagt einfach: Erinnere dich, dass
die logische Wahrheit bloss hypothetisch ist; jedes formale Urtheil ist bloss ein Nachsatz, zu dem ein Vordersatz gegeben
sein muss. Dieser Grundsatz ist also dem vorigen durchaus
nicht coordinirt, sondern bloss insofern von ihm abhängig, als
die hypothetische Urtheilsform ohne das Causalgesetz überhaupt
keine objective Geltung haben würde. (§ 172.) Kant hat auch
das „logische (formale) Princip der Erkenntniss": Ein jeder Satz
muss seinen Grund haben, aufs schärfste geschieden von dem
„transscendentalen (materiellen)": Ein jedes Ding muss seinen
Grund haben. In dieser Hinsicht vertheidigt er Leibnitz gegen
das Gespött missverstehender Gegner; wenn Leibnitz dem Satze
des zureichenden Grundes eine gewisse Wichtigkeit beigelegt
habe, so habe er jedenfalls nicht dieses formale Princip als
Naturgesetz verstanden wissen wollen; denn es sei ja so allgemein bekannt gewesen, dass damit auch der schlechteste Kopf
nicht eine neue Entdeckung gemacht zu haben glauben konnte.
Er habe vielmehr gefordert, dass, wenn Urtheile über das Object
etwas aussagen wollen, was nicht schon in seinem Begriffe liegt,
„sie ihren besondern Grund haben" müssen. [142])

Unter der dritten Gestalt, dem principium rationis sufficientis essendi, versteht Schopenhauer das Gesetz, nach welchem
die Theile der Einheitsanschauungen einander ihre Verhältnisse
bestimmen. Dieser Satz bezieht sich auf Lage und Folge und
enthält die Eigenschaften, welche Kant in der transscendentalen
Aesthetik an Raum und Zeit entdeckt hat. An und für sich
lässt sich nichts dagegen sagen, wenn man jedes dieser Resultate
in einem Satze formulirt. Allein es ist einmal unrichtig, dieses
Princip Grund des Seins zu nennen; denn die reinen Anschauungen
stellen selbst kein Sein dar, sondern sind blosse Formen alles

2. Folgerungen und Erläuterungen.

Realen. Sobald es sich um ein wirkliches Dasein handelt, hat dieser Satz keine Bedeutung mehr und es tritt unser fünfter (§ 126) und sechster (§ 136) Grundsatz in Function. Dann verstösst es nutzloser Weise gegen den Sprachgebrauch, diese erkenntnisstheoretische Thatsache überhaupt Satz vom Grunde zu nennen. Es widerstrebt uns, die vierte Stunde Folge der dritten, den Norden Grund des Südens zu nennen. Der Begriff der Ursache tritt erst ein, wo es sich um die reale Bestimmung einer Veränderung handelt.

Man kann die Frage nach dem Seinsgrund in einem andern Sinne stellen und sagen, Kant habe wohl für die Veränderung, nicht aber für das, was sich verändert, die Ursache angegeben. Durch die blosse Annahme, das Reale sei gegeben, werde unser Erkennen nicht befriedigt, wir müssen auch wissen, wann, warum es gegeben worden. Die Antwort lautet, dass die Frage an Kant überhaupt nicht gerichtet werden darf. Das kritische Denken fordert die Ewigkeit der Substanz; es betrachtet nur das bewegliche Sein und kennt kein substantielles Nichtsein, kein Werden von Materie (§ 148). Somit kann es den Seinsgrund entbehren. Wenn der Dogmatiker den Samen die Ursache des Baumes nennt, so wird sich der kritische Idealist vor diesem Gedanken hüten. Ihm ist der Samen die Substanz, die sich verändert und im allmäligen Keimen und Wachsen zum Baume wird. Ursache dieser Veränderung nennt er die Gesammtheit der äusseren Lebensbedingungen, deren Fehlen das Wachstum unmöglich macht. Wird er aber nach der Ursache des Samens gefragt, so forscht er nach den physikalischen Bedingungen der Veränderungen, welche die allgemeine Materie zu dem machen, was wir Samen nennen. Von der Materie selbst aber sagt er, dass sie zu aller Zeit in gleichem Quantum dagewesen sei.

Die letzte von Schopenhauer aufgezählte Gestalt des Satzes vom Grunde, das principium rationis sufficientis agendi, bedeutet die Motivation oder die „Causalität, von innen gesehen". Ein solches Princip kennt die kritische Erkenntnisstheorie nicht. Da sie leider die Substanz nicht im Innern anzuschauen vermag, gebricht es ihr auch an der Innenansicht der Causalität. Sie stellt unsere Handlungen als Momente des allgemeinen Geschehens unter das gewöhnliche, die ganze Natur umfassende Causalgesetz.

Ob und wie dagegen die praktische Philosophie ein Princip der Motivation zu verwerten habe, ist hier nicht zu besprechen.

175. Wir sind noch genötigt, unsern Grundsatz gegen einen Irrtum zu schützen, der durch Schopenhauer veranlasst und in neuerer Zeit durch das Missverständniss einer naturwissenschaftlichen Theorie gefördert worden ist.

Schopenhauer wirft Kant vor, dass er „die Vermittlung der empirischen Anschauung durch das uns vor aller Erfahrung bewusste (sic) Causalitätsgesetz entweder nicht eingesehen, oder, weil es zu seinen Absichten nicht passte, geflissentlich umgangen hat". [113]) Ob er sie eingesehen hat, weiss ich nicht; davon aber bin ich überzeugt, dass, wenn er sie einsah, er unzweifelhaft die Ausführung im Sinne Schopenhauers „geflissentlich" umgieng. Es war allerdings eine wesentliche Eigenschaft Kant's, dass er Alles, was „zu seinen Absichten nicht passte", zu seinen Absichten nämlich, eine Aufgabe reinlich und gewissenhaft zu lösen, von seiner Betrachtung ausschloss. Es muss ein für allemal erklärt werden, dass das Kantische Causalgesetz und seine Deduction mit dem in der Sinneswahrnehmung mitwirkenden psychischen Vorgange nichts zu schaffen hat.

Die wichtige Beobachtung, dass die sinnliche Vorstellung Eigenschaften zeigt, welche sich aus den Factoren des „physischen" Processes nicht erklären lassen und zur Annahme einer „psychischen" Einwirkung nötigen, wurde zuerst von Schopenhauer ausgeführt [144]) und dann von der Sinnesphysiologie unter Ignorirung des Vorgängers aufgenommen oder neu gemacht. Die psychische Function wurde bald als intellectuelle Anschauung, bald als unbewusstes Schliessen oder unbewusste Association bezeichnet, welche Namen alle gleich unglücklich sind. Hier handelt es sich bloss darum, dass gewisse Resultate der Sinneswahrnehmung uns zur Annahme von Operationen zwingen, welche wir uns nur nach Analogie unserer logischen Functionen vorstellen können. [145]) So nimmt eine physiologische Theorie zur Erklärung der Gesichtsvorstellungen an, dass die Empfindungen durch einen mechanischen Vorgang in analoger Weise verbunden werden, wie sie im bewussten Denken nach dem Causalgesetz verknüpft erscheinen. Sie stellt also mit vollem Recht den Satz auf, dass der Sinnesvorstellung ein mechanisches Gesetz zu Grunde liege, das dem von Ursache und Wirkung entspreche. Geht man aber so weit,

2. Folgerungen und Erläuterungen.

zu sagen: „Demgemäss müssen wir das Gesetz der Causalität, vermöge dessen wir von der Wirkung auf die Ursache schliessen, auch als ein aller Erfahrung vorausgehendes Gesetz unseres Denkens anerkennen", so müssen wir allerdings um einige Aufklärung ersuchen. Wie so folgt aus dem Umstande, dass es in der Natur unserer physischen Organisation liegt, die Empfindungen mechanisch in einen Causalzusammenhang zu setzen, die Notwendigkeit, dass es auch die Natur des bewussten Erkenntnissprocesses fordere, diese Synthese vorzunehmen? Warum muss ich, nachdem ein in mir wirkendes mechanisches Gesetz mir zum Besitz der Raumvorstellung verholfen hat, nachher fortfahren, mich bei der bewussten Synthese an dieses Gesetz zu halten? Ist die Vorstellung der Aussenwelt einmal gebildet, was brauche ich dann noch weiter auf äussere Objecte zu schliessen? Oder wenn jeder Wechsel meiner Empfindungen den Schluss auf ein äusseres Object erfordert, wie komme ich darum dazu, den Wechsel der Zustände an einem äussern Object auf eine Ursache zu beziehen? Wenn ich auch einsehe, dass in dem Vorstellen des Kindes, welches nach dem Monde greift, und des Hühnchens, das nach den Körnern pickt, eine Function des psychischen Causalmechanismus sich äussert, so bin ich darum nicht im mindesten überzeugt, dass der vermittelst dieser Causalfunction zur höchsten Reife des Bewusstseins entwickelte Physiker beim experimentellen Studium der Natur an den notwendigen Causalzusammenhang aller Erscheinungen glauben muss. Dies mag uns die Psychologie zunächst deutlich machen, bis zur vollendeten Arbeit aber ihre Schlüsse auf das „exacte" Mass reduciren. Man kann vorläufig der logisch-genetischen Theorie der Physiologen beitreten, und dabei Anhänger Hume's oder Kantianer sein.

Wenn sich daher Physiker für diese Theorie anstatt auf Schopenhauer auf Kant berufen, so ist das ein systematischer Irrtum.[146]) Man sagt: Kant hat „die Apriorität des Causalgesetzes verfochten. Merkwürdigerweise ist ihm das einfachste und schlagendste Argument entgangen, das in der soeben angedeuteten Ueberlegung (über das unreflectirte Schliessen) besteht".[147]) Dass dies in der That höchst merkwürdig ist, unterschreibe ich, sobald mir gezeigt wird, dass dieses einfache und schlagende Argument für den erkenntnisstheoretischen Grundsatz überhaupt anwendbar ist.

XIII. Das Princip der Coexistenz
(Wechselwirkung).

1. Neunter Grundsatz.

176. Indem wir nun dazu übergehen, für die zweite Art der zeitlichen Synthese die Regel aufzustellen, müssen wir vor Allem die Frage aufwerfen, ob der Modus des Zugleichseins, den wir zunächst problematisch als Thatsache angenommen haben (§ 57, § 138), auch wirklich existire, oder ob er sich vielleicht vor der genaueren Untersuchung als blosser Schein herausstelle. Soviel ist nach dem allgemeinen Grundsatz (§ 136) sicher, dass wenn in der Zeit eine Simultaneität enthalten ist, die objective Gültigkeit dieses Verhältnisses ihr besonderes Princip der realen Verknüpfung erfordert.

Die Bejahung der Frage ist durchaus nicht selbstverständlich.[118]) Da uns die erkenntnisstheoretische Analyse das Wesen der Zeit dahin beschreibt, dass alle ihre Theile oder Einschränkungen nacheinander vorgestellt werden, so liegt das skeptische Bedenken nahe, dass die Vorstellung einer Coexistenz etwas Unmögliches sei.

177. Wir besitzen die Mittel, diesen Zweifel zu heben. Erfahrungsobjecte können uns, wie wir wissen, nur dadurch gegeben werden, dass sie unter der einheitlichen Anschauung des Raumes erscheinen. Nun liegt aber die Grundeigenschaft dieser Anschauung in der Simultaneität all ihrer Theile. Falls Erfahrung zu Stande kommen soll, muss es also jedenfalls möglich sein, das Zugleichsein von Räumen vorzustellen. Nun wissen wir aber ferner, dass alle Vorstellungen empirische Modificationen unseres Bewusstseins sind, die uns nur in der Form der Zeit gegeben werden können; somit müssen auch die räumlichen Anschauungen bei ihrem Eintritt ins Bewusstsein in die Zeitvorstellung aufgenommen werden. Folglich muss es möglich sein, in der Zeit eine Coexistenz vorzustellen. So wird die Möglichkeit des Zugleichseins schon durch die Möglichkeit des Beisammenseins erfordert; die Simultaneität wird durch den Begriff der Erfahrung selbst für notwendig erklärt.

178. Diese Ueberlegung ist der Schlüssel zum Verständniss

des verkannten Princips der Wechselwirkung. Das ist der eigentliche Sinn und die erkenntnisstheoretische Function des neuen Grundsatzes, dass er, indem er das Verhältniss der Gleichzeitigkeit objectivirt, die Raumanschauung ermöglicht. Ein paradoxes Ergebniss! Nachdem uns die ursprüngliche Analyse den Raum als Bedingung der Erfahrung enthüllt, nachdem der fünfte Grundsatz seine objective Geltung begründet hat, gelangen wir jetzt, nahe dem Schlusse der erkenntnisstheoretischen Untersuchung, zu einem Gesetze, das uns überhaupt erst zur räumlichen Vorstellung befähigt! An dieser Stelle lernt man die organische Einheit und Solidarität der kritischen Deductionen verstehen. Hier wird man sich so recht bewusst, wie die zum Zweck der Beschreibung gesonderten Functionen von allen Seiten wieder zusammenstreben, sich gegenseitig ergänzen und schliesslich in dem Begriffe der Erfahrung verschmelzen. In der Kritik der reinen Vernunft sind Aesthetik und Analytik so wenig künstlich gebildete Pendants, dass ohne das eine nicht einmal die Möglichkeit des andern eingesehen werden kann.

179. Was sollen wir uns nun aber nach den allgemeinen Eigenschaften der Zeit unter dem Begriffe des Simultanen eigentlich denken? Wenn wir sagen, Dinge oder Zustände oder Ereignisse seien zugleich, so verstehen wir darunter, dass das Dasein des einen in die gleiche Zeitstrecke fällt wie das Dasein des andern. Wie soll ich aber von verschiedenen Vorstellungen constatiren, dass sie den Inhalt desselben Zeittheils bilden? Die Zeit ist nicht wahrnehmbar; ich kann nicht von den Dingen ablesen, ob sie in denselben Abschnitt gehören. Meine Vorstellungen aber sind alle nacheinander. Wenn ich auch nur zwei Gegenstände wahrnehme, so ist die Wahrnehmung des einen früher, die Wahrnehmung des andern später. Allein nun kommt uns der andere Grundsatz zu Hülfe. So viel können wir ja behaupten, dass die Folge dieser Wahrnehmungen jedenfalls nur dann objectiv ist, wenn sie unter dem Causalgesetz erscheint. Im andern Falle deutet sie mir bloss eine Function der Einbildungskraft an, die ich nachher ebensogut in umgekehrter Ordnung wiederholen kann. Nun gibt es ausser der notwendigen und der nicht notwendigen Folge keine andere Vorstellung des Zeitverhältnisses. Es steht also jedenfalls fest, dass wir uns unter der Gleichzeitigkeit nur ein Zeitverhältniss vorstellen

können, bei dem die Ordnung der Succession nicht durch das Causalgesetz fixirt ist; soweit muss sie also als das Verhältniss von Dingen definirt werden, nach welchem die Wahrnehmung des einen ebensogut auf die des andern folgen, als ihr vorangehen kann. Verschiedene Objecte A bis E können nur dann gleichzeitig heissen, wenn ich im Stande bin, von A durch B, C, D zu E oder auch umgekehrt von E zu A zu gelangen.

180. Nun fragt es sich aber, ob wir nicht durch diese Definition für unsere Zeitbestimmung hinreichend ausgerüstet sind und einen neuen Grundsatz überhaupt nicht brauchen. Da es nur diese zwei Verhältnisse in der Zeit gibt, so sind wir doch überall da zu einem Urtheil über die Gleichzeitigkeit der Erscheinungen berechtigt, wo wir ihre Folge nicht als objectiv beurtheilen können. Der Schluss ist falsch. Aus dem Bewusstsein, dass eine Folge nicht notwendig sei, fliesst bloss das Bewusstsein, dass gewisse Bedingungen für die Gleichzeitigkeit vorhanden sind, nicht aber die, diesen Bedingungen entsprechende notwendige Zusammengehörigkeit der Vorstellungen. Wenn meine Einbildungskraft die Ordnung umkehren kann, so liegt darin noch keine Notwendigkeit, die Erscheinungen wechselweise als eine Einheit vorzustellen. Wenn ich mich vom Zwange frei fühle, B auf A folgen zu lassen, so fühle ich mich nicht ebendadurch unter den Zwang gestellt, die zwei Einheiten A B und B A zu bilden. Es findet keineswegs die Disjunction statt: Alle Zeitverhältnisse sind entweder objective Succession oder objective Coexistenz. Wir wissen bloss: Alle Zeitordnung ist Succession und diese hat entweder nur subjective oder sie hat auch objective Geltung. Im ersteren Falle ist die Folge umkehrbar; allein wenn ich sie umkehre, so weiss ich weiter nichts, als dass die eine und hierauf die andere Vorstellung im Bewusstsein ist, nicht aber, dass die Umkehrung auf der in jeder Richtung gleich notwendigen Einheit dieser Vorstellungen beruht.

181. Mein Urtheil über die wechselseitige Zusammengehörigkeit der Vorstellung kann somit nur dadurch notwendig, die Gleichzeitigkeit also nur dadurch objectiv werden, dass sich in meinem Bewusstsein eine Regel erzeugt, durch welche meine Synthese beherrscht erscheint.

Der Inhalt eines solchen Grundsatzes ist leicht zu finden. Die wechselseitige Folge meiner Wahrnehmungen kann ich mir nur dann als notwendig vorstellen, wenn ich annehme, dass ihr Inhalt so bestimmt sei, dass mit dem Uebergange von einem zum andern auch der umgekehrte Uebergang gegeben werde. Es muss A dem B und umgekehrt auch B dem A die Stelle in der Zeit bestimmen. Fange ich bei B an, so sehe ich, dass es nur vorhanden sein kann, wenn vorher A war, aber so, dass auch das Dasein von A schon die Existenz von B voraussetzt. Diese Vorstellung führt in der That auf das unmittelbar nicht wahrnehmbare Verhältniss einer mehrfachen Erfüllung der gleichen Zeit. Denn in der Zeitstrecke, während welcher A das B bestimmt hat, muss es auch von B bestimmt worden sein, sonst wäre weder B noch A vorhanden.

182. Nun nannten wir im vorigen Grundsatz den der Zeitordnung analogen Einfluss einer Substanz auf eine andere das Verhältniss von Ursache und Wirkung. Dem entsprechend können wir die hier erforderliche doppelseitige Bestimmung als das Verhältniss der Wechselwirkung bezeichnen. Wir müssen also sagen, dass wir das Zugleichsein der Substanzen nur unter der Bedingung wahrnehmen können, dass wir in jeder Substanz die Causalität gewisser Bestimmungen der anderen, und gewisse Wirkungen der Causalität dieser anderen wahrnehmen. Somit erhalten wir den Grundsatz:

183. Alle Substanzen stehen in durchgängiger Wechselwirkung. [149])

2. Erläuterungen und Folgerungen.

184. Die Wechselwirkung ist das Aschenbrödel unter den Kategorien und Grundsätzen. Kant selbst hat sie weniger ausführlich behandelt, als die Substanz und Causalität, und die Mehrzahl seiner Erklärer hat überhaupt nur den Begriff von Ursache und Wirkung einer eingehenden Betrachtung gewürdigt. Wir müssen daher noch einige Hauptpunkte der Kantischen Darstellung besonders hervorheben.

Zunächst sei auf die schon im Titel hervortretende erkenntnisstheoretische Verschärfung der zweiten Ausgabe hingewiesen. Der fünfte „Grundsatz der Gemeinschaft" wird deutlicher angekündigt als „Grundsatz des Zugleichseins, nach dem Gesetze der Wechselwirkung oder Gemeinschaft". Die Aenderung entspricht genau der Aenderung bei der Causalität, wo „Grundsatz der Erzeugung" ersetzt wurde durch „Grundsatz der Zeitfolge nach dem Gesetz der Verknüpfung der Ursache und Wirkung".[150] In derselben Tendenz, den Grundgedanken der erkenntnisstheoretischen Ableitung schärfer hervortreten zu lassen, wurde auch statt „Substanzen, sofern sie zugleich sind" geschrieben „Substanzen, sofern sie ... als zugleich **wahrgenommen werden können**". Die zweite Fassung will sich von vorherein gegen die Frage wehren, wie man denn überhaupt zu dem neuen Grundsatze komme.

185. Das Verständniss des Grundsatzes hängt von der Einsicht ab, dass derselbe für die Objectivirung der Raumanschauung notwendig sei. Kant hat diesen Gedanken nicht seiner Bedeutung entsprechend betont, aber immerhin zum klaren Ausdruck gebracht. Vor Allem ist die Formel der zweiten Ausgabe durch den Zusatz „im Raume" (sofern sie im Raume als zugleich wahrgenommen werden können) bereichert. Diese pleonastische, aber epexegetisch bedeutsame Bestimmung findet sich auch im Schlusssatze des hinzugekommenen Beweises wiederholt.[151] Ueber jeden Zweifel erhebt uns die Bemerkung, dass Kant sich des Wortes Gemeinschaft in der Bedeutung einer dynamischen Gemeinschaft bediene, „**ohne welche selbst die locale (communio spatii) niemals empirisch erkannt werden könnte**".[152] Da tritt die erkenntnisstheoretische Function der Wechselwirkung im Sinne der obigen Darstellung unverkennbar zu Tage. Und nun beachte man die folgenden Beispiele. „Unseren Erfahrungen ist es leicht anzumerken, dass nur die continuirlichen Einflüsse in allen Stellen des Raumes unsern Sinn von einem Gegenstande zum andern leiten können." „Dass wir keinen Ort empirisch verändern (diese Veränderung wahrnehmen) können, ohne dass uns allerwärts Materie die Wahrnehmung unserer Stelle möglich mache." „Ohne Gemeinschaft ist jede Wahrnehmung (der Erscheinung im Raum) von der andern abgebrochen." „Den leeren Raum will ich hierdurch gar nicht widerlegen."[153] Man sieht, es handelt sich hier überall um die Möglichkeit empirischer Beurtheilung von räumlichen Verhältnissen.

186. Eine Hauptschwierigkeit für das Verständniss der Wechselwirkung bildet dann die Ableitung aus dem disjunctiven

Urtheil, von welcher Kant selbst sagt, dass sie „nicht so in die Augen fallend" [154]) sei, wie bei den übrigen Kategorien. Der Leser weiss, dass dieser Zusammenhang der Grundsätze mit der logischen Tafel für meine Auffassung kein Gewicht hat, aber, das Princip einmal zugegeben, so muss erklärt werden, dass Kant die Identität der Wechselwirkung mit der disjunctiven Urtheilsform in völlig zwangloser Weise dargethan hat. [155]) Für uns ergibt sich daraus das Resultat, dass der betreffenden Urtheilsform die objective Gültigkeit gesichert ist.

Wenn wir die Function und den Ertrag des Princips der Wechselwirkung logisch ausdrücken wollen, so müssen wir sagen, dass es den Begriff des Ganzen und seiner Theile möglich macht: Alles logische Erkennen beruht auf der Eintheilung eines Begriffs als eines Ganzen in Unterbegriffe als seine Theile; denken heisst wissen, was in einem Begriffe enthalten und was von ihm ausgeschlossen ist. Die Form, in welcher wir uns dieses Baues, dieser Gliederung der Begriffe bewusst werden, ist das disjunctive Urtheil; es stellt die Theile eines gegebenen Begriffes dar, insofern sie „einander in dem Ganzen oder zu einem Ganzen, als Ergänzungen (complementa) bestimmen" [156]); es zeigt, wie „die Sphäre eines jeden Theils ein Ergänzungsstück der Sphäre des andern zu dem ganzen Inbegriff der eigentlichen Erkenntniss ist". [157]) Ganz analog beruht nun das reale Erkennen darauf, dass wir die Erscheinungen als Theile eines Ganzen betrachten, ohne welches alle anderen Erfahrungsbedingungen unzureichend sind. **Dieses Ganze ist der Raum.** Wir müssen uns die Dinge „als theilbar" [158]) und die Theile als solche vorstellen können, „deren Existenz (als Substanzen) jedem auch ausschliesslich von den übrigen zukommt," die aber doch „in einem Ganzen verbunden" sind. Dies ermöglicht uns die Wechselwirkung; durch sie stellen wir uns die Dinge „als Theile eines realen Ganzen" [159]) vor; durch sie „machen die Erscheinungen, sofern sie ausser einander und doch in Verknüpfung stehen, ein Zusammengesetztes aus (compositum reale)". [160]) Das ist also die natürliche Erklärung des künstlichen Zusammenhangs, dass der Sphäre des Oberbegriffs der erkenntnisstheoretische Raum, der logischen Specification die reale Theilung entspricht. Damit erhalten wir eine neue Bestätigung der früher geäusserten Ansicht (§ 134), dass die geometrische Darstellung logischer Vorgänge einen über die blosse Veranschaulichung hinausgehenden Wert als Hinweis auf die objective Geltung besitze.

Für Schopenhauer ist die Ableitung der Wechselwirkung ein „recht grelles Beispiel von den Gewaltthätigkeiten" Kantischer Symmetrielust. Die Wechselwirkung sei dem disjunctiven Urtheile sogar entgegengesetzt, da hier „das wirkliche Setzen des einen der beiden Eintheilungsglieder zugleich ein notwendiges Aufheben des andern ist; hingegen wenn man sich zwei Dinge im Verhältniss der Wechselwirkung denkt, das Setzen des einen aber ein notwendiges Setzen des andern ist, und vice versa." [161]) Schopenhauer vergisst, dass wenn ich den Theil eines realen Ganzen der einen Stelle des Raumes zuweise, ich sie dadurch von der andern ausschliesse. Er vergisst zweitens, dass wenn ich ein Urtheil als Theil einer Disjunction ansehe, ich dadurch alle übrigen Theile mitsetze.

157. Es lohnt der Mühe, auch auf die übrigen Punkte der scheinbar gründlichen Polemik Schopenhauer's einzugehen. Nach ihm enthält der Begriff der Wechselwirkung den „Ungedanken", dass jeder der beiden sich gegenseitig bestimmenden Zustände „der frühere und aber auch der spätere ist". [162]) Den in diesem Satze allerdings enthaltenen Widerspruch hat Schopenhauer hineingelegt, indem er die absolute Zeitordnung mit dem Zeitverhältniss verwechselte. Das Princip führt nirgends auf die unsinnige Behauptung, dass in dem Ablauf unserer Wahrnehmungen der Zustand B auf den Zustand A folgt, ihm aber dessenungeachtet vorausgehe. Es sagt vielmehr, dass A und B notwendig eine Einheit bilden, aber sich als Theile dieser Einheit so verhalten, dass ich ebensowohl von A zu B als von B zu A übergehen könne.

Ferner lasse sich nicht annehmen, dass beide Zustände zugleich seien, „weil sie als notwendig zusammengehörend und zugleich seiend, nur einen Zustand ausmachen"; das ist allerdings selbstverständlich, dass, wo uns Etwas als Eines gegeben wird, das Problem der Gleichzeitigkeit überhaupt aufhört. Von Simultaneität kann erst die Rede sein, wenn eine Mannigfaltigkeit gegeben wird. Ist sie aber gegeben (was unser vierter Grundsatz fordert), so muss der Begriff der Gleichzeitigkeit

2. Erläuterungen und Folgerungen.

wissenschaftlich definirt und die Möglichkeit seiner Realisirung dargethan werden. Und gerade, weil sich dabei herausstellt, dass hier „gar nicht mehr von Veränderung und Causalität" (d. h. objectiver Succession) die Rede ist, nicht die Rede sein kann, so muss eben ein neuer Grundsatz angenommen werden.

Schopenhauer behauptet nun weiterhin, dass der Begriff der Wechselwirkung auch durch kein einziges Beispiel zu belegen sei. Damit gesteht er eine Verlegenheit ein, in welcher sich die meisten Erklärer befunden zu haben scheinen. Man trifft selten auf einen Versuch, das Gesetz in seiner Wirksamkeit zu beschreiben. Für die Causalität besass man Beispiele in Fülle, und es war leicht, ihrer Betrachtung eine gewinnende Anschaulichkeit zu verschaffen. Bei der Wechselwirkung wusste man überhaupt nicht, an welche concreten Vorgänge, an was für empirische Beziehungen man sich wenden solle. Da man die erkenntnisstheoretische Leistung des Princips verkannte, konnte man auch das Gebiet seiner Anwendung nicht entdecken.

So fällt es Schopenhauer nicht ein, sich an die von Kant gegebenen Beispiele zu halten, sondern er erfindet seine eigenen Illustrationen. Kant hatte gesagt: „So kann ich meine Wahrnehmung zuerst am Monde und nachher an der Erde, oder auch umgekehrt, zuerst an der Erde und dann am Monde anstellen . . ." Schopenhauer dagegen citirt das Gleichgewicht der Wagschalen, an denen er „gar kein Wirken" entdeckt. Dann denkt er an „das Fortbrennen eines Feuers", dessen Verbrennen Wärme und dessen Wärme erneute Verbrennung bewirkt! Er führt auch „ein artiges Beispiel" aus Humboldt an, von der Sandwüste als Ursache der Trockenheit, während die Trockenheit ihrerseits wieder die Sandwüste verursacht. Auch das Schwingen des Pendels und die Selbsterhaltung des organischen Körpers werden herbeigezogen. In all diesen Beispielen nun entdeckt er die ausschliessliche Wirksamkeit der Causalität. „Aber immer sehen wir nur eine Anwendung des einzigen und einfachen Gesetzes der Causalität vor uns, welches der Folge der Zustände die Regel giebt, nicht aber irgend etwas, das durch eine neue und besondere Function des Verstandes gefasst werden müsste." Man beweist also die Nichtexistenz eines Gesetzes dadurch, dass man Beispiele der Anwendung eines anderen Gesetzes aufzählt! Schopenhauer leistet hier eine vollständige ignoratio elenchi. Anstatt zu beweisen, dass wir die Gleichzeitigkeit ohne Wechselwirkung wahrnehmen können, zeigt er uns, dass Ursache und Wirkung zuweilen als simultan erscheinen.

Die bereits (§ 185) angeführten Kantischen Beispiele zeigen klar, was jene „gewissen Bestimmungen" [163]) sind, die durch das Gesetz der Wechselwirkung beherrscht werden. Sein Gebiet ist der Raum, die durch dasselbe bestimmten Zustände sind die Raumverhältnisse der Substanzen. Wenn eine Substanz das Ortsverhältniss einer andern bedingt, so ist diese gleichzeitig Bedingung der räumlichen Relation von jener. Alle Ortsverhältnisse sind von einander abhängig, und die localen Accidenzen haben die Eigenschaft, von einander wechselseitig Ursache und Wirkung zu sein.

188. Wer diesen Zusammenhang verstanden hat, für den kann es nun nicht mehr auffallend sein, wenn Kant in den „Metaphysischen Anfangsgründen der Naturwissenschaft" als „aus der allgemeinen Metaphysik entlehnt" den Satz zu Grunde legt, „dass alle äussere Wirkung in der Welt Wechselwirkung sei." [164]) Für uns sagt dieser Satz nichts Anderes, als dass alle Wirkung in der Welt, sofern sie eine äussere ist, Wechselwirkung sein müsse, denn sonst können wir sie ja als äussere Wirkung gar nicht wahrnehmen.

Und nun betrachte man die durchgeführte Anwendung dieses Satzes, wie sie die Natur unseres Princips auf das klarste enthüllt. Die Metaphysik lehrt, dass alle äussere Wirkung Wechselwirkung sei; die allgemeine Naturwissenschaft sagt, dass alle materielle Wirkung äussere sei: alle thätigen Verhältnisse der Materien finden „im Raume" statt, alle Veränderungen dieser Verhältnisse sind Bewegung. Es kann also a priori der Satz behauptet werden, dass alle Bewegung eine wechselseitige sei. Nun wird dieses Resultat auf die phoronomischen und dynamischen Grundbegriffe angewandt und dadurch der wichtige Satz abgeleitet, dass in aller Mittheilung der Bewegung Wirkung und Gegenwirkung einander jederzeit gleich seien. Es ist hier nicht der Ort, das mechanische Princip näher zu erörtern.

Jedenfalls ergibt sich aus der Anwendung auf das allgemeine Beispiel der Materie, dass Causalität und Wechselwirkung so wenig identisch sind, dass wir ohne die erstere die Bewegung als allgemeines Geschehen, ohne die letztere die Beweglichkeit [165]) als allgemeine Eigenschaft der Materie nicht zu begreifen vermöchten. Oder mit anderen Worten: Der Process des natürlichen Geschehens wird durch beide Grundsätze nach seinen zwei verschiedenen Seiten bestimmt. Nach dem Causalgesetze bestimmen sich die Substanzen die Existenz ihrer Zustände, ihr Eintreten und Vergehen in der Zeitreihe. Nach der Wechselwirkung bestimmen sich die Substanzen die Ordnung ihrer existirenden, wechselnden Zustände im Raume.

189. Dass durch die Wechselwirkung keine irgendwie von unserer Sinnesanschauung unabhängige Verknüpfung gedacht werden könne, folgt schon daraus, dass sie ja nichts weiter ist, als die zeitliche Bedingung räumlicher Verhältnisse. Aber auch wenn wir von dem erkenntnisstheoretischen Ursprunge des Begriffs absehen und ihm ein selbstständiges Dasein beilegen, so können wir uns doch die Möglichkeit seiner objectiven Realität, die Möglichkeit, dass er irgend etwas bedeute, ohne Anschauung im Raume schlechterdings nicht vorstellen. „Denn wie will man sich die Möglichkeit denken, dass, wenn mehrere Substanzen existiren, aus der Existenz der einen auf die Existenz der anderen wechselseitig etwas (als Wirkung) folgen könne, und also, weil in der ersteren etwas ist, darum auch in der anderen etwas sein müsse, was aus der Existenz der letzteren allein nicht verstanden werden kann?" Es fehlt uns jedes Begreifen, wenn wir die verschiedenen Substanzen nicht als Theile des einen Raumes betrachten. Es bleibt uns dann nur übrig, mit Leibnitz eine Gottheit zur Vermittlung zu brauchen.[166]) Wir müssten „den Urheber des Daseins als einen Künstler annehmen, der diese an sich völlig isolirten Substanzen .... schon im Weltanfange so modificirt, oder schon eingerichtet, dass sie untereinander, gleich der Verknüpfung von Wirkung und Ursache, so harmonirten, als ob sie in einander wirklich einflössen." So würde das System der prästabilirten Harmonie entspringen, „das wunderlichste Figment, das je die Philosophie ausgedacht hat."[167])

Im Raume dagegen können wir die Gemeinschaft sehr wohl fassen, weil derselbe schon als Form aller Anschauung Verhältnisse erzeugt, welche den physischen Einfluss möglich machen.[168])

190. Als nicht dogmatische, sondern kritisch berechtigte Folgerung ergibt sich aus dem Princip der Wechselwirkung die Einheit des Weltganzen; denn als coexistirende Dinge im Raume machen alle Wesen nur Eine Welt aus, und ein Aussereinander von mehreren Welten kann überhaupt nicht vorgestellt werden. Aber die Vorstellung der Welteinheit führt auch notwendig auf unseren Grundsatz zurück und kann ohne ihn nicht dargethan werden. Denn man kann die Erscheinungen gar nicht als Theile eines Ganzen denken, wenn man sie isolirt, ohne Verknüpfung vorstellt. Die Verknüpfung aber könnte man niemals als objectiv beurtheilen, wäre sie nicht schon um des Zugleichseins willen notwendig. [169])

XIV. Die Natureinheit und die besonderen Naturgesetze.

191. Durch die Betrachtung des vorigen Grundsatzes hat die Erkenntnisstheorie ihre allgemeine Aufgabe vollendet. Die Einheit des Bewusstseins ist gesichert; die Function, in welcher sie sich erzeugt, ist ihrer Zusammensetzung nach erklärt, das Ineinandergreifen ihrer Regeln beschrieben, das Umspannen des dreigestaltigen Inhalts begründet. Mit der Einheit des Bewusstseins haben wir die Einheit der Erfahrungen gewonnen; wir begreifen die Gesammtheit aller Erscheinungen in einem durchgängigen Zusammenhange.

192. Den zusammenhängenden Inbegriff alles Daseins nennen wir Natur. Aus dem Begriffe der Erfahrung erkennen wir die Einheit der Natur. „Alle Erscheinungen liegen in einer Natur und müssen darin liegen, weil ohne diese Einheit a priori keine Einheit der Erfahrung, mithin auch keine Bestimmung der Gegenstände in derselben möglich wäre." [170]) Die Regeln, nach denen sich die Mannigfaltigkeit des empirischen Stoff's zur einheitlichen Erfahrung umbildet, sind auch die Gesetze, nach denen die Natur ihre Erscheinungen gestaltet. „Die Möglichkeit der Erfahrung überhaupt ist also zugleich das allgemeine Gesetz der Natur, und die Grundsätze der erstern sind selbst die Gesetze der letztern." [171])

XIV. Die Natureinheit und die besonderen Naturgesetze. 127

193. So besitzen wir in den Urtheilen von ursprünglicher Notwendigkeit, welche wir als Grundlage unserer Erfahrung entdeckten, einen Schatz allgemeiner Naturerkenntnisse, die uns kein Fortschritt empirischer Forschung widerlegen kann. Alle Naturerscheinungen sind Vorstellungen, welche in der Vorstellung von Raum und Zeit zusammengefasst werden (Erster Grundsatz). Die Elemente dessen, was Raum und Zeit erfüllt, sind so, wie wir sie wahrnehmen; sie sind weder getrübt, noch verworren; aus der blossen Empfindung entspringt keine Täuschung über das Wesen der Natur (Zweiter Grundsatz). Alle Dinge, alle erkennbaren Objecte stellen eine Einheit von Vorstellungen dar (Dritter Grundsatz). Diese Einheit ist ununterbrochen; leerer Raum und leere Zeit sind in der Natur nicht vorhanden. Aber die Einheit ist eine Einheit qualitativ verschiedener Empfindungen (Vierter Grundsatz). Alle Objecte sind extensive Grössen (Fünfter Grundsatz). Sie erscheinen ihrem Zeitverhältniss nach gesetzmässig bestimmt (Sechster Grundsatz), indem jedes Ding die unwandelbare Substanz enthält (Siebenter Grundsatz), und seine Veränderungen als Wirkungen von Ursachen darstellt (Achter Grundsatz), und sein Zugleichsein mit anderen Dingen durch den gegenseitigen Einfluss gewisser Bestimmungen kund gibt (Neunter Grundsatz).

194. Nach diesen Grundsätzen müssen wir die Natur beurtheilen. Alle einzelnen Erfahrungen sind nur Aeusserungen der Grundgesetze; alles empirische Erkennen entdeckt nur die bestimmte Wirksamkeit der fundamentalen Erfahrungsbedingungen, ist nur ein Einsetzen besonderer Werte in die allgemeine Function.

Somit ist jedes empirische Urtheil insoweit notwendig und allgemein gültig, als es Erfüllung eines letzten Princips sein muss und an dessen Allgemeingültigkeit und Notwendigkeit participirt. Wenn der Stein warm wird, so muss diese Veränderung eine Ursache haben; sage ich nun: der Stein wird warm, weil die Sonne scheint, so ist dieses Urtheil zunächst der Versuch der Lösung einer notwendigen Aufgabe und kann seinen Anspruch auf Anerkennung durch Berufung auf das Causalgesetz begründen. Allein seiner speciellen Fassung nach, als besondere Lösung der Aufgabe, als Synthese dieser bestimmten Wahrnehmungen kann das Urtheil sich nicht mit dem Bewusstsein der Notwendigkeit verbinden. Ob gerade die Sonne die Ursache der Temperaturveränderung des Steines war, das kann die Logik nicht entscheiden. Der Grund der Gewissheit und das Mass der Anerkennung, welche den einzelnen Modificationen der allgemeinen Gesetze zuzutheilen sind, können nach gewissen Methoden bestimmt und erhöht, niemals aber zu der Notwendigkeit erhoben werden, welche die Bedingungen der Erfahrung auszeichnet.

195. Mit diesen Methoden hat sich die reine Erkenntnisstheorie nicht zu beschäftigen. Ob wir auch in den Theilen der einheitlichen Natur wiederum Einheit finden werden, oder ob uns die Natur an dem einen Punkte gesetzmässig, an dem andern regellos entgegentrete, oder ob sie sich in einem ausnahmslosen unendlichen Wechsel gefalle, darüber kann uns nur die Erfahrung belehren. Einheit des Bewusstseins wird in allen Fällen erreicht, Gegenstände können uns dabei jedesmal gegeben werden. Wir dürfen uns hierin durch den gewohnten Anblick der Naturordnung nicht täuschen lassen. Die besondere Gesetzmässigkeit ist durchaus nicht selbstverständlich. Ebensogut wie die Natur eine gewisse Aehnlichkeit ihrer Objecte und Gesetze zeigt, welche uns deren Subsumtion unter Gattungen oder höhere Gesetze ermöglicht, ebensogut könnte sie eine unvergleichbare Mannigfaltigkeit enthalten, die aller Bemühungen unseres zusammenfassenden Denkens spotten würde; ebensogut könnte sie andererseits eine Dürftigkeit der Gestaltung zeigen, durch welche der Bereicherung unserer Einsicht ein nahes Ziel gesteckt wäre. Diese im Uebrigen wertlosen Speculationen zeigen hinlänglich, dass die organische Gliederung der Natureinheit dem kritischen Denker etwas ganz Zufälliges ist. Er muss sich der angeblich naturwissenschaftlichen, in der That aber dogmatischen Denkart verschliessen, welche die logische Gestaltung der Welt a priori zu erkennen behauptet. Wohl ist es die gleiche Natur, welche die Mannigfaltigkeit der Aussendinge hervorbringt, und welche die kunstvollen Begriffe schafft, die wir in unserm Bewusstsein finden. Ob aber diese beiden Producte ihrer allgemein gesetzmässigen Thätigkeit in der Weise zusammenhängen, dass das eine die entsprechende Projection des andern, sein Abdruck, sein verjüngtes Spiegelbild sei, das ist eine Betrachtung, welche die Grenzen kritischer Philosophie überfliegt. Sie erkennt und behauptet die Identität von Natur und Geist nur

soweit, als unser Denken Bedingung des uns gegebenen Seins ist.

196. Aber unser Wissenschaftstrieb, der diese Ordnung von der Natur nicht fordern kann, nimmt sie von ihr als eine Gunst in Anspruch. Wir machen uns eine Idee von derjenigen besonderen Beschaffenheit der Natur, welche der Möglichkeit unseres empirischen Begreifens am besten entspricht. Das ist diejenige Gestaltung, welche die empirischen Naturerkenntnisse zur Einfügung in ein logisches System geeignet macht. Das System ist die Form, durch welche unsere Erfahrungen zur Wissenschaft im engeren Sinne, d. h. zu einer Erkenntniss werden, die einen gesetzmässigen Zusammenhang all ihrer Theile enthält. Die Möglichkeit der systematischen Naturerkenntniss hängt davon ab, dass die Erscheinungen zwar unendlich verschieden, aber durchgängig und continuirlich zu höheren Einheiten verknüpfbar seien. Da wir Wissenschaft gewinnen wollen, treten wir mit der Voraussetzung an die Natur heran, dass sie wissenschaftlich fassbar sei; da wir unser Ziel nur erreichen, wenn sie so ist, erforschen wir sie, als ob sie so sei. Da wir aber keinen theoretischen Grundsatz haben, schaffen wir uns eine Hypothese und legen sie als praktisches Princip der Naturbetrachtung zu Grunde.

197. Mit der Hypothese von der Begreiflichkeit der Natur eröffnet sich das Gebiet der angewandten Erkenntnisstheorie, das wir nicht weiter zu betreten haben. Ihre Aufgabe ist, den erkenntnisstheoretischen Wert der Ideen, die Bedingungen ihrer approximativen Verwirklichung und die logischen Methoden der systematischen Naturforschung zu untersuchen.[172]) Als wichtigstes Beispiel sei hier nur die Theorie der Analogie und Induction hervorgehoben. Dass diese nicht, wie es gewöhnlich geschieht, in der formalen Logik behandelt werden kann, ist nach unserer Darstellung selbstverständlich. Die Schlüsse der Induction und Analogie gehen auf Urtheile von comparativer, materialer Notwendigkeit, welche die formale Logik weder zu liefern noch zu erklären vermag. Der angewandten Erkenntnisstheorie dagegen stehen zur Begründung dieser Methoden die zureichenden Mittel zu Gebote.[173])

XV. Die modalen Definitionen.

198. Am Schlusse unserer Untersuchung angelangt, sind wir nun im Stande, ihren Gegenstand zu definiren. Da die Philosophie sich nicht, wie die Mathematik, ihre Begriffe selbst gibt, sondern die in der Erfahrung gegebenen zu bearbeiten hat, so kann sie ihr Werk auch nicht mit der vollständigen Erklärung derselben beginnen. In der Philosophie bildet die Definition das Endresultat. [174])

So übernimmt die Erkenntnisstheorie den Begriff der materialen Notwendigkeit aus der Erfahrung und forscht nach den Bedingungen seiner Möglichkeit. Erst nachdem diese festgestellt sind, kann sie wissenschaftlich erklären, ob und was er ist. Seine Definition lautet:

In der Natur ist das notwendig, dessen Existenz durch die erkenntnisstheoretischen Grundsätze gefordert wird.

Insofern wir also ein Object als notwendig beurtheilen, betrachten wir es im Verhältniss zu unserer gesammten Erkenntnissfähigkeit; wir schreiben ihm dadurch nicht eine neue objective Bestimmung zu, sondern wir prüfen die Relation seiner Bestimmungen zum Subject. Die Notwendigkeit ist nicht ein Accidens, das wir an der Substanz erkennen, sondern die Qualität der Einheitsfunction des Subjects in Bezug auf den gegebenen Gegenstand.

Die Notwendigkeit fliesst nicht aus einem Grundsatze, z. B. der Causalität allein, sondern aus allen Bedingungen, welche der Möglichkeit der Erfahrung zu Grunde liegen. [175])

199. Mit der Notwendigkeit deckt sich der kritische Begriff der Wahrheit. Eine Erkenntniss ist wahr, wenn sie mit dem Object übereinstimmt. Dafür uns dasjenige objectiv ist, dessen wir uns nach den erkenntnisstheoretischen Gesetzen bewusst werden, so fallen Wahrheit und Notwendigkeit zusammen.

200. Wenn ich die Vorstellungen, welche eine Erkenntniss bilden sollen, nicht im Verhältniss zum ganzen Begriff der Erfahrung, sondern nur im Verhältniss zu einem seiner Hauptcomponenten, entweder zur Empfindung oder zur Einheitsfunction betrachte, so entstehen die anderen beiden Definitionen, die man als Erklärungen der partiellen oder unvollständigen Modalität

XV. Die modalen Definitionen.

bezeichnen könnte. Die erste lautet: **Wirklich** ist dasjenige, was empfunden wird oder als empfindbar notwendig vorausgesetzt werden muss.

Die eine Hauptforderung der Erfahrungsmöglichkeit ist, dass Empfindung gegeben sei; sonst könnten Begriffe überhaupt nicht zur Function gelangen; es würde ihnen der Stoff fehlen, den sie verknüpfen sollen. Dieses Gegebensein der Empfindung ist das einzige Kennzeichen der Wirklichkeit. Aber um etwas als wirklich zu beurtheilen, ist es nicht erforderlich, dass es unmittelbar gegeben sei; es genügt, aus seinem notwendigen Zusammenhange mit anderem Realen auf sein Dasein zu schliessen. So ist auch die nicht wahrgenommene Ursache einer wirklichen Veränderung oder die nicht empfundene Wirkung einer realen Ursache wirklich. Der Begriff des Wirklichen umfasst also nicht nur die Wahrnehmung, sondern auch die zur erkenntnisstheoretischen Bestimmung der Wahrnehmung nötige Voraussetzung. Damit ist die Hypothese als ein vollberechtigtes Glied in den Erkenntnissprocess mit aufgenommen. [176])

201. Aus dem Verhältniss der Dinge zu der in aller Erfahrung wirkenden Einheitsfunction ergibt sich die Definition der Möglichkeit:

Möglich ist das, was den Bedingungen der Vorstellungssynthese entspricht.

Ein anderes Kriterium der materiellen Möglichkeit als die Verknüpfung gibt es nicht. Der Satz des Widerspruchs macht bloss Begriffe, aber keine Dinge möglich; er sichert nur die Möglichkeit der formal logischen Entwicklung.

Nach dieser Definition hat sich jede Neubildung von Begriffen zu richten. Substanzen, Eigenschaften, Kräfte, deren Vorstellung eine dem Begriffe der Erfahrung widersprechende Verknüpfung erfordert, sind nicht möglich. Eine Hypothese, so kunstvoll und logisch vollendet sie auch sein mag, ist wertlos, so lange sie nicht das Postulat der Möglichkeit erfüllt hat. [177])

---

202. Die modalen Definitionen sind der compendiöse Kanon jeder Erkenntnisstheorie; sie stellen den Ertrag dar, den die Untersuchung unserem wissenschaftlichen Bewusstsein gebracht

hat. Sie beschreiben das ganze Gebiet der Erfahrung. Wenn wir wissen, was möglich, wirklich und notwendig ist, so wissen wir auch, was wir an Erkenntniss besitzen können und was wir suchen sollen. Sie sind auch die einzige Basis, von der aus die praktische Philosophie rechtmässige Forderungen erheben kann. Jeder Angriff gegen den kritischen Idealismus wird nach dem Erfolge zu schätzen sein, mit dem er seine modalen Bestimmungen überwindet und durch andere ersetzt.

ANMERKUNGEN.

Die Schriften von Kant citire ich nach der Ausgabe von Rosenkranz u. Schubert (W.), die in der letztern vergriffene Kritik der reinen Vernunft (Kr.) nach der Separatausgabe von Hartenstein. 1868.

1) Vgl. Lange, Geschichte des Materialismus, 2. Aufl. II, 394. „Man kann nämlich die Lehre vom Vorstellungswechsel, d. h. vom Einflusse vorhandener oder neu in das Bewusstsein getretener Vorstellungen auf die nachfolgenden nicht nur theoretisch entwickeln, sondern auch in einem bei weitem grössern Masse, als es bisher geschehen ist, auf Experimente und Beobachtung stützen, ohne sich um die physiologische Grundlage weiter zu kümmern."

2) Zur beschreibenden Psychologie würde z. B. auch die „Pragmatische Anthropologie" im Sinne Kant's gehören; ebenso das grossartig entworfene „System der Demologie" des Statistikers Engel; ferner die „Associationspsychologie" der Engländer. (Vgl. Lange, a. a. O. II, 395—401.)

3) W. III, 74.

4) Der Ausdruck ist Kantisch. Vgl. Kr. 200. — Auch vorkritisch „materiale Grundsätze". (Unters. üb. d. Deutlichkeit der nat. Theol. und Moral. W. I. 103.)

5) W. III, 21.

6) Es ist nützlich, dass dieser hypothetische Charakter neuerdings wieder stark betont wird. So von Sigwart.

7) Kant hat dem dictum de omni et nullo eine hervorragende Stelle angewiesen. „Die falsche Spitzfindigkeit etc.", § 2 (W. I, 60) und Logik § 63. (W. III, 309.) Er leitete dasselbe von den allgemeinen Regeln ab: nota notae est nota rei ipsius und repugnans notae repugnat rei ipsi. (W. I, 59 und III, 309.) In der Logik ordnete er den letztern noch ein „Allgemeines Princip" über: Was unter der Bedingung einer Regel steht, das steht auch unter der Regel selbst. (W. III. 305.) Aber alle die Formeln tragen ihre Rechtfertigung nicht in sich selbst; man weiss nicht, wie man dazu kommt, sie anzunehmen. Aus der von mir gegebenen Fassung lässt sich unmittelbar erkennen, dass die Festsetzung aus der Anschauung der logischen Function hervorgegangen ist. Ich darf dieses Princip daher mit Recht Axiom nennen.

s) Von den Erklärungen, die ich gefunden, gefällt mir diejenige am besten, welche Lange (a. a. O. II, 569) gegeben hat. „Der Satz A = A ist zwar die Grundlage alles Erkennens, aber selbst keine Erkenntniss, sondern eine That des Geistes, ein Act ursprünglicher Synthesis, durch welchen als notwendiger Anfang alles Denkens eine Gleichheit oder ein Beharren gesetzt werden, die sich in der Natur nur vergleichsweise oder annähernd, niemals aber absolut und vollkommen vorfinden." Nur wird durch den Ausdruck „notwendiger Anfang" der Charakter des Princips als bewusster logischer Bedingung zu wenig hervorgehoben; sodann ist es schärfer, das „Beharren" als Beharren der Begriffe zu bestimmen und nicht der „Natur" im Allgemeinen, sondern speciell der psychologischen Ungleichheit der Vorstellungen entgegenzusetzen.

Sobald man diese von mir aufgestellten Beziehungen übersieht, ist man in Verlegenheit, was man mit dem Satze beginnen soll. So findet Drobisch (Neue Darstellung der Logik, III. Aufl. 62), „er würde jedoch ohne weitere Folge und daher ein völlig unfruchtbares Princip sein, wenn er sich nur auf die absolute Einerleiheit zweier Begriffe bezöge, bei welcher der eine nur eine Wiederholung des andern im Denken ist." Gewiss, wenn wir uns nicht der Psychologie und Erkenntnisstheorie gegenüber sicher zu stellen hätten. Er bezieht den Satz auf eine relative Identität, derselbe besage, das Urtheil sei formal gültig, „wenn und wiefern Subject und Prädicat sich als identisch nachweisen lassen." Diese relative Einerleiheit ist aber nur eine unklare Verhüllung der absoluten; denn die Entdeckung des „wenn und wiefern" führt uns eben nur zu einzelnen Bestandtheilen, von deren absoluter Identität schliesslich doch die Geltung des Urtheils abhängt.

Ueberweg sagt, dass der Grund der Wahrheit dieses Satzes darin liege, „dass das im Inhalt des Begriffs vorgestellte Merkmal dem durch eben diesen Begriff vorgestellten Gegenstande inhärirt, das Inhärenzverhältniss aber durch das prädicative repräsentirt wird." (System der Logik, III. Aufl. 183.) Diese erkenntnisstheoretische Begründung des Princips ist in der formalen Logik unstatthaft, wenn ihr nicht wenigstens die formale vorangeht. Von der objectiven Bedeutung der Begriffe darf in erster Linie gar nicht die Rede sein. Der Grund der logischen Wahrheit dieses Princips liegt vielmehr darin, dass es conditio sine qua non der formalen Notwendigkeit ist. Ohne dasselbe ist eine mit sich selbst zusammenstimmende Verknüpfung der Vorstellungen unmöglich; deshalb hat es in der formalen Logik unbeschränkte Geltung.

Bei dieser Gelegenheit sei vor einer Verwechslung gewarnt. Wenn man sagt, dass dieses Princip und verwandte „nicht an die Spitze der ganzen Logik gesetzt werden dürfen, da sie erst dann in ihrer wahren Bedeutung verstanden werden können, wenn man die Form der Begriffe und das Verhältniss von Subject und Prädicat im Urtheil schon kennen gelernt habe" (ebd. 182), so theile ich diese Ansicht vollkommen, sofern sie unter „Spitze" den Anfang einer Darstellung versteht. Ich bin allerdings der Meinung, dass man die Logik organisch entwickeln und die Axiome gerade da einführen soll, wo ihre Function von Nöten wird; nur dann kann die Art ihrer Leistung ins richtige Licht treten. Sollte man sich aber unter „Spitze" das logische Fundament der Wissenschaft denken, dann muss ich entschieden behaupten, dass sie an der Spitze stehn. Sie bilden die allgemeinsten Kriterien der logischen Wahrheit, deren Geltung von keinen weitern Voraussetzungen mehr abhängig ist.

Eingehender würdigt Sigwart das Princip der Identität; allein auch seine Darstellung ist mit Elementen durchsetzt, welche den Sinn der formalen Logik trüben, und auch der Grundgedanke seiner Ableitung ist so beschaffen, dass ich mich demselben unmöglich anschliessen kann. Sigwart postulirt für die Logik „die Fähigkeit objectiv notwendiges Denken von nicht notwendigem zu unterscheiden, und diese Fähigkeit manifestirt sich in dem unmittelbaren Bewusstsein der Evidenz, welches notwendiges Denken begleitet." (Logik I, § 63.) Diese Notwendigkeit ist zunächst eine „subjectiv erfahrene"; dann aber, „indem wir eine allen gemeinsame Vernunft voraussetzen, sind wir überzeugt, dass, was wir mit dem Bewusstsein unausweichlicher Notwendigkeit denken, auch von andern so gedacht werde" (ebd.). Aus diesem Grunde gilt uns unmöglich, dass „in dem innern Acte des Einssetzens Verschiedenes möglich wäre, und der Eine gleiche Vorstellungen nicht gleich setzte, der Andere verschiedene gleich" (ebd. § 14, p. 80). Ein Urtheil ist uns also „darum objectiv gültig, weil es notwendig ist, Uebereinstimmendes in Eins zu setzen." Diesem „Grundsatz der Uebereinstimmung" wird dann als Bedingung noch das „Princip der Constanz" hinzugefügt, welches die Fähigkeit behauptet, „Subjects- und Prädicatsvorstellung jede für sich festzuhalten" (ebd. p. 82).

Die Unklarheit in diesem Gedankenzusammenhang beruht darauf, dass der Begriff der formalen Notwendigkeit nicht festgehalten ist. In der formalen Logik heisst notwendig das, was der Voraussetzung wegen nicht anders sein kann. Schon aus diesem Begriff folgt, dass die formale Logik auf den Unterschied eines individuellen und allgemeinen Bewusstseins gar keine Rücksicht zu nehmen braucht. Die Entwicklung gilt eben für jedes Bewusstsein, das die Voraussetzung anerkennt. Es ist also überflüssig und daher unrichtig, dem Princip der Identität noch eine Beziehung zu der Analogie der Bewusstseinsvorgänge in verschiedenen Individuen geben zu wollen. Die Frage ist vielmehr: Wie ist in einem Bewusstsein, das die Voraussetzung anerkennt, ein notwendiger Fortschritt zu andern Urtheilen möglich? Die Antwort lautet: Auf Grund des Princips der Identität. Somit wird dieses Princip allgemeine Voraussetzung der Logik, nicht aber ein dasselbe begleitendes Bewusstsein der Evidenz. Die „Erfahrung dieses Bewusstseins" dürfen wir nicht als Urthatsache zu Grunde legen, denn ihre Möglichkeit soll ja eben erklärt werden. Das allgemeine Postulat bei Sigwart beruht also entweder auf einer falschen Ansicht von der Aufgabe der formalen Logik, oder es fällt zusammen mit dem Princip der Identität. Anstatt zu sagen: „Das Urtheil ist uns darum objectiv gültig, weil es notwendig ist, Uebereinstimmendes in Eins zu setzen", muss gesagt werden: Ein Urtheil ist uns darum notwendig, weil es in einem andern enthalten ist. Dieses Enthaltensein ist darum möglich, weil der Satz der Identität gilt. Was ferner das Princip der Constanz anbelangt, so kann ich nicht einsehen, dass es „wesentlich" oder unwesentlich von dem der Uebereinstimmung verschieden sei; denn Vorstellungen, „jede für sich festzuhalten" heisst, soweit es die

Logik interessirt, nichts Anderes, als sie in jedem beliebigen Momente als identisch wiedererkennen.

9) Kr. 149.

10) Sigwart unterscheidet den Satz des Widerspruchs („A ist B" und „A ist nicht B" können nicht zugleich wahr sein) von dem „gewöhnlich sogenannten „Principium contradictionis" (A ist nicht non A) (a. a. O. 144). Diese Unterscheidung ist ganz unnöthig, denn der Satz, welcher das Verhältniss eines Prädicats zu seinem Subjecto betreffen soll, bezieht sich ebenfalls auf zwei Urtheile, die nicht beide bestehen können; er sagt nämlich, dass ein gegebenes Urtheil einem andern Urtheil, welches aus dem Subjectsbegriff folgt, widerspricht. Wir erkennen den Widerspruch mit dem Begriffe des Subjects überhaupt ja nur dadurch, dass wir aus dem letztern das entgegengesetzte Urtheil entwickeln. Er gibt aber direct den letzten Grund, die mangelnde Identität, in seiner Formel an.

Vollständig müsste auch sein Ausdruck lauten: „A ist A" und „A ist nicht A" können nicht beide wahr sein. In dieser Fassung legt das Princip seine ganze Genesis dar; man erkennt sofort, dass man ohne es gezwungen wäre, Identisches für nichtidentisch zu erklären. Weil beide Formeln durchaus das Gleiche bedeuten. ist es begreiflich, dass die Logiker in ihrem Gebrauche schwanken, und je nach Bedarf den für den einzelnen Fall bequemern Ausdruck gebrauchen.

Sigwart gibt die Formel als theoretisch richtig zu; aber sie sei „in der Praxis unbrauchbar. ... Denn so nackt, dass gesagt würde Gold ist Nicht-Gold, grün ist nicht-grün, Sein ist Nicht-Sein, tritt uns der Widerspruch nicht leicht entgegen" (p. 154). Nun denke ich, wird es sich in der Wissenschaft der Logik zunächst um theoretisch Richtiges handeln; für die Praxis lässt sich dann die exacte Formel als Ideal betrachten; zuletzt wird es doch wohl Aufgabe der angewandten Logik sein, die Widersprüche so „nackt" als möglich darzustellen.

Für das „Zugleich", welches nach Kant „aus Unvorsichtigkeit" (Kr. 149) in die Formel gemischt worden, ertheilt Sigwart dem Aristoteles das Prädicat „vorsichtig" (a. a. O. p. 146). Er erklärt Kant's Polemik gegen Aristoteles für einen „Schlag in die Luft" (ebd. 149). Ich meinerseits glaube nicht, dass Kant den Aristoteles hat schlagen wollen. Wen er ins Auge gefasst und getroffen hat, sind vielmehr Diejenigen, welche einen dem Aristoteles entlehnten Satz zu einem Zwecke verwenden, den er gar nicht erfüllen kann. Ueber die Sache selbst braucht nach dem Obigen nicht mehr gesprochen zu werden.

11) Sigwart versuchte es in folgender Weise (a. a. O. p. 157 u. 158). Nach dem Satze des Widerspruchs sei von den beiden Urtheilen A ist B und A ist nicht B eines notwendig falsch. „Dass aber das eine notwendig wahr ist, ergibt sich sofort, weil nicht beide zugleich verneint werden können." Warum nicht? Hören wir den Grund. Wollte ich „verneinen, dass A B ist, und verneinen, dass A nicht B ist, so würde ich mit jener Verneinung sagen A ist nicht B, mit dieser A ist B, also in Widerspruch fallen." Nein! ich würde nicht in Widerspruch fallen, sondern im Widerspruch bleiben. Ich hätte bloss mit dem vorhandenen Widerspruch einige Operationen gemacht

und den Satz des Widerspruchs vernachlässigt, der mir verbietet, mit solchen Urtheilen überhaupt Entwicklungen vorzunehmen. Aber geben wir das zu und betrachten die Folgerung. „Somit bleibt also zwischen Bejahung und Verneinung kein Mittleres übrig, das eine Beziehung des Prädicates B auf das Subject A enthalten könnte. . . . . . ." Ich gestehe, dass ich unfähig bin, einzusehen, worauf sich dieser Schluss gründet; ich sehe in den Prämissen nicht das mindeste Hinderniss, anzunehmen, dass es irgend ein Mittleres gebe. Der einzige Schluss, den ich aus der Ableitung ziehen kann, ist: Somit war das nicht der richtige Weg, den Widerspruch aufzuheben, und wir müssen einen neuen suchen. Der Begriff des Mittleren, der weder in dem des Widerspruchs noch in dem der Verneinung enthalten ist, ist eben die Ursache, dass unser Princip als selbständiger Grundsatz mit unmittelbarer Ableitung dastehen muss.

Ausserdem hat Sigwart bei dem obigen Ableitungsversuche einen Satz vorausgesetzt, den ich nun meinerseits für abgeleitet halte, und zwar abgeleitet aus dem Princip des ausgeschlossenen Dritten. Es ist der Satz der doppelten Verneinung (duplex negatio affirmat) (ebd. p. 155). In dem Urtheil: A ist nicht nicht B liegt unmittelbar nichts Positives; es sagt bloss, dass das Urtheil A ist nicht B ungültig sei; über die Gültigkeit des correspondirenden Urtheils A ist B wird gar nichts ausgemacht. Erst wenn ich weiss, dass ein drittes Verhältniss nicht möglich ist, sondern dass Begriffe entweder in einander enthalten sind oder nicht, kann ich in der Ungültigkeit der Verneinung einen positiven Ertrag erblicken, indem dann das bejahende Urtheil als die eine Hälfte der möglichen Erkenntniss übrig bleibt. So ist der Satz der doppelten Verneinung eine allgemeine Folgerung aus dem Princip des ausgeschlossenen Dritten.

12) Wer sich über Kant's Auffassung des logischen Princips vom zureichenden Grunde ausführlich orientiren will, lese die vorkritische Schrift: „Versuch, d. Begriff d. negativen Grössen in die Weltweisheit einzuführen." Allg. Anm., wo bereits die vollständige Klarheit des späteren Standpunktes herrscht. Ich hebe hier nur Eine, für die Function des Princips der Identität wichtige, Stelle hervor (I, 158): „Eine logische Folge wird eigentlich nur darum gesetzt, weil sie einerlei ist mit dem Grunde."

13) Der Grundgedanke dieser Eintheilung findet sich in dem Werke von Sigwart (I, § 4, p. 16) zur Ausführung gebracht, dem ich auch die Bezeichnungen „Analytisch" und „Normativ" entnommen habe.

14) Die consequenteste Durchführung dieses Gedankens ist meines Erachtens das „System der Logik" von Ueberweg. An diesem Buch, das Niemand aus der Hand legen wird, ohne reichliche Anregung gewonnen zu haben, kann man den zweifelhaften Erfolg der Durchkreuzung zweier verschiedenen Methoden am besten beobachten.

15) Kr. 14.
16) Vergl. Wundt, Physiologische Psychologie 1874, p. 272.
17) W. III, 60.
18) Kr. 56.
19) Kr. 76.
20) Vgl. dazu Kr. 58 ff. — Cohen, Kant's Theorie der Erfahrung, Berlin

1871, Cap. I—III. — Es ist sehr instructiv, neben den entsprechenden Abschnitten der transscendentalen Aesthetik auch die sectio III der Habilitationsschrift De mundi sensibilis etc. W. I, 316 zu beachten. Vgl. auch Cohen, Die systematischen Begriffe in Kant's vorkritischen Schriften etc. Berlin 1873. Namentlich Abschn. IV.

21) Kant hat Raum und Zeit nicht in der transscendentalen Aesthetik als quanta continua nachgewiesen, sondern erst, als er die Stetigkeit der intensiven Grössen darlegte (Kr. 161). Daraus darf aber nicht gefolgert werden, dass es erst dort eingesehen werden könne. Wenn es überhaupt möglich ist, Raum und Zeit in abstracto von der Synthesis abzusondern, so kann man auch ihre Continuität davon unabhängig betrachten. — Vgl. auch Kr. 365—368.

22) Dieser Gedanke ist am klarsten zu finden in den Antinomien Kr. 365 und 366.

23) Vgl. Kant's Habilitationsschr. De mundi etc. W. I, 322.

24) Veluti schema, omnia omnino externe sensa sibi coordinandi. W. I, 322.

25) Kr. 62.

26) Vgl. Kr. 64 ff. — Cohen, a. a. O. Cap. I—IV.

27) Wundt, p. 682 ff.

28) Baumann (Die Lehren von Raum, Zeit und Mathematik II, 667) wirft ein, man könne zwar die Aufeinanderfolge der Vorstellungen wegdenken, „dann bleibt nicht die Zeit, sondern die einfache Empfindung des Ich als seiend, aber ohne Aufeinanderfolge, ohne Verlauf und merkliche Unterschiede, das ist vielmehr die Idee der Ewigkeit, diese im wirklichen Sinne gefasst und nicht mit der Unendlichkeit der Zeit verwechselt, und ist nicht das, was wir alle mit Zeit meinen." Gewiss bleibt die Zeit so wenig wie der Raum als eine deutliche Vorstellung zurück, denn es liegt ja in der Natur der Verhältnissvorstellung, dass ihre Function nur an einem gegebenen Mannigfaltigen zu Tage treten kann. Aber der Sinn dieses Bestehen-Bleibens ist auch nur der, dass, wenn alle besonderen Zeitbestimmungen weggedacht werden, damit die Zeit als Ganzes nicht aufgehoben wird; es bleibt die unbestimmte, allgemeine Anschauung, von welcher nur noch die Beharrlichkeit des Subjects einen ebenfalls unbestimmten Theil abgrenzt.

29) Wenn Kant sagt: Wir „stellen die Zeitfolge durch eine ins Unendliche fortgehende Linie vor, in welcher das Mannigfaltige eine Reihe ausmacht, die nur von einer Dimension ist, und schliessen aus den Eigenschaften dieser Linie auf alle Eigenschaften der Zeit" (Kr. 67), ist darunter nicht zu verstehn, dass wir die Stetigkeit der Zeit nur aus der des Raumes folgern. Sie geht vielmehr unmittelbar aus ihrer Eigenschaft als bedingende Verhältnissvorstellung hervor. Gegen Wundt, a. a. O. p. 654.

30) Ich mache auf diese Bezeichnung der Kritik, p. 118 aufmerksam, um zu zeigen, dass es ganz im Sinne Kant's gedacht ist, wenn man auch die Resultate der Aesthetik in transscendentale Grundsätze zusammenfasst.

31) Vgl. meine Schrift: Kant's Teleologie und ihre erkenntnisstheoretische Bedeutung. Berlin 1874. — Cohen, a. a. O. Cap. XIV.

32) Man studire namentlich die „Allgemeinen Anmerkungen" zur transsc. Aesthetik p. 72.

33) Kr. 92. — Vgl. dazu die vorkritische Stelle aus der Habilitationsschrift, W. I, 310: Nam per formam seu speciem objecta sensus non feriunt; ideoque, ut varia objecti sensum afficientia in totum aliquod repraesentationis coalescant, opus est interno mentis principio per quod varia illa secundum stabiles et innatas leges speciem quandam induant."

34) Vgl. die ungemein klare Kantische Stelle, W. I, 502: „Der Raum, als Gegenstand vorgestellt, (wie man es in der Geometrie bedarf,) enthält mehr, als blosse Form der Anschauung, nämlich Zusammenfassung des Mannigfaltigen etc."

35) „Alle Anschauungen als sinnlich beruhen auf Affectionen, die Begriffe also auf Functionen." Kr. 92. Vgl. übrigens Cohen a. a. O. Cap. X, besonders p. 166 ff.

36) Kr. 93.

37) Vgl. W. I, 508 (Fortschr. d. Metaph.): „Alle Vorstellungen, die eine Erfahrung ausmachen, können zur Sinnlichkeit gezählt werden, eine einzige ausgenommen, d. i. die des Zusammengesetzten als eines solchen." — Ganz annehmbar, wenn vorsichtig interpretirt, ist auch die vorkritische Definition: „Etenim spontaneitas est actio a principio interno profecta." W. I, 24.

38) Kantischer Ausdruck. Kr. 128.

39) Kr. 114.

40) W. III, 59.

41) Kr. 176.

42) Kr. 179.

43) Die „synthetische Einheit der Apperception aller Erscheinungen" ist die „wesentliche Form" der Erfahrung. Kr. 192.

44) Die vorstehende Ableitung enthält den einfachen Grundgedanken des durch seine „Dunkelheit" berühmten § 16 der transscendentalen Analytik (p. 115). Ich habe das „ich denke" durch „meine" ersetzt, weil durch letztern Ausdruck die hier erforderliche Beziehung genauer gegeben wird.

45) Meines Erachtens beruht das Verständniss der Kritik der reinen Vernunft zum grossen Theil darauf, dass man hinter „dem obersten Grundsatze aller synthetischen Urtheile" (Kr. 150) nichts Anderes sucht, als hinter dem „Grundsatz der synthetischen Einheit der Apperception." Da dieser Punkt wichtig ist, will ich hier die verschiedenen Fassungen des Princips bei Kant nebeneinander stellen.

1. Kr. p. 117. „Verbindung ist allein eine Verrichtung des Verstandes, der selbst nichts weiter ist, als das Vermögen, a priori zu verbinden und das Mannigfaltige gegebener Vorstellungen unter die Einheit der Apperception zu bringen, welcher Grundsatz der oberste im ganzen menschlichen Erkenntniss ist."

2. Kr. p. 118. „Der oberste Grundsatz ebenderselben (der Möglichkeit aller Anschauung) in Beziehung auf den Verstand ist: dass alles Mannigfaltige der Anschauung unter Bedingungen der ursprünglich-synthetischen Einheit der Apperception steht."

3. Kr. p. 152: „Das oberste Principium aller synthetischen Urtheile ist also: ein jeder Gegenstand steht unter den notwendigen Bedingungen der synthetischen Einheit des Mannigfaltigen in einer möglichen Erfahrung."

4. Kr. p. 573: Es wird „die objective Realität unserer empirischen Erkenntniss auf dem transscendentalen Gesetze beruhen, dass alle Erscheinungen, sofern uns dadurch Gegenstände gegeben werden sollen, unter Regeln a priori der synthetischen Einheit derselben stehen müssen . . ."

5. Kr. p. 578. „Der synthetische Satz, dass alles verschiedene empirische Bewusstsein in einem einigen Selbstbewusstsein verbunden sein müsse, ist der schlechthin erste und synthetische Grundsatz unseres Denkens überhaupt."

6. W. III, 66. „Erfahrung besteht in der synthetischen Verknüpfung der Erscheinungen (Wahrnehmungen) in einem Bewusstsein, sofern dieselbe notwendig ist."

7. W. I. 470. (Ueb. e. Entd. etc.) Nun sieht man, dass die Kritik der reinen Vernunft „das Princip synthetischer Urtheile überhaupt, welches notwendig aus ihrer Definition folgt, mit aller erforderlichen Ausführlichkeit darlege, nämlich: dass sie nicht anders möglich sind, als unter der Bedingung einer dem Begriffe ihres Subjects untergelegten Anschauung."

46) „Denn dieser Satz kann unabhängig von der Ableitung der Vorstellungen des Raumes und der Zeit bewiesen werden, und so der Idealität der letztern zum Beweise dienen, noch ehe wir sie aus deren innerer Beschaffenheit gefolgert haben." W. I, 470. — Vgl. dazu: weil die Kategorien „nur in Beziehung auf die Einheit der Anschauungen in Raum und Zeit Bedeutung haben, sie aber diese Einheit a u c h n u r w e g e n d e r b l o s s e n I d e a l i t ä t d e s R a u m e s u n d d e r Z e i t durch allgemeine Verbindungsbegriffe a priori bestimmen können." Kr. 220.

47) Vgl. die Deduction in der ersten Auflage. Kr. 567 ff.

48) Diesen methodisch annehmbaren Einwand macht Dühring, Kritische Geschichte d. Phil. 2. Aufl. p. 114.

49) Vgl. Von d. Grunde d. Unterscheidg. etc. Kr. 209—224.

50) Ich muss diese Ansicht Lange gegenüber aufrecht erhalten, obgleich ich nicht der unwissenschaftlichen Meinung bin, „dass die Stammbegriffe unserer Erkenntnisse a priori sich auch a priori, durch reine Deduction aus notwendigen Begriffen müssen entdecken lassen" (a. a. O. II, 30), sondern mit ihm annehme, „dass die Reflexion über die Erfahrung ebenfalls ein inductives Verfahren ist und kein anderes sein kann" (ebd. p. 124). Allein daraus folgt nach meiner Auffassung nicht, „dass der Anspruch an die Gewissheit der vollständigen Auffindung alles Apriorischen unhaltbar ist" (ebd.). Es ist nämlich die Induction, durch welche wir die Grundsätze ableiten, eine vollständige, wie wir bald sehen werden. Angenommen, es sei die in der Mathematik vorliegende Erfahrung zu erklären, so suche ich inductiv die Anzahl der Postulate, die erfüllt werden müssen, wenn diese Wissenschaft bestehen soll. Nun ist allerdings möglich, dass ich in der Aufzählung unsorgfältig zu Werke gehe, dass ich irre; aber es liegt kein Grund in der Sache, dass ich sie überhaupt nicht vollständig, oder zu irgend einer spätern Zeit vollständiger als gerade jetzt entdecken könne. Eine Theorie, welche die Möglichkeit der Mathematik erklären will, muss mit dem Anspruch auf-

treten, die dazu nötigen Hypothesen absolut vollständig beigebracht zu haben; denn sonst würde sie ja zugeben, irgend etwas unerklärt zu lassen. Es wäre ja widersinnig, den Grund, warum ich einen notwendigen Satz jetzt für wahr halte, erst in der künftigen Erfahrung suchen zu wollen. — Vgl. übrigens Anm. 72.

51) Kr. 93. — Vgl. dazu Cohen, a. a. O. Cap. VIII. — Lange, a. a. O. II, 50—52.
52) Kr. 94.
53) W. III, 90.
54) Kr. 131.
55) Kr. 94.
56) W. III, 88.
57) W. III, 89.
58) W. III, 90.
59) Kr. 101.
60) Vgl. dazu Schopenhauer, Werke II, 557—559. Diese Kategorienlehre „ist auch recht eigentlich das Bett des Prokrustes geworden, in welches Kant jede mögliche Betrachtung hineinzwängt etc." — Die Ansicht von der Künstlichkeit der Kategorien muss überhaupt als herrschende bezeichnet werden; sie wird überall aufgenommen, ohne dass man eine nähere Begründung für nötig hält. — Auch Lange tritt ihr bei (a. a. O. II, 132). — Wundt sagt (a. a. O. p. 675): „Die Ausführung dieser Ordnung ist ein logisches Geschäft, wie es denn auch Kant aufgefasst hat, dessen Tafel der Kategorien jedoch ihre Form zum Theil dem Streben nach einer rein äusserlichen Symmetrie verdankt, die mit der innern Notwendigkeit der Begriffe nichts zu thun hat." —
61) Kr. 102.
62) W. III, 70. — Vgl. W. IV, 39 die Anmerkung.
63) W. III, 91.
64) W. III, 92.
65) W. V, 313.
66) W. I, 563.
67) W. IX, 3. — Vgl. auch IX, 332.
68) Vgl. Cohen gegen Herbart, a. a. O. p. 108 und 109.
69) Cohen, p. 209 und 210.
70) Auch in diesem Punkte muss ich zu der Darstellung Cohen's einen Zusatz machen. Er behauptet „die Apriorität nicht sowohl der Kategorien, als vielmehr der Kategorie" p. 101. Nur in erweiterter, übertragener Bedeutung könne die Apriorität der Kategorien behauptet werden. „Denn die einzelnen Kategorien, obschon sie in ihrer logischen Qualität nicht notwendige Denkformen sein mögen — insofern sie eine synthetische Einheit in der Verknüpfung des Mannigfaltigen enthalten, sind sie sämmtlich a priori." Wenn diese Bestimmung ausreichend wäre, so würde der Begriff der Apriorität das ganze Feld der Empirie umspannen. Jedes Urtheil enthält „eine synthetische Einheit in der Verknüpfung des Mannigfaltigen"; „insofern" sind also sämmtliche Urtheile a priori, und es ist eitel Täuschung, wenn noch einzelne Urtheile sich vor anderen einer besondern Notwendigkeit rühmen.

Denn das einzige Kriterium der Notwendigkeit ist ja eben die Apriorität, die sich nunmehr über alles ergiesst. Alsdann darf „unbeschadet dem apriorischen Charakter der Kategorie selbst Streit sein", nicht nur darüber, „ob die Gemeinschaft eine notwendige, für die Möglichkeit der Erfahrung notwendige Denkform sei, oder nur die Causalität oder auch die Zweckverbindung", sondern es kann auch Streit sein darüber, ob es der pythagoreische Lehrsatz oder das Gesetz der Lichtbrechung sei. Ein Rangunterschied kann höchtens noch in der comparativen Allgemeinheit bestehn. Ich behaupte aber: Entweder soll man darauf verzichten, in der reinen Wissenschaftstheorie einzelne apriorische Kategorien aufzustellen, oder man muss es in einer Weise thun, dass über ihre Anzahl kein Streit sein kann. Denn wenn man sie annimmt, nimmt man sie an, wie Cohen hervorhebt, als formale Bedingungen der Erfahrung. Die Erkenntniss ihrer Vollständigkeit ist also unabhängig vom Fortgange der Erfahrung; ihre Anzahl muss zu jeder Zeit aus dem Begriffe der Erfahrung herausgehoben werden können. Die Frage ist eben, ob die synthetische Einheit in Arten zerlegt werden könne, ohne dass man die Unterschiede in der Erfahrung suche. Muss die Frage verneint werden, so gibt es keine Kategorien. Cohen hätte daher seine Bestimmung des besondern a priori wenigstens negativ in folgender Weise ergänzen sollen: Die einzelnen Kategorien sind sämmtlich a priori, insofern sie eine synthetische Einheit in der Verknüpfung des Mannigfaltigen und ausserdem nichts Empirisches enthalten. Wenn Cohen zu seiner Erklärung hinzufügt: „Und mehr Apriorität darf nirgend behauptet werden, mehr hat auch der Raum nicht. Die Synthesis des Räumlichen ist das a priori des Raumes" (ebd.), so bringt ihn dieser Ausdruck in Widerspruch mit seiner eigensten Ansicht. Das a priori des Raumes liegt nicht allein in der Handlung der Synthesis, sondern laut transsc. Aesthetik auch in dem, was verknüpft wird, im räumlichen Verhältniss; auch das Material der Synthesis muss schon als formale Bedingung der Erfahrung betrachtet werden. Ich illustrire dagegen meine Wendung durch den Satz: Die Kategorie der Grösse ist insofern a priori, als sie die synthetische Einheit und ausserdem nichts Empirisches, nämlich bloss die reine Anschauung des Raumes enthält.

Ich füge hieran den wichtigen Kantischen Satz: Wir haben gesehn, „dass reine Begriffe a priori *ausser* der Function des Verstandes in der Kategorie, *noch* formale Bedingungen der Sinnlichkeit (namentlich des innern Sinnes) *a priori* enthalten müssen, welche die allgemeine Bedingung enthalten, unter der die Kategorie allein auf irgend einen Gegenstand angewandt werden kann." (Kr. 142.)

Darnach ist es methodisch vollkommen richtig, die Kategorie der Causalität dadurch anzugreifen, dass man zeigt, der in ihr enthaltene Begriff der Veränderung sei aus der Erfahrung gezogen. Dann ist sie nämlich formale Bedingung des Denkens nur, insofern sie die Synthesis ausdrückt, insofern sie eine synthetische Einheit in der Verknüpfung des Mannigfaltigen der Anschauung darstellt." (Cohen, p. 102.) Nichtsdestoweniger behauptet Cohen mit Recht (ebd.), dass das kein Rückfall zu Hume wäre; denn wir hätten Diesem gegenüber schon einen gewaltigen Ertrag, nämlich die Apriorität der Synthesis überhaupt gerettet. Wir können die Möglichkeit von notwendigen Urtheilen, also von Gegenständen im Allgemeinen beweisen, woran Hume verzweifeln musste.

71) Damit sind die besondern Einheitsfunctionen allerdings weder als „Stammbegriffe", noch auch nur als Elemente unserer „Organisation" im Sinne von Lange (a. a. O. II, 125 ff.) abgeleitet. Ich will auch nichts weiter erreichen, als was Cohen (a. a. O. p. 208) von den Grundsätzen sagt und was ich übrigens für durchaus Kantisch halte: „Wirklich aber sind sie nicht als „„Eigenschaften unseres Organismus"", sondern als Formen der gegebenen Erfahrung, mit deren Aufhebung die „„Möglichkeit der Erfahrung"", die „„mögliche Erfahrung"" aufgehoben würde." Lange hält das (ebd. und auch p. 131) für eine „Tautologie, dass die Erfahrung zu erklären ist aus den Bedingungen überhaupt möglicher Erfahrung. Soll die transscendentale Deduction statt dieser Tautologie ein synthetisches Resultat ergeben, so müssen die Kategorien notwendig noch etwas sein, ausserdem dass sie Bedingungen der Erfahrung sind." Ich dagegen behaupte keineswegs, dass die Erkenntnisstheorie ein „synthetisches Resultat" ergebe; ihr Endergebniss ist ein analytisches Urtheil: auf der einen Seite der gegebene Begriff der Erfahrung, auf der andern seine Explication (vgl. unten § 198 ff.). Aber dies darf so wenig Tautologie genannt werden, als irgend eine andere gute Erklärung. Gelingt die interessante Untersuchung, die Einheitsfunctionen als „noch etwas" nachzuweisen, so ist dieses Resultat nicht mehr ein erkenntnisstheoretisches, sondern ein psychologisches.

72) Aus diesem Princip lässt sich die gegen Lange behauptete (vgl. Anm. 50) Notwendigkeit der vollständigen Anzahl hinreichend rechtfertigen. Die Aufstellung geschieht allerdings inductiv, durch die psychologische Induction, welche die Vorstellungselemente aufzählt. Aber diese Induction ist vollständig, wie jede Aufzählung der Glieder eines eingetheilten Ganzen; wir wissen, dass der Inhalt der Erfahrung durch Raum, Zeit und Empfindung erschöpft ist. Belehrt uns nun Mill, dass man schon viele Inductionen für complet gehalten habe, die sich später als sehr unvollständig erwiesen, so sind wir nicht so dogmatisch, zu bestreiten, dass es nicht vielleicht irgendwo oder zu irgend einer Zeit Geschöpfe geben könne, bei welchen die Vorstellungselemente andere seien; aber wir behaupten, die Erfahrungsbedingungen absolut vollständig für alle Wesen gefunden zu haben, in deren Wahrnehmung sich die beschriebenen drei Factoren unterscheiden lassen. Die Zahl unserer Principien bleibt und ist zur Begründung unseres wissenschaftlichen Bewusstseins notwendig, so lange der menschlichen Natur diese Verschiedenheit ihrer Vorstellungsform anhaftet.

73) Der Satz, den Lange bei Kant für bedenklich hält, „dass Empfindung sich nicht wieder an Empfindung ordnen könne", braucht also durchaus nicht aufgestellt zu werden (a. a. O. II, 33. Vgl. übrigens auch p. 35 und 36 ebd.).

74) Es ist nützlich, hier die Springpunkte unserer Auffassung zu recapituliren, unter welcher sich, wie ich glaube, die Kantischen Gedanken als eine consequente und geschlossene Theorie darstellen. Vor Allem muss festgehalten werden, dass die synthetische Einheit überhaupt als Bedingung der ursprünglichen Apperception postulirt wird, und dass dieselbe die in

den Urtheilen wirkende Einheitsfunction ist. Einheitsfunction und synthetische Einheit sind nur wie Process und Resultat zu unterscheiden, ohne dass etwa beiden eine verschiedene Rolle im Erkennen zugetheilt werden darf. Die Einheitsfunction deckt sich, wie gezeigt wurde, mit Kant's oberstem Grundsatze oder mit der Kategorie als Gattungsbegriff. Während nun Kant aus der Urtheilstafel zunächst eine formal bleibende Besonderung seiner Kategorie gewinnen will, verzichten wir darauf, weil sie schliesslich dem Principe nach doch nur materiell, ob zwar apriorisch sein kann. Daraus folgt aber, dass wir bei den einzelnen Einheitsfunctionen nicht mehr von „Kategorien" im Sinne der Tafel sprechen können; denn „blosse Gedankenformen" kennen wir auch als Abstraction nicht, weil aus der Einen blossen Gedankenform die Mehrheit überhaupt erst dadurch entsteht, dass wir sie aus ihrer Isolirung in die Anschauung hinüberziehen. Was wir Einheitsfunctionen nannten, heisst bei Kant schematisirte Kategorien, Schemata reiner Verstandesbegriffe, Grundsätze. Und ich kann nicht etwa durch nachträgliche Abstraction die reinen Verstandesbegriffe dennoch gewinnen. Denn die einzelnen Functionen haben nicht nur objectiv, sondern auch subjectiv bloss einen Sinn in Verbindung mit der Anschauung. Sobald ich von letzterer abstrahire, verlieren sie auch ihre gedankliche Sonderexistenz und lösen sich wieder auf in die allgemeine synthetische Einheit.

Ich kann diese Wendung durch eine kleine Aenderung eines Satzes der Kritik der r. Vern. sehr deutlich machen. Kant sagt: „Es hat aber die Transscendental-Philosophie das Eigentümliche, dass sie ausser der Regel (oder vielmehr der allgemeinen Bedingung zu Regeln), die in dem reinen Begriffe des Verstandes gegeben wird, zugleich a priori den Fall anzeigen kann, worauf sie angewandt werden sollen" (p. 140). Wir ziehen es vor zu sagen: dass sie zugleich a priori die Fälle anzeigen kann, worauf sie angewandt werden soll. Aus den verschiedenen Fällen, worauf die Regel angewandt wird, entspringen die Regeln. Kant schematisirt in seiner Darstellung die anderswo gefundene Anzahl der Kategorien, um sie in ihrer Anwendung zu zeigen; wir sagen aber, dass die allgemeine Kategorie angewendet worden sei, damit man ihre Arten entdecke. Bei Kant tritt das transscendentale Schema nur als die restringirende und realisirende, sinnliche Bedingung der Kategorie (vgl. Cohen, p. 188) hervor, wir betrachten es in erster Linie als ihre specificirende. Wie mächtig aber eben dadurch seine einschränkende Kraft sich kund gibt, ist in § 105 gezeigt worden.

75) Für das Verständniss der Kritik d. r. V. kann das Studium eines an ungemein wichtiger Stelle befindlichen Satzes nicht genug empfohlen werden. Im zweiten Abschnitt der Grundsätze p. 152 heisst es: „Da also Erfahrung, als empirische Synthesis, in ihrer Möglichkeit die einzige Erkenntnissart ist, welche aller andern Synthesis Realität gibt, so hat diese als Erkenntniss a priori auch nur dadurch Wahrheit (Einstimmung mit dem Object), dass sie nichts weiter enthält, als was zur synthetischen Einheit der Erfahrung überhaupt notwendig ist."

76) Erst nach langer Prüfung habe ich mich zu so wichtigen Abweichungen von der Kantischen Darstellung entschlossen. Ich habe das Hauptgewicht der Ableitung in zwei Sätzen erblickt, die Kant ohne beson-

dere Betonung anführt. Er sagt: „Wenn die Synthesis des Mannigfaltigen der Erscheinung unterbrochen ist, so ist dieses ein Aggregat von vielen Erscheinungen, und nicht eigentlich Erscheinung als ein Quantum, welches nicht durch die blosse Fortsetzung der productiven Synthesis einer gewissen Art, sondern durch Wiederholung einer immer aufhörenden Synthesis erzeugt wird." (Kr. 161.) Dieser Satz enthält den Beweis in nuce. Weil die Einheit des Gegenstandes nur durch stetige Synthesis möglich ist, hat alle Realität intensive Grösse. Kant hat die Continuität des Bewusstseins und damit das eine Element der Qualität, die Intensität, endgültig deducirt. Für die Klarheit dieses Theils der Darstellung ist nur zu bedauern, dass er nicht auch die transscendentale Beziehung auf die Einheit der ursprünglichen Apperception ausführlich wiederholt hat. — Der zweite Satz lautet: Es erregt „einiges Bedenken, dass der Verstand einen dergleichen synthetischen Satz, als der von dem Grad alles Realen in den Erscheinungen ist, und mithin der **Möglichkeit des innern Unterschiedes der Empfindung** selbst, wenn man von ihrer empirischen Qualität abstrahirt, anticipirt." (Kr. 164.) Darin wird das zweite Ergebniss der Deduction auf das schärfste ausgesprochen. Auch der innere Unterschied ist eine apriorische Bestimmung der Empfindung. Damit ist das zweite Element der Qualität, der Ergänzungsbegriff der Intensität, die Verschiedenheit des Realen gefunden. Dieses Resultat entspringt durch bündigen Schluss aus einer notwendigen Disjunction. Die erforderliche Mannigfaltigkeit besteht entweder im innern oder im äussern Unterschied der Empfindung. Nun ist bewiesen, dass der äussere (als discreter Bewusstseinszustände) nicht möglich ist, also gibt es einen innern. Ueber diesen Punkt nun geht Kant noch zwei Schritte hinaus, die ich ihm nicht folgen kann. Einmal legt er den innern Unterschied in die intensive Quantität. Dafür habe ich den reinen transscendentalen Grund vergeblich gesucht. Zweitens schreibt er dieser intensiven Quantität ausserdem noch Stetigkeit zu. Auch dieses Moment lässt die Kritik unbewiesen. Es heisst einfach: „Nun hat jede Empfindung einen Grad oder eine Grösse, wodurch sie dieselbe Zeit . . . . . . mehr oder weniger erfüllen kann, bis sie in nichts . . . . . aufhört." (Kr. 144.) Jede? Warum? Ferner: „Nun ist vom empirischen Bewusstsein zum reinen eine stufenartige Veränderung möglich . . . ." (Kr. 159.) Immer? „Nun ist aber jede Empfindung einer Verringerung fähig . . . ." (Kr. 160.) Weshalb denn jede? Doch wohl nur, weil es die Erfahrung so zeigt. In der That antworten die Prolegomenen auf diese Frage in § 25 (W. III, 68) durch Aufzählung der einzelnen Empfindungen Und dennoch irrt man, wenn man glaubt, Kant habe die Stetigkeit des Grades nur durch Induction aus der Erfahrung entlehnt. Er hat sie vielmehr in den Metaphys. Anfangsgr. d. Naturw. im zweiten dynamischen Lehrsatze für den allgemeinen Begriff der Materie deducirt. (W. V, 316.) Aber es darf eben diese Deduction, da sie die Materie voraussetzt, nicht für den reinen erkenntnisstheoretischen Grundsatz verwertet werden.

77) Vgl. z. B. Wundt, a. a. O. p. 684. „Aber die Zeit an sich ist ein discretes Gebilde." — „Die von Vorstellungen freien Zustände des Schlafes und der Ohnmacht sind für uns vollständig zeitlos."

78) Es braucht kaum bemerkt zu werden, dass diese Bestimmung mit

dem Begriffe der „Realrepugnanz" nichts zu schaffen hat, deren Behandlung nicht in die reine, sondern in die angewandte Erkenntnisstheorie gehört. Die Realrepugnanz ist der Begriff der relativen identischen Negation, der gegenseitigen Aufhebung realer Grade, wozu die Kenntniss wirklicher Kräfte aus der Erfahrung, d. h. aus einem speciellen Wissenschaftsstoffe geschöpft werden muss. Das deutlichste Beispiel derselben ist das Plus und Minus der Mathematik. Vgl. Kant's „Versuch, den Begriff der negativen Grössen in die Weltweisheit einzuführen." Erster Abschn. W. I, 121.

79) Ueberweg hat es allerdings viel leichter; er legt das Bewusstsein der objectiven Gültigkeit der formalen Verknüpfung gleich in die Definition des Urtheils. Das Urtheil ist „das Bewusstsein, ob zwischen den entsprechenden objectiven Elementen die analoge Verbindung bestehe" (a. a. O. p. 150). Wie es aber komme, dass das Bewusstsein sich über dieses „ob" Gewissheit verschaffen kann, lässt er gänzlich unerklärt. Das Bewusstsein darf eben nicht skeptisch sein. Dann mag man freilich ruhig weiterdefiniren: „Der Begriff der Bejahung ist das Bewusstsein der Uebereinstimmung der Vorstellungscombination mit der Wirklichkeit, der Begriff der Verneinung das Bewusstsein der Abweichung der Vorstellungscombination von der Wirklichkeit." (ebd. p. 164.) In dieser Fassung bleiben die Begriffe als logische und als erkenntnisstheoretische Werte gleich unklar.

80) Meiner Auffassung gemäss kann ich also die „Limitation" unter die Zahl der Kategorien nicht aufnehmen. Ich lasse hier dahingestellt, ob sie die formale Logik mit Nutzen in der Urtheilstafel bewahrt. Kant hatte dies mit den Worten empfohlen: „Diese unendlichen Urtheile also in Ansehung des logischen Umfangs sind wirklich bloss beschränkend in Ansehung des Inhalts der Erkenntniss überhaupt, und in so fern müssen sie in der transscendentalen Tafel aller Momente des Denkens in den Urtheilen nicht übergangen werden, weil die hiebei ausgeübte Function des Verstandes vielleicht in dem Felde seiner reinen Erkenntniss a priori wichtig sein kann." (Kr. p. 96.) Dieses „vielleicht" hat aber Kant für die Erkenntnisstheorie weder bei den Kategorien, noch bei den Schemata (vgl. Kr. 144), noch bei den Grundsätzen entschieden. Ebensowenig habe ich selbst die transscendentale Rolle dieser Kategorie entdecken können.

81) Diese Begriffe würden dann ihrer Function nach den ersten beiden Kantischen Kategorien der Qualität entsprechen.

82) Vgl. Kr. p. 164 und 165. — Met. Anf. der Naturw. Dynamik. W. V, 342 ff.

83) Daher nennt es Kant Princip der Anticipationen. Notwendig ist nur, was anticipirt werden kann. Nun sind alle Erscheinungen insofern Anticipationen, als sie unter diesem Gesetze stehen. Somit ist es, wie die erste Auflage ausführlicher sagt, „der Grundsatz, welcher alle Wahrnehmungen als solche anticipirt." (Kr. 158.) — Bei dieser Gelegenheit sei auf die transscendentale Vertiefung der zweiten Auflage hingewiesen. Während die Fassung der ersten „die Empfindung und das Reale" einfach nebeneinander stellt, sagt die zweite: „Das Reale, was ein Gegenstand der Empfindung ist", d. h. das Reale, die Beziehung worauf die Empfindung erst objectiv macht.

84) Sehr bemerkenswert ist die Stelle der Kritik, dass Grösse die Art ist, „wie ein Ding mit vielen zusammen einerlei" sein könne. p. 205.

85) Der Leser, der diese Ableitung mit der sachlich identischen Kant's vergleicht (Kr. 155—156), wird sich überzeugen, dass das Verständniss dieses Grundsatzes viel leichter wird, wenn man seine Wurzel, die räumliche Beziehung rein herausschält, und die Uebertragung auf die Zeit, die eine anderweitig zu begründende Folgerung ist, hier als vorläufig darstellt. Kant hat die Uebertragung auf die Zeit einfach gemacht, ohne sie an dieser Stelle zu begründen, ja ohne sie an dieser Stelle begründen zu können. Er sagt bloss, nachdem er von dem Ziehen der Linie gesprochen: „Ebenso ist es auch mit jeder, auch der kleinsten Zeit bewandt. Ich denke mir darin nur den successiven Fortgang von einem Augenblick zum andern, wo durch alle Zeittheile und deren Hinzuthun endlich eine bestimmte Zeitgrösse erzeugt wird." (Kr. 156.) Aber es ist ja eben nichts weniger als selbstverständlich, dass wir genötigt sind, das Nacheinander der Zeit zu einer Grösse, d. h. zu einem Nebeneinander zu machen. Erst die Behandlung der zeitlichen Einheit kann diese Notwendigkeit aufzeigen.

86) Die Interpretation der Kritik der reinen Vernunft sollte stets darauf achten, dass das volle Verständniss der „Transscendentalen Erörterung des Begriffs vom Raume" (p. 60) und Nummer 3 der Metaphysischen Erörterung in der ersten Ausgabe (p. 59 Anm.) erst an dieser Stelle zu erreichen ist.

87) Cohen warnt mit Recht (a. a. O. p. 210) davor, das „Princip" selbst „Axiom" zu nennen. Doch muss ich bemerken, dass Kant auch durch die erste Auflage nicht zu dieser Oberflächlichkeit seiner Geschichtschreiber Veranlassung gegeben hat. Zwar sagt er in der Uebersichtstafel: „Alle Grundsätze des reinen Verstandes sind demnach 1) Axiomen der Anschauung etc." (Kr. 154), fügt aber nachher hinzu: „Man wird aber wohl bemerken, dass ich hier eben so wenig die Grundsätze der Mathematik im einen Falle, als die Grundsätze der allgemeinen (physischen) Dynamik im andern, sondern **nur die des reinen Verstandes** . . . . . . vor Augen habe. . . . Ich benenne sie also mehr in Betracht ihrer Anwendung, als um ihres Inhalts willen." Auch die Formel selbst hat schon in der ersten Auflage das Genaue: „Von den Axiomen der Anschauung. — Grundsatz des reinen Verstandes." (Kr. 155), wo Grundsatz in deutlichem Gegensatz zu Axiom gesetzt ist. Ebenfalls in der ersten Auflage steht folgende treffliche Stelle: „Der daselbst (in der Analytik) angeführte Grundsatz war selbst **kein Axiom**, sondern diente nur dazu, das Principium der Möglichkeit der Axiomen überhaupt anzugeben, und war selbst **nur ein Grundsatz aus Begriffen**." (Kr. 489.) Auch in den Prolegomenen heisst er „ein Princip der Anwendung der Mathematik auf Erfahrung." (W. III, 68.)

88) Vgl. Lange, a. a. O. II, 21—25. Mit Recht bezeichnet es Lange als grossen Irrtum, „wenn man glaubt, mit den wenigen Sätzen, welche man als Axiome oder auch als eine Beschreibung der allgemeinen Natur des Raumes voranschickt, seien die synthetischen Bestandtheile der Geometrie erschöpft." Sie sagen vielmehr bloss bestimmte Eigenschaften aller weitern Synthesen voraus.

89) Kant hat diese Bedeutung der Zahl nicht selbst entwickelt, aber

alles Material zur Ausführung gegeben. Er nennt die Zahl „eine Vorstellung . . ., die die successive Addition von Einem zu Einem (Gleichartigen) zusammenbefasst." (Kr. 141.) Ferner bezeichnet er (Kr. 484) als Zahl „die daraus (sc. aus dem Allgemeinen der Synthesis von einem und demselben in der Zeit und im Raume) entspringende Grösse einer Anschauung überhaupt."

90) Kant hat die Arten der Quantität nicht als Erfahrungsbedingungen nachgewiesen. Sie sind weder bei den Schemata (Kr. 144) noch bei den Grundsätzen behandelt. Somit sind sie als Kategorien in seinem Sinne nicht aufrecht zu erhalten.

91) Ich will hier die wichtige Stelle nachtragen: „Ebenso kann leicht dargethan werden, dass die Möglichkeit der Dinge als Grössen und also die objective Realität der Kategorie der Grösse auch nur in der äussern Anschauung könne dargelegt und vermittelst ihrer allein hernach auch auf den innern Sinn angewandt werden." (Kr. 208.)

92) Vgl. Ueberweg a. a. O. p. 234. Lange will überhaupt „die Apodicticität der Logik durchaus auf Raumbilder des Vorgestellten zurückführen" und glaubt, dass die viel verachteten Eselsbrücken der logischen Kreise „den Grund der Apodicticität der logischen Regeln in sich schliessen" (a. a. O. II, 128). Diese Ansicht involvirt eine Reduction aller logischen Kategorien auf die Quantität.

93) Heisst doch bei Kant die schematisirte Kategorie der Qualität „die Synthesis der Empfindung (Wahrnehmung mit der Vorstellung der Zeit oder die Erfüllung der Zeit)." Kr. 145.

94) Diese Stelle gibt Gelegenheit, auf die Consequenz der Verbesserungen der zweiten Auflage d. Kr. d. r. V. hinzuweisen. In der zweiten Ausgabe der Kr. verdankt das Princip seine einfache Fassung dem Begriff der Verknüpfung. (Kr. 165.) Dieser Begriff findet sich aber im Vorhergehenden in einer Anmerkung eingeführt und erläutert (p. 155), welche ebenfalls Zusatz der zweiten Ausgabe ist.

95) Indem ich diesen Unterschied der Principien betone, bemerke ich gleichzeitig, dass ich der von Kant nachdrücklich hervorgehobenen (Kr. 103, 154, 166 ff.) Differenz mathematischer und dynamischer Grundsätze eine weitere Bedeutung nicht beilege. Wie jene Raum und Materie, so constituiren diese die Anschauung der Zeit; in beiden Fällen gibt „die Regel ihrer Synthesis zugleich diese Anschauung a priori in jedem vorliegenden empirischen Beispiele" (Kr. 167); ich kann eine allgemeine Wesensverschiedenheit der Rollen nicht anerkennen. Dagegen begründet allerdings ihre specielle Fassung jenen gegenüber einen Unterschied, der bei Kant namentlich später in der Dialectik wichtig wird. Ich verweise auf die Stellen W. I, 530, I, 571. Kr. 369.

96) Um in der Kr. d. r. V. das Verhältniss dieses Princips zu seinen speciellen Aeusserungsformen nicht zu verkennen, achte man auf den Ausdruck der ersten Ausgabe: „Die Analogien der Erfahrung. — Der allgemeine Grundsatz derselben ist . ." (Kr. 165.) Bei den Axiomen heisst es: „Grundsatz des reinen Verstandes." (Kr. 155.) Im vorliegenden Falle gehören auch die einzelnen Arten dem reinen Verstande an und sind Bedingungen der Möglichkeit der Erfahrung.

Anmerkungen. 149

97) Man vergleiche zu dem Ganzen die „Transscendentale Erörterung des Begriffs der Zeit" (Kr. 66) und Nummer 3 der metaphysischen (Kr. 65).

98) Kant hat leider diese folgenreiche Ausführung in die Darstellung der Substanz nicht aufgenommen (vgl. Kr. 169—173), während sie für den organischen Zusammenhang des Systems gerade hier recht wertvoll wird. Doch ist der Gedanke selbst an andern Orten erschöpfend entwickelt. Ich verweise nur auf die „Widerlegung des Idealismus" (Kr. p. 197), auf die dazu gehörige Anmerkung der Vorrede zur zweiten Ausgabe (p. 29) und auf § 49 der Prolegomena (W. III, 105); ferner auf die „Allgemeine Anmerkung zum System der Grundsätze" (Kr. 205). Wir finden, dass „um dem Begriffe der Substanz correspondirend etwas Beharrliches in der Anschauung zu geben (und dadurch die objective Realität dieses Begriffs darzuthun), wir eine Anschauung im Raume (der Materie) bedürfen, weil der Raum allein beharrlich bestimmt, die Zeit aber, mithin alles, was im innern Sinne ist, beständig fliesst." (Kr. 207.)

99) Kant macht schon in der transs. Aesthetik auf die Verschmelzung der zeitlichen mit der räumlichen Anschauung aufmerksam. Weil die „innere Anschauung keine Gestalt gibt, suchen wir auch diesen Mangel durch Analogien zu ersetzen, und stellen die Zeitfolge durch eine ins Unendliche fortgehende Linie dar, ..." (Kr. 67.) — Aber es fehlt die Bemerkung, dass diese Analogie notwendig ist, weil wir uns sonst überhaupt von der aus der Substanz sich ergebenden Zeitgrösse keine Vorstellung machen können. — Interessant ist auch die vorkritische Stelle: „Horum quidem conceptuum alter (spatium) proprie intuitum objecti, alter (tempus) statum concernit, imprimis repraesentationem. Ideo etiam spatium, temporis ipsius conceptui, ceu typus, adhibetur, repraesentando hoc per lineam ejusque terminos (momenta) per puncta." De mundi sens. etc. (W. I,, p. 325.)

100) Der Begriff der Substanz liegt „aller Bestimmung des Daseins, als ein Begriff vom Dinge selbst, zum Grunde." (W. III, 69.) Die Fassung des Princips in der ersten Ausgabe ist mit Rücksicht auf dieses Hauptergebniss gewählt. (Kr. 169. Anm.)

101) Zwar sagt Kant: Die Möglichkeit synthetischer Sätze a posteriori bedarf auch keiner besondern Erklärung; denn Erfahrung ist selbst nichts anderes, als eine continuirliche Zusammenfügung der Wahrnehmungen. (III, 28.) Aber der Nachsatz selbst enthält eben die Erklärung; sobald wir allerdings wissen, was Erfahrung ist, brauchen wir keine besondere Deduction für jene; sie sind dann schon mitbegründet. Immerhin aber ist es sehr nützlich auszuführen, wie sie es sind. Vgl. auch Kr. 40 und 41.

102) Diesen Gedanken hat Kant in der zweiten Ausgabe in die Formel des Princips aufgenommen. (Kr. 169.) Cohen hat gezeigt, dass die stark realistische Fassung von Dogmatismus gänzlich frei ist (a. a. O. p. 220). Für die systematische Klarheit des Princips ist es übrigens besser, das Corollar nicht in den allgemeinen Hauptsatz aufzunehmen; dieser soll nur die reine transscendentale Bedingung unvermischt mit Folgerungen enthalten.

103) Sehr zuversichtlich sagt Ueberweg einfach: „Das analoge reale Verhältniss ist das der Subsistenz und Inhärenz." (a. a. O p. 156.)

104) Vgl. Metaph. Anfangsgr. d. Naturw. W. V, p. 401.

150   Anmerkungen.

105) In diesem Punkt kann man neuen Auffassungen gegenüber nichts
Besseres thun, als den erst heute recht zu würdigenden Ausspruch Lambert's
aus dem Jahre 1770 anführen: „Bisher habe ich der Zeit und dem Raume
noch nie alle Realität absprechen noch sie zu blossen Bildern und Schein
machen können. Ich denke, dass jede Veränderungen auch Schein sein
müssten. . . . . Können Sie, mein Herr, mich hierin eines Andern belehren, so glaube ich nicht viel zu verlieren. Zeit und Raum werden reeller
Schein sein, wobei etwas zum Grunde liegt, das sich so genau und beständig
nach dem Schein richtet, als genau und beständig die geometrischen Wahrheiten immer sein mögen. Die Sprache des Scheins wird also eben so genau
statt der unbekannten Sprache dienen. Ich muss aber doch sagen, dass ein
so schlechthin nie trügender Schein wohl mehr als nur Schein sein dürfte."
(Kant's und Lambert's Philosoph. Briefe. W. I, 369.)

106) Vgl. Kant, Kr. 198 ff. — p. 29. Anm. Proleg. § 49. (W. III, 105.)

107) Diese uneigentliche Absonderung ist die Ursache, dass bei Kant
„auch diese Kategorie unter dem Titel der Verhältnisse steht". Aber man beachte die Stelle, auf welche auch Cohen nachdrücklich hingewiesen hat: Die
Kategorie steht unter diesem Titel „mehr als die Bedingung derselben, als
dass sie selbst ein Verhältniss enthielte" (Kr. 172). Sie verdient diese Ein-
reihung, nicht, weil sie, wie die andern Kategorien, ein Verhältniss real ge-
trennter Objecte, sondern weil sie ein Verhältniss ideal gesonderter Theile
eines Objects enthält, welches die Bedingung von jenem ist. Es wäre daher
schärfer, die Kategorien der Relation dichotomisch so zu gruppiren:

I. Verhältniss der Bestandtheile einer   II. Verhältniss der Erscheinungen zu
        Erscheinung: einander:
    Subsistenz und Inhärenz.   a) Causalität und Dependenz.
                                                b) Wechselwirkung.

108) Leider ist es überall nötig, Kant gegen die Zumutung zu vertheidigen, dass er die Kategorien auf das Ding an sich angewandt habe. In
Betreff der Substanz mag das Citat genügen: „Es fehlt so viel, dass man
diese Eigenschaften aus der blossen reinen Kategorie einer Substanz schliessen
könnte, dass wir vielmehr die Beharrlichkeit eines gegebenen Gegenstandes
aus der Erfahrung zum Grunde legen müssen, wenn wir auf ihn den empirisch brauchbaren Begriff einer Substanz anwenden wollen." (Kr. 587.) —
„Wie 1) etwas nur als Subject, nicht als blosse Bestimmung anderer Dinge
existiren, d. i. Substanz sein könne. . . . . . lässt sich gar nicht aus blossen
Begriffen einsehen etc." (Kr. 295.) — Vgl. auch die charakteristische Bezeichnung der Materie als „eine gewisse Vorstellungsart" (Kr. 607), auf
welche Cohen aufmerksam gemacht hat (a. a. O. p. 243).

109) Sobald ich wenigstens, von der gemeinen Weltansicht ausgehend,
„meine Begriffe von einem Gegenstande bis zur transscendentalen Bedeutung
steigere" (Kr. 175).

110) Dieser ungemein klare und kritisch vorsichtige Ausdruck steht Kr. 176.

111) Kr. 171.

112) Die charakteristischen, durch Anführungszeichen hervorgehobenen
Ausdrücke stehen bei Kant Kr. p. 180 und 181.

113) Vgl. Lange, a. a. O. p. 130: „Wenn z. B. Comte den Begriff der

Ursache gänzlich beseitigt und durch den einer constanten Folge der Ereignisse ersetzt, so ist dies Verfahren keineswegs auf Grund der Apriorität des Causalbegriffes anzufechten." Lange scheint darin einen Fortschritt Kant gegenüber zu erblicken. Meiner Ansicht nach hätte Comte einfach Kant's Causalbegriff annehmen können, der bereits nicht mehr die mindesten Zuthaten der Einbildungskraft enthält.

114) Kr. 173.
115) Kr. 177.
116) Kr. 178.
117) Kr. 180.
118) Kr. 185.
119) Kr. 176.
120) Kr. 183.

121) Hier sind nun einige Bemerkungen gegen die Polemik einzufügen, welche Schopenhauer in der Abhandlung „Ueber die vierfache Wurzel des Satzes vom zureichenden Grunde" § 23 gegen Kant's Beweis des Causalgesetzes geführt hat. Ich verweise dafür auf die Abwehr Cohen's (a. a. O. p. 224—228), halte es aber für nötig, einige Zusätze zu derselben zu machen.

Wenn Schopenhauer p. 87 sagt, dass auch die Bewegung des Auges so gut wie das Fahren des Schiffes eine Begebenheit sei, so ist das nicht nur ohne weiteres zuzugeben, sondern es muss noch viel schärfer behauptet werden, dass auch die „bloss subjective Folge" unserer Vorstellungen einen Theil der objectiven Erscheinungswelt ausmacht. Allein dessen ist sich Kant sehr klar bewusst. „Nun kann man zwar alles, und sogar jede Vorstellung, sofern man sich ihrer bewusst ist, Object nennen; allein was dieses Wort bei Erscheinungen zu bedeuten habe, nicht, in so fern sie (als Vorstellungen) Objecte sind, sondern nur ein Object bezeichnen, ist von tieferer Untersuchung." (Kr. 175.) Diese tiefere Untersuchung ist Schopenhauer verborgen geblieben.

Wenn Schopenhauer p. 88 die musikalischen Töne und Tag und Nacht als objective Folgen anführt, die ohne das Causalgesetz erkannt werden, so ist ihm nichts weiter als die Frage entgegenzuhalten: Wo ist hier die Substanz, die sich verändert? Sobald er zur erkenntnisstheoretisch-präcisen Fassung seines Einwurfs gezwungen wird, liegt der Irrtum zu Tage. Diese Instanzen heissen alsdann: Die Erde verändert sich von der Beleuchtung Tag in die Beleuchtung Nacht; das Instrument geht von dem einen Zustand des Tönens in einen andern über. Von diesen Veränderungen wird Niemand mehr behaupten, dass sie nicht auf eine Ursache bezogen seien. Bei dieser Gelegenheit sei noch die hübsche Kantische Stelle angeführt (W. VII, 412): „Tage sind gleichsam Kinder der Zeit, weil der folgende Tag, mit dem, was er enthält, das Erzeugniss des vorigen ist."

Ein anderer Einwurf Schopenhauer's ist nicht unwichtig und verdient besprochen zu werden. Er erinnert daran, dass eben das, was wir Zufall nennen, ein Aufeinanderfolgen von Begebenheiten sei, die nicht in Causalverbindung stehen. „Ich trete vor die Hausthür und darauf fällt ein Ziegel vom Dach, der mich trifft; so ist zwischen dem Fallen des Ziegels und meinem Heraustreten keine Causalverbindung, aber dennoch die Succession.

dass mein Heraustreten dem Fallen des Ziegels vorherging, in meiner Apprehension objectiv bestimmt . . . ." (SS.) Wie haben wir diesen Fall nach unserer Auffassung darzustellen? Wir wissen, dass Successionen für unser Bewusstsein notwendig, d. h. objectiv werden, indem wir sie als durch eine Ursache bestimmte Veränderungen einer Substanz ansehen. Nun gibt es aber auch Successionen, deren einzelne Glieder Veränderungen verschiedener Substanzen sind. Wenn die Substanz S ihren Zustand A in B wegen der Ursache u, S' ihren Zustand A' in B' wegen u' verwandelt, und ich die erste Veränderung V, die zweite V' nenne, so fragt sich, wie sich die Objectivität der Succession V V' zum Causalgesetz verhalte. Zeitfolgen von der Art V V' sind in der That sehr häufig und unser Bewusstsein ihrer Notwendigkeit ist unerschütterlich. Verdanken wir dieses Bewusstsein derselben Regel, wie in allen andern Fällen?

Allerdings. Der Unterschied ist kein qualitativer, sondern beruht nur auf der grössern Complication jener Veränderung. Die Zeitfolge V V' kann nur dadurch objectiv werden, dass ich sie als notwendige Verknüpfung denke. Sie muss so bestimmt sein, dass V' nur auf V in jedem Bewusstsein folgen kann. Es muss ein U geben, dessen Eintreten bewirkt, dass V' auf V folgt. Für diese Ueberzeugung ist es ganz gleichgültig, ob ich das U wirklich kenne oder nicht. Ich weiss, dass jedesmal das Eintreten von U die Succession V V' bewirkt. Natürlich, wie immer, nur, wenn alle Data der in Betracht kommenden Zustände A und A' die gleichen sind. Ob aber diese Data sehr einfach oder unendlich verwickelt sind, ob sie sich wahrscheinlicher Weise oft oder nur äusserst selten zusammenfügen, ist für die Objectivirung indifferent. Nicht die Wahrnehmung des U, sondern seine Voraussetzung macht die Veränderung notwendig.

In der Einen Zeitreihe sind unendlich viele Causalreihen enthalten, jede eine Seite der Geschichte einer Substanz darstellend. Betrachte ich nun nicht mehr Eine solche Reihe A B C . . . ., sondern ihr Verhältniss zu einer zweiten A' B' C' . . . ., so prädicire ich das Zeitverhältniss nicht mehr von den Substanzen S und S', sondern das erkenntnisstheoretisch-wirkliche Subject meines Urtheils wird eine neue Substanz Σ, und S und S' werden (symbolisch) zu ihren Bestimmungen. (Vgl. § 152.) Die Frage nimmt also die Gestalt an: Wird das Zeitverhältniss zwischen mehreren Veränderungen derselben Substanz ebenfalls durch das Causalgesetz bestimmt? Σ muss man sich vorstellen als das Substrat des von den beiden Causalreihen gebildeten räumlichen Systems. Denn nur unter diesem Bilde kann ich mir den gleichzeitigen Verlauf zweier Reihen von Begebenheiten vorstellen. Wir wissen, dass es wohl gestattet ist, verschiedene Substanzen zu einer zusammenzusetzen, da ja die Mehrheit der Substanzen überhaupt nur durch Einschränkung der Einen Substanz entsteht. Das U ist die Regel, nach welcher die Bewegung beider Linien so bestimmt ist, dass auf die Bewegung V der einen jedesmal eine V' der andern folgen muss.

Die Täuschung, als ob dieser Fall eine Ausnahme vom Causalgesetz wäre, entsteht daraus, dass uns hier das U von vornehrein als ein X, als eine unbekannte Grösse erscheint. Wir werden nämlich durch diese Betrachtung unmittelbar vor die unmögliche Aufgabe hingestellt, die Totalität der Erfahrung zu begreifen. Die Veränderung A B beziehen wir einfach auf die Ursache u und beruhigen uns dabei. Dass dieses U wieder eine Ursache gehabt habe etc., ist selbstverständlich, aber der Regress ist eine weitere, von der ersten unabhängige Betrachtung. Suchen wir dagegen bei der Veränderung V V' das U, so beobachten wir zunächst, dass die Ursache u von V vor der Ursache u' von V' eingetreten. Schon der erste Schritt, den wir thun, ist ein Zurückschieben. Wir begründen die Successionen der Wirkungen durch die Successionen der Ursachen; es eröffnet sich also unserm Denken sofort die ins Unbestimmte laufende Kette. Es richtet sich unmittelbar auf die beiden Anfänge der Reihen hin. Nun verbindet sich, wie anderswo ausgeführt worden (Kant's Teleologie, Cap. II, § 12—14), jeder Versuch, eine Totalität der Erfahrung zu denken, mit dem Bewusstsein der Zufälligkeit. Indem wir also das aus jener Perspective entspringende Bewusstsein der Zufälligkeit falsch interpretiren, entsteht die Täuschung, dass die Succession V V' keiner causalen Bestimmung unterliege. Vor der philosophischen Besinnung verschwindet der Schein; denn da zeigt sich, dass, im absoluten Sinne, die Reihe, in welcher A B liegt, gerade so zufällig ist, wie die Doppelreihe von V V'. Dass das Schiff unter gegebenen Bedingungen sich bewegt, ist an sich nicht notwendiger, als dass ein Raumcomplex sich unter gegebenen Bedingungen so verändert, dass ich zuerst aus der Thür trete und nachher ein Ziegel fällt.

Noch ein Wort über die modalen Betrachtungen Schopenhauer's. Er sagt zunächst ganz richtig, dass wir aus der Form der Zeit die Kenntniss der blossen Möglichkeit der Succession schöpfen. Die Zeit ist in der That die blosse Möglichkeit des Nacheinanderseins. Ferner erkennen wir die empirisch gegebene Succession als wirklich. Aber bei Leibe nicht die Succession der „realen Objecte" (S. v. Grund p. 90), sondern die der Vorstellungen. Erst wenn wir die Folge der Vorstellungen als notwendig erkannt haben, wird die der realen Objecte wirklich. Dazu will ich noch eine Frage fügen. Wenn die Notwendigkeit der Vorstellungen das Kriterium der Wirklichkeit der Objecte ist, was bleibt uns denn für eine Berufung für die Notwendigkeit der Objecte? Die Antwort ist leicht: Die transscendentale Deduction, die Beziehung auf die Möglichkeit der Erfahrung.

122) Man lasse sich durch den Ausdruck Zustand nicht zu dem Irrtum verleiten, Kant habe die Ursache in den Zustand A hineingelegt. Unter Zustand versteht er in diesen Fällen ganz allgemein den Zustand des Geschehens überhaupt in dem durch A bezeichneten Zeitmoment. Man beachte die Stellen: „in welcher das Gegenwärtige, sofern es geworden, auf irgend einen vorhergehenden Zustand Anweisung gibt, als ein, obzwar noch unbestimmtes Correlatum dieser Ereigniss." Kr. 180. — „das, was im vorigen Zustand enthalten war." Kr. 181. — „in dem, was vorhergeht." ebd. — „etwas notwendig vorausgehn — das Andre notwendig folgen." Kr. 182.

123) Kr. 185 und 207. — W. V, 318.
124) Kr. 66 und 76.
125) Kr. 228.
126) W. V, 407.
127) Die mechanischen Handbücher pflegen sich nicht stark um die

logischen Eigenschaften dieses Princips zu kümmern. Z. B. das „Handbuch d. theoret. Physik" v. Thomson und Tait (übers. v. Helmholtz) weiss über die Trägheit: „Der Materie wohnt das Bestreben (!) inne, äussern Einflüssen zu widerstehen; deshalb bleibt jeder Körper, so lange er es vermag, in Ruhe, oder er bewegt sich gleichförmig in gerader Richtung.

Dieses Streben, die Trägheit der Materie ist der im Körper enthaltenen Stoffmenge proportional. Es ist also irgend eine Ursache erforderlich, um die Gleichförmigkeit der Bewegung eines Körpers zu stören, oder um denselben von seiner natürlichen geradlinigen Bahn abzulenken." I, 183.

Bei dieser Gelegenheit sei an den Ausspruch Kant's erinnert, dass die Benennung der „Trägheitskraft" aus der Naturwissenschaft gänzlich weggeschafft werden müsse, „vornämlich weil dadurch die irrige Vorstellung Derer, die der mechanischen Gesetze nicht recht kundig sind, erhalten und bestärkt wird, nach welcher die Gegenwirkung der Körper, von der unter dem Namen der Trägheitskraft die Rede ist, darin bestehe, dass die Bewegung dadurch in der Welt aufgezehrt, vermindert oder vertilgt, nicht aber die blosse Mittheilung dadurch bewirkt werde." (W. V, 416.)

Befriedigender lässt sich Sturm. cours de mécanique. p. 116 über die Trägheit aus: „Il est évident, que si un point matériel est en repos, il ne peut se mettre en mouvement de lui-même et sans une cause extérieure, car il n'y a pas de raison pour que ce point se meuve de lui-même dans un certain sens plutôt que dans un autre." Hier ist wenigstens der Gegensatz der äussern und innern Ursache und die Beziehung zum allgemeinen Causalgesetz angedeutet. Dagegen fehlt die Unterscheidung des logischen und des empirischen Bestandtheils und die Bemerkung, warum wir nicht einfach eine innere Ursache annehmen können.

128) So bin ich der Ansicht, dass die „Grenzen des Naturerkennens" von Du Bois-Reymond, auch nachdem Lange sie vertheidigt hat, nicht vor dem Vorwurf der petitio principii geschützt sind. Du Bois hat die Unerkennbarkeit der geistigen Vorgänge, anstatt sie zu beweisen, vorausgesetzt. Lange sagt (a. a. O. II, 156): Wenn zwei Welten sich nur darin unterscheiden, „dass in der einen der ganze Mechanismus abliefe, wie die Mechanik eines Automaten, ohne dass irgend etwas dabei empfunden oder gedacht würde, während die andre unsre Welt ist; dann würde die Weltformel für diese beiden Welten durchaus dieselbe sein." Dass dies so sein muss, dafür finde ich nirgends einen Grund angegeben; ich bin also vorläufig berechtigt, auch das Gegentheil zu glauben. Aber ich kann sogar positiv beweisen, dass beide Welten von der erkenntnisstheoretischen Reflexion unterschieden werden müssen. Der von Laplace gedachte Geist könnte, im Besitze seiner Weltformel, z. B. jeden Zeitpunkt genau angeben, in welchem er einschlafen, und jeden, in welchem er erwachen wird. Für diesen Uebergang seines Ichs aus dem bewussten Zustand in den des Schlafens muss er, wie für alle Veränderungen, eine Ursache angeben; das Uebertreten der Substanz aus der einen in die andre Welt muss causal bestimmt werden. Angenommen, er berechne für zwei verschiedene Zeitpunkte die Veränderungen seines Körpers, welche beidemal absolut gleich sein sollen, nur dass das eine Mal auch das Eintreten des Bewusstseins stattfindet, das andre Mal

Anmerkungen.

nicht, dann muss im ersten Fall eine Ursache mehr vorhanden sein, **als im zweiten**, d. h. die Weltformel ist jedesmal verschieden. Da wir aber unter Erkennen wissenschaftlicher Weise nichts Anderes verstehen können, als die Subsumtion unter das Causalgesetz, so folgt schon **aus dessen Allgemeingültigkeit** die (theoretische) Erkennbarkeit der geistigen Vorgänge.

129) Kr. 228. — W. V, 408.

130) Kr. 273 ff. und erste Auflage p. 585 ff.

131) Kr. 184.

132) Dagegen können wir die Unvergänglichkeit nicht (wie bei der Substanz) auch von ihrem Quantum a priori behaupten. Das physikalische Princip von der Erhaltung der Energie ist ein inductiver Satz. Wir haben hier nicht bewiesen, dass kein Zuwachs, sondern nur, dass keine erste Bewegung entstehen kann.

Man hat sich in neuerer Zeit darüber gewundert, dass Kant zwar die Erhaltung der Materie bewiesen, aber die so wichtig gewordene Erhaltung der Kraft vernachlässigt habe. Dieser Verzicht ist aber vielmehr ein Beweis seiner bewundernswerten kritischen Sicherheit. Das Princip der Erhaltung der Kraft hat er im Jahre 1763 metaphysisch abgeleitet; denn es liegt in dem Satze: „In allen natürlichen Veränderungen der Welt wird die Summe des Positiven, insofern sie dadurch geschätzt wird, dass einstimmige (nicht entgegengesetzte) Positionen addirt und real entgegengesetzte von einander abgezogen werden, weder vermehrt noch vermindert." (Vers. d. Begr. d. neg. Grössen etc. W. I, 148.) Dieses grossartige Princip konnte vor der „Berichtigung des Begriffs der Veränderung", welche Substanz und Accidens scharf auseinanderhält, nicht bestehen, und findet sich folgerichtig auch nicht in der Kritik, obwohl Kant noch in der citirten Schrift von den vorzutragenden Sätzen gesagt hatte, dass sie ihm „von der äussersten Wichtigkeit zu sein" scheinen (ebd. I, 146).

133) Kr. 370—373.

134) Vgl. Kant's Teleologie Cap. III und die dort angeführten Stellen. — Meine Definition ist präciser als die, welche Kant (W. I, p. 448) gibt. Dort heisst es: „Die Kraft ist nicht das, was den Grund der Existenz der Accidenzen enthält (denn den enthält die Substanz); sondern ist der Begriff von dem blossen Verhältnisse der Substanz zu den letztern, soferne sie den Grund derselben enthält, ..." Diese Bestimmung enthält einen doppelten Mangel. Einmal geht die Kraft überhaupt nicht auf den Grund der Accidenzen, sondern auf den Grund ihrer Succession. Dann geht sie auch nicht auf die Accidenzen der Substanz, welche die Kraft hat, sondern derjenigen, auf welche sie wirkt.

Lange nennt Kräfte „diejenigen Eigenschaften des Dings, welche wir durch bestimmte Wirkungen auf andere Dinge erkannt haben" (a. a. O. II, 217), wo der Begriff der Eigenschaft in einem weitern Sinne gefasst ist.

135) Die ersten Worte stehen Kr. 185, die letzten p. 76.

136) Ich weiche auch hierin von Kant ab, welcher sagt, dass „auch die **Grösse der Realität** durch alle kleinern Grade, die zwischen den ersten und letzten enthalten sind, erzeugt wird." Nachher wiederholt er: Es „erwächst der neue Zustand der Realität von dem ersten an, darin diese nicht war,

durch alle unendliche Grade derselben . : ." (Kr. 186.) Da Kant die Stetigkeit des Grades als Erfahrungsbedingung nicht nachgewiesen hat, so kann ihm auch die continuirliche Veränderung des Grades nicht zugestanden werden. — Dagegen hat Kant die lex continui mechanica unabhängig von der metaphysischen Stetigkeit aus dem Trägheitsgesetze abgeleitet. Vgl. „Allgemeine Anmerkung zur Mechanik" W. V, 417, namentlich auch den Schluss. p. 420.

137) Kr. 182.
138) Kr. 160 und 186.
139) W. III, 75.
140) Vgl. darüber Kant's Teleologie Cap. I, § 10, wo die wichtigsten Stellen angeführt sind.
141) Die Abhandlung befindet sich im Band I seiner sämmtlichen Werke.
142) Ueber c. Entdeckg. etc. W. I, 409 und 410 und ebd. 478 und 479.
143) Ueber die vierf. Wurzel etc. p. 80.
144) Ebd. — Ferner: „Ueber das Sehen und die Farben." Cap. 1. Band I der Werke.
145) Vgl. Wundt a. a. O. p. 708 und 709. — Mit Recht hat Lange (a. a. O. II, 426) auf Grund der Thatsache, dass die Wahrnehmungen so zu Stande kommen, als ob sie durch Schlüsse gebildet wären, den wichtigen Satz aufgestellt:

„Gibt es im rein sinnlichen Gebiet, wo für alle Erscheinungen organische Bedingungen anzunehmen sind, Vorgänge, welche mit den Verstandesschlüssen wesensverwandt sind, so wird es dadurch bedeutend wahrscheinlicher, dass auch die letztern auf einem physischen Mechanismus beruhen."

146) „Ueber das Sehen des Menschen" 1855. Vgl. Vorrede v. Frauenstädt zu Schopenhauer „Ueber das Sehen und die Farben." Werke, Band I.

147) Fick, „Die Welt als Vorstellung." Würzburg 1870. Ich würde nicht, wie Cohen (a. a. O. p. 222), diese Bemerkung durch den Hinweis berichtigen, dass es ja das Kriterium der Causalität sei, „den Begriff des Gegenstandes nicht bloss deutlich, sondern erst möglich zu machen." Gegen die Physiologie gesagt, bekommt dieser Satz einen, von der Kantischen Aufgabe abliegenden Sinn. Das Object, das die Causalität möglich macht, heisst in der reinen Erkenntnisstheorie „objective Succession", in der Physiologie „äusseres Ding".

148) Schopenhauer zeiht Kant des handgreiflichsten Widerspruchs (Werke II, 500). Nachdem er das Zugleichsein zuerst fälschlich als einen Modus der Zeit aufgestellt habe (Kr. 166), sage er später „ganz richtig: „Das Zugleichsein ist nicht ein Modus der Zeit, als in welcher gar keine Theile zugleich sind, sondern alle nacheinander."" Diese Stelle findet sich in der Hartensteinschen Ausgabe p. 70 und würde allerdings einen Widerspruch mit dem Frühern enthalten, wenn Schopenhauer — richtig citirt hätte. Die erste Stelle sagt, dass man drei verschiedene Zeitverhältnisse oder Modi unterscheiden müsse; die zweite Stelle dagegen erklärt, es sei „das Zugleichsein nicht ein Modus der Zeit selbst, als in welcher etc." Indem Sch. das „selbst" weglässt, legt er den Widerspruch hinein. Das Zugleichsein ist zwar ein Modus der Zeit, aber es lässt sich nicht aus der Zeit selbst begreifen, es muss noch etwas hinzukommen, um es möglich zu machen.

149) Der Lehrsatz selbst darf nichts Entbehrliches enthalten; die Explication der Begriffe hat der Beweis zu geben. Das „Zugleich" und das Dasein „im Raume" liegt schon im Begriff der Substanz. Dies zur Motivirung meiner Abweichung von der Kantischen Fassung der Formel.

150) Es ist interessant, dass schon in der ersten Dissertation diese beiden metaphysischen Principien „principium successionis" und „principium coexistentiae" genannt werden.

151) Kr. 188.

152) Kr. 189.

153) Kr. 190. — Man vergleiche hier die vorkritische Darstellung: „Quoniam locus, situs, spatium, sunt relationes substantiarum, quibus alias a se realiter distinctas determinationibus mutuis respiciunt etc." (W. I, 41.)

154) Kr. 104.

155) Vgl. dazu die Darstellung Cohen's (a. a. O. 228—232), welcher hier nur einige Bemerkungen hinzuzufügen sind.

156) Kant's Logik (W. III, 228). Der Gedanke des Ganzen wirkt im disjunctiven Urtheil nicht „dunkel", wie Cohen p. 129 sagt, sondern man muss sich des Ganzen so deutlich bewusst sein, dass man weiss, es lasse sich ausser seiner Sphäre in gewisser Beziehung nichts denken.

157) Kr. 96. — Vgl. Kr. 104.

158) Kr. 104.

159) W. III, 74.

160) Kr. 190.

161) Welt als Wille und Vorstellung. — Werke II, 544. — Dasselbe gilt auch gegen Trendelenburg, der im disjunctiven Urtheil „nur das Bild einer feindlichen Wechselwirkung, nicht das befreundete, wechselseitige Uebergreifen der Theile erblickt." Log. Untersuchgn. 3. Aufl. I, 369 und 370.

162) A. a. O. II, 515. Alle weiterhin angeführten Stellen stehen auf den folgenden drei Seiten. II, 516—548.

163) Kr. 189.

164) W. V, 409. — Schopenhauer dagegen meint, dass Kant hier unbedachtsamer Weise geradezu ausgesprochen habe, dass die Wechselwirkung nur ein überflüssiges Synonym der Causalität sei (a. a. O. II, 548). „Wie sollen denn für einfache Causalität und für Wechselwirkung verschiedene Functionen a priori im Verstande liegen, ja, sogar die reale Succession der Dinge nur mittelst der erstern und das Zugleichsein nur mittelst der letztern möglich und erkennbar sein? Danach wäre, wenn alle Wirkung Wechselwirkung ist, auch Succession und Simultaneität das Selbe, mithin alles in der Welt zugleich." Diese absurden Consequenzen, welche Schopenhauer dem Kantischen Satze zumutet, charakterisiren hinlänglich die Tiefe, bis zu welcher er in das Genie seines Meisters eingedrungen ist.

165) Kr. W. V, 113. Zusatz 1.

166) Kr. 208.

167) „Ueb. d. Fortschr. der Metaph. etc." W. I, 519.

168) Kr. 208. — W. I, 519. — Vgl. dazu W. I, 570: „Raum und Zeit enthalten Verhältnisse des Bedingten zu seinen Bedingungen, z. B. die be-

stimmte Grösse eines Raumes ist nur bedingt möglich, nämlich dadurch, dass ihn ein anderer Raum einschliesst."

169) Kr. 192. Anm. — W. I, 519. Vgl. dagegen die vorkritische Ansicht in der nova dilucidatio (W. I, 42): „Hacque ratione plures esse posse mundos etiam senso metaphysico, si Deo ita volupe fuerit, haud absonum est."

170) Kr. 191.

171) W. III, 82.

172) Zu diesem Gedankengang vergleiche Kant's Teleologie, speciell Abschn. II „Das Princip der formalen Zweckmässigkeit", wo ich den Zusammenhang dieser Hypothese mit der Kritik der reinen Vern. ausführlich nachgewiesen habe.

173) Kant hat beide Functionen als Schlüsse der Urtheilskraft in seine Logik aufgenommen. W. III, 319. − Ueber die Bedeutung der Urtheilskraft vgl. Kant's Teleologie II, § 4 und § 7. Ueber die Induction ebd. III, § 2.

174) Kr. 488.

175) Wie denn auch Kant in der Definition sagt: „Dessen Zusammenhang mit dem Wirklichen nach allgemeinen Bedingungen der Erfahrung bestimmt ist, ist (existirt) notwendig." (Kr. 193.) Dagegen könnte man aus der „Erläuterung" p. 200 den Schluss ziehen, Kant habe das Postulat der Notwendigkeit nur auf das Dasein der Wirkungen bezogen wissen wollen. „Da ist nun kein Dasein, was unter der Bedingung anderer gegebener Erscheinungen als notwendig erkannt werden könnte, als das Dasein der Wirkungen aus gegebenen Ursachen nach Gesetzen der Causalität etc." Ich glaube es heisst im Sinne Kant's denken, wenn man diese Stellen dahin erklärt, dass zur Charakteristik der Notwendigkeit eben der wichtigste Grundsatz gewählt worden sei, aber ohne die Absicht, sie auf diesen zu beschränken.

176) Kr. 196.

177) Kr. 193.

www.ingramcontent.com/pod-product-compliance
Lightning Source LLC
Chambersburg PA
CBHW022117160426
43197CB00009B/1066